富国之道

富国银行董事长写给股东的信

［美］理查德·柯瓦希维奇　　［美］约翰·斯坦普◎著　　王礼◎译

THE GREAT JOURNEY OF
WELLS FARGO

广东旅游出版社
GUANGDONG TRAVEL & TOURISM PRESS
悦读书·悦旅行·悦享人生

中国·广州

图书在版编目（CIP）数据

富国之道：富国银行董事长写给股东的信 ／（美）理查德·柯瓦希维奇，（美）约翰·斯坦普著；王礼译. — 修订本. — 广州：广东旅游出版社，2021.1
ISBN 978-7-5570-1365-3

Ⅰ．①富… Ⅱ．①理… ②约… ③王… Ⅲ．①银行管理—经验—美国 Ⅳ．①F837.121

中国版本图书馆CIP数据核字(2018)第115716号

出 版 人：刘志松
策划编辑：陈晓芬
责任编辑：陈晓芬
责任校对：李瑞苑
封面设计：邓传志
内文设计：冼志良　谢晓丹
责任技编：冼志良

富国之道：富国银行董事长写给股东的信

Fuguo Zhi Dao：Fuguo Yinhang Dongshizhang Xiegei Gudong De Xin

广东旅游出版社出版发行
（广州市荔湾区沙面北街71号首、二层）
邮 编：510130
电 话：020-87348243
印 刷：深圳市希望印务有限公司
（深圳市坂田吉华路505号大丹工业园A栋二楼）
开 本：787mm×1092mm　16开
字 数：283千字
印 张：24
印 次：2021年1月第1版第1次印刷
定 价：60.00元

目 录

再现真实的富国

自 2013 年开始，富国银行（Wells Fargo & Company）因其领先的业务模式、稳健的经营策略和独到的企业文化，成为中国银行业争相学习、研究的"新偶像"。这家 1852 年诞生于美国加利福尼亚州的银行，至今已有 160 多年历史，在连续与中国工商银行、摩根大通银行就"全球市值第一大银行"的宝座展开争夺之后，国内银行对于富国银行的研究和学习，已经成为行业的一大热点。即使在 2016 年的"账户门"丑闻曝光之后，富国银行的经验与模式，仍然被国内各大银行参照。可以看出，虽然富国银行遭遇了一场"优等生的信誉危机"，但并没有影响其经营的根本，也无法抵消其业务模式的优点。

为什么富国银行会成为中国银行业的新偶像？原因有如下几点：

首先，富国银行的光环实在太多。它是全球市值排名第一的银行、美国最大的零售银行、美国第一抵押贷款发放者、美国第一小微企业贷款发放者，并且拥有全美第一的网上银行服务体系，还是美国唯一一家拥有 AAA 评级的银行。

其次，富国银行的历史实在励志。通过百余年来的并购与发展，它从最初美国加利福尼亚州的一家地方小银行，成长为一家全国性银行，且总资产收益率和净资产收益率水平长期保持在行业平均水平的 1.2 倍以上，盈利能力傲视群雄。

再次，富国银行的业务模式值得借鉴。富国银行的三大业务是社区银行、公司银行和财富管理。过去 30 年间，当美国银行、花旗银行、摩根大通等大型银行都把投资银行业务当作业务发展的重点方向时，富国银行坚持把传统商业银行当作自身业务的主要发展方向，把社区银行业务树立为自己的主营业务。富国银行经过多次调整，逐步形成以社区银行、公司银行为主，财富管理为辅的业务结构模式，并因此从 2008 年金融危机中幸存，一跃成为全球市值第一的商业银行。

最后，股神巴菲特的长期力挺。巴菲特的伯克希尔公司从 1989 年开始大量买入富国银行股票，至今已持股 30 多年。据伯克希尔公司 2018 年最新数据显示，伯克希尔持有富国银行的股票超过 4 亿 5280 万股，富国银行的股票也成为伯克希尔的第二大重仓股。换言之，富国银行正是巴菲特心中"稳定行业中，具有长期竞争优势的公司"的典型代表。即便是在"账户门"丑闻爆发之后，巴菲特也依旧表达了对富国银行的坚定支持："富国银行很可能将在未来十年跑赢绝大多数银行对手们。"

毋庸置疑，富国银行成功的商业模式，对中国的商业银行经营具有重要的启示作用。但实际上，国内业界对富国银行的研究与学习，大多都停留在对大量"二手文献"的摘抄与拼贴的层面上，缺少对富国银行最真切、全面的了解与掌握。于是出现了这样一种情况：大家都知道富国银行的社区银行很厉害，通过大量的报道和文章来学习，但最后感觉还是隔靴搔痒，不得要领。

问题出在哪里？归根结底，还是因为我们缺少第一手的资料和文献，如果只能通过别人的转述和研究来了解一家企业，那确实有点"一叶障目，不见泰山"了。

作为亚太零售金融领域传播度、美誉度、认知度较高的专业媒体平台，《零售银行》刊登过相当多关于富国银行的研究文章。但这一次，我们决心为业界带来最权威的一手资料，通过翻译十余年来富国银行董事长在每年年报上写给所有富国银行股东的信，全面阐述富国银行的发展历程、经营理念和业务模式。

值得一提的是，在这些写给股东的信中，富国银行的三任董事长理查德·柯瓦希维奇、约翰·斯坦普和蒂姆·斯隆也并未照本宣科、大打官腔，而是用亲切的口吻、丰富的案例、翔实的数据与股东进行沟通，在回顾富国银行的历史业绩、阐述富国银行的经营策略的同时，无形中传递出富国银行独有的企业文化。

所以，我们可以负责任地说，如果在涉足投资市场前，股民们不得不读的经典一定会有《巴菲特致股东的信》，那么我们相信，《富国之道：富国银行董事长写给股东的信》也会是国内业者研究富国银行、研究零售业务、研究社区银行的必读宝典。

还在等什么呢？赶紧沉心静气，开始这段回溯本源的阅读之旅吧！

2016 年 3 月

我读富国

在学习和翻译这些信件的过程中，我有一些感触和心得，信笔所至，简单存录，聊以为序。

学习富国好榜样

我没有去查证世界上到底有多少家银行，这可能原本就是一个无法精确计算和查证的数字。但我知道，光在美国就有 8000 多家银行。而在全球数以万计的银行"星河"中，富国银行就是最为灿烂的一颗。

当然，在美国金融业混业经营的大环境下，银行与非银金融机构的界限并不明显。富国银行前董事长，也就是本书的作者之一约翰·斯坦普曾强调说："我们希望客户把我们视为一个这样的组织——它不单是一家银行、一家抵押贷款公司、一家消费金融公司，或是一家财富管理公司、保险公司。"也就是说，不只在银行业，在整个金融业之中，富国银行都是货真价实的"老大"。

　　如果您读过管理大师吉姆·柯林斯的《从优秀到卓越》，或者查阅过投资大师巴菲特伟大投资的"历史清单"，您就会明白：富国银行也许就是那一家金融业中绝无仅有，或者说为数不多的"伟大型企业"。

　　富国银行的出身并不显赫。富国银行原来是一家160多年前成立于美国加利福尼亚州、在淘金热中兴起的快递公司。直到1905年，富国银行才真正变身为银行。自此之后，富国银行经过80多年的潜心经营，并借助上百次令人眼花缭乱的并购，成功在20世纪90年代的美国市场上崭露头角。虽然此时富国银行已进入巴菲特等人的"法眼"，但它真正的崛起与大放异彩，是在2008年的金融危机，美国金融业一片风声鹤唳之时，富国银行成功并购美联银行，实现"弯道超车"，一举登上世界金融业之巅。

　　这绝对是中国银行业和世界银行业绝佳的励志范本，富国银行的故事就这样流传开来，成为银行业者学习的榜样。

"社区化"的富国银行

　　对富国银行成功诀窍的解读，可谓是"横看成岭侧成峰，远近高低各不同"。但有一个要点倒是获得了业界的公认，这就是被诸多专家学者推崇的富国银行"社区银行"定位或者说是"社区化"发展战略。

　　富国银行把它的业务分为三大块，公司银行一块，财富管理、经纪与企业年金一块，最后也是最重要的一块，就是社区银行。社区银行是富国银行的业务支柱，占到其总收入的半壁江山，在某些年份，甚至能占到总收入的2/3。

富国银行的社区银行有以下几个方面的特点：

（1）覆盖面广。根据其年报披露的数字，社区银行一共有 7000 万客户，占到美国家庭的三分之一。换句话说，富国银行的获客能力强，基本客群丰富、稳固。

（2）渗透率深。富国银行立足于把客户做深做透的目的，非常重视交叉销售。2014 年，每一位富国银行的零售客户，平均持有 6.16 个该行产品。一旦客户持有了这么多富国银行产品，也就让富国完全融入了个人的生活，建立了挥之不去的联系。换言之，如果一个客户选择了富国银行的产品，就基本上成为富国银行的终生客户。

（3）固守传统业务。在金融创新如火如荼的今天，特别在美国这样一个高度成熟、发达的金融市场，富国银行的社区银行主要通过房贷、车贷、信用卡等传统的"老掉牙"的产品参加竞争。

（4）坚守市场定位。在富国银行 160 多年的发展历史上，它始终坚持发展社区银行业务，始终突出社区概念。近 20 年来，每年的年报都留出很大的篇幅，浓墨重彩地宣传它的社区实践和社区成就，甚至到了追求"政治正确"的程度。

（5）高度重视渠道建设。富国银行非常重视服务体验，它是美国最先进的电子银行、网络银行之一，同时始终不放松物理网点的投入和建设。近年来，富国银行开始重点建设小型化网点，并把这类型网点称为"商店"，这实际上就是我国社区支行的先驱和范本。

在翻译本书的时候，我的一个体会是：富国银行所称的社区银行，其实就是通常意义上的"大零售银行"。在富国 160 多年由小到大、由弱到强的发展历程中，尤其是近 30 年来迅速做大，成为全球银行老大的崛起过程中，社区化战略是其核心的经营之道与成功之匙。这是因为，这一战略较好地解决了一家小银行在做大做强的过程中面临的各种挑战和问题。同时，富国银行的经历与挑战，也几乎回答了当前中国银行业发展中面临的所有热点问题，对于当前的城商行发展，具有特别重要的借鉴意义。

1. 社区化与区域化的关系

富国银行的经验是：先有社区化，再有区域化；立足社区化，推进区域化；稳步区域化，不忘社区化，社区化与区域化相辅相成，推动了富国银行做大做强。

富国银行脱胎于一家快递公司，属于典型的草根银行，与城商行的出身相似。1982年以前，富国银行受美国金融监管法规的限制，一直偏居加利福尼亚州一隅，与我国城商行区域化前及当前的不得跨省发展境况非常雷同。基于这种情况，富国银行自觉地选择了"社区化"的发展路线，厚积薄发，在很长一段时期内专注于本土市场的精耕细作、做深做透，奠定了强大稳固的客户基础，锻造了核心竞争力，培育了深厚的文化，苦练了内功，也为并购成功创造了条件。即使是在变身为全国性银行以后，富国仍然坚持社区化的基本战略。在《富国银行的愿景和价值观》中，有这样的一段话：

富国银行首先是本地的，然后才是全国性的。我们不是生来就是一家全国性的银行，这就决定了我们的地方性。我们的出身是一家扎根于社区的小型地方银行，在社区的街头巷尾与客户们打成一片。然后，我们才凭借自己的努力，成长为在社区银行业务上颇有心得的区域性银行。最后，通过不断地并购与扩张，富国银行才成长为一家全国性银行。

总体上，富国银行不追求过快、过猛的区域化发展步伐，同时对国际化这一更高层次的区域化追求也相对保守、谨慎。因为富国的风险文化里有一条"要了解风险、熟悉市场",这对我国部分激进扩张后留下一地鸡毛的城商行来说,也有很好的启迪性。

2. 社区化与综合化的关系

综合化、混业经营是大势所趋,中小型银行在面对巨大机遇和诱惑的同时,必须思考这样两个问题:首先,相比于全能型的国有大行,中小型银行综合化的比较优势在哪里?如何依托综合化塑造中小型银行独特的竞争优势?其次,中小型银行综合化的风险边界在哪里?怎么样做到风险优先,并有效防范综合化风险?

对此,富国银行的做法是:一是高度重视发展投行业务等综合化经营的发展,但综合化经营的立足点仍是社区化的客户基础,坚持通过做深做透本土客户去寻找商机,从而建立自己的竞争优势。二是富国银行坚持立足发展实体经济,服务社区客户。对综合化,特别是经营风险较高的投行业务一直持审慎的态度。在2008年美国金融危机中,富国银行之所以能全身而退,并且逆势而上,迅速成为美国市值最大的银行,与其谨慎参与次贷市场有很大关系。

对我国广大中小型银行而言,一些业务资质的获取、创新产品的丰富、新兴通道的打通,在当前都是很有必要的。但是,大资管的发展方向应该有自身的特色和关注点、聚焦点,而不应一窝蜂上马。

还有一个值得警醒的问题是:2008年的金融危机肇始于次贷市场,银行业的倒闭风潮,甚至一些大银行的轰然倒下,就是因为在次贷市场上投注太大、陷得太深。如今,市面上已经出现个别的平台授信项目或者企业债券,蕴藏着巨大的违约风险,中枪后的代价可能非常惨重,对此不能不防。

3. 社区化与网络化的关系

在当前，我国银行业的渠道建设有两个错误的导向。一是鉴于中国互联网金融热的兴起，中小型银行，特别是城商行在应对互联网金融时，很容易产生一个极端认识，那就是唯网络论，认为网点会加快消亡，互联网银行会全面取代传统银行。二是延续过去大干快上，铺开网点布局的惯性，一味追求网点建设"高大上"，造成物业浪费严重、经营成本高企。

在这个问题上，富国银行基于社区化发展的整体战略进行的广泛分层次网点布局、全渠道运营、线上线下有机结合、极端重视客户体验等做法，非常值得国内银行借鉴。

4. 社区化与利率市场化的关系

国际银行业的经验表明：利率市场化浪潮所到之处，那些定位不清晰、特色不鲜明、优势不明显的中小型银行，很容易望风而靡。而富国银行的社区化发展模式，为其带来了低利息而充足的存款。同时，其对小微企业的海量贷款，也显著地拉升了贷款收益。较低的资金成本和较高的资金收益，使富国始终保持了持续稳定和良好的盈利水平。过去 20 年间，富国银行营业收入年均（10 年和 20 年年均）复合增长率取得了高于行业平均 45% ~ 80% 的良好表现。

富国是座"富矿"

沿着富国的社区化道路，我一路探寻，发现富国是一座真正的"富矿"。以富国银行的企业文化为例。富国银行有一本小册子，被称为《富国银行的愿景和价值观》，要求员工人手一册，同时通过官网和其他渠道广泛传播。

驱使我们每天清晨醒来的动力，是为了帮助客户实现财务成功，并满足他们所有的金融需求。富国银行之所以能维持盈利，在于我们能专注于服务客户，而不是别的什么原因。对富国银行来说，这个久经考验的愿景高于一切。我们不会本末倒置，也不会把马车放在马的前面。

与《华为基本法》等著名的企业文化一样，这些话够朴实、接地气、入人心，读起来有荡气回肠、沁人心脾之感。本书收集了富国银行董事长十余年来写给股东的信，基本上都是以文化理念为主题和标题，并且在信中大段地引述其中的内容，读下来明显地感觉到富国的文化是确有其事，绝非空穴来风。

以富国银行的并购为例。富国银行的发展与壮大离不开各种各样的并购。富国银行历史上多次发生"蛇吞象"式的梯次并购大事件，成功实现了自身规模和收入的跳跃式增长，加速构建其本土的规模优势。

所有的并购都需要面对纷繁复杂的整合问题，为使并购切合自身的发展战略，富国银行提出了并购六原则：（1）文化兼容性；（2）项目可操作性；（3）有助于改善客户关系；（4）充分认清风险；（5）内部收益率15%；（6）三年内实现并购增值。

在中国银行业中，并购行为并不是很普遍，但随着利率市场化的推出和相关条件的成熟、完善，中国或将迎来一个金融大并购的时代，而拥有1000多次成功并购经验的富国银行，或许是一部非常好的教材。

富国银行是怎样炼成的

罗马不是一日建成的，富国亦然。约翰·斯坦普对富国银行赖以成功的交叉销售模式有几段非常到位的论述，兹录如下：

如果有人告诉你，很轻易就能从现有客户中赢得更多的金融服务机会，你不要相信。大家应该明白，富国银行在这一领域钻研了四分之一个世纪。不管含金量如何，我们都被称为'交叉销售之王'，为了得到这个称号，你必须做一千件正确的事，你需要花费巨大的投资和漫长的时间在系统和培训上，需要正确的员工导向和认知，需要花时间弄懂客户的财务目标，然后向他们提供正确的产品和解决方案，满足他们的金融需求，帮助他们获得财务成功。你不能寄希望于通过一年半载的时间，就能在存量客户的深度开发上取得较大的进展。这就是为什么许多银行放弃了这个目标，所以坏消息是交叉销售做起来很难，但它也是好消息。因为一旦你做到了，它就是你不可复制的竞争优势。当然，如果做起来容易，每个人都会去做。

13年前，我是西北银行得克萨斯州社区银行的负责人（在西北银行被富国银行收购以前），公司为我们设置了极富进取性的目标——每位零售客户平均持有 8 个西北银行的产品。那一年，每位零售客户平均仅持有 4 个西北银行的产品，许多分析家把完成目标的时间就定在下一个季度，听起来好像打个呵欠一样简单。第二年，西北银行与富国银行合并，自那之后，每位零售客户持有我们产品的数目分别为：1999 年 3.2 个，2000 年 3.4 个，2001 年 3.7 个，2002 年 3.8 个，2003 年 4.2 个，2004 年 4.3 个，2005 年 4.6 个，2006 年 4.8 个，2007 年 5.2 个，2008 年 5.7 个。2009 年，在与美联银行合并之前，每位零售客户所持有的富国银行产品数量，还是没有突破 6 个。

2010 年，我们的交叉销售终于跨过了这道门槛。在美国西部，我们的零售客户平均持有的富国银行产品数达到 6.14 个。在美国东部，我们的零售客户平均持有的富国银行产品数达到 5.11 个，且保持着良好的增长势头。在社区银行遍及的 39 个州和哥伦比亚特区，每个零售客户平均持有的富国银行产品数为 5.7 个（上一年是 5.47 个）。1/4 的零售客户平均持有我们的产品数达到 8 个以上（含 8 个）。2/5 的零售客户平均持有我们的产品数达 6 个以上（含 6 个）。即使全部客户平均拥有我们的产品达到 8 个，我们也仅仅成功了一半，因为平均每个家庭持有的银行产品数为 16 个。

这几段话朴素而有力，展现出富国银行在交叉销售上的成功之路。银行的核心竞争优势没有速成，转型没有捷径。富国银行的这种坚忍不拔、一味从平实处用功的做法，不禁让我想到清末大儒曾国藩和他一手创建的湘军。如果说其对交叉销售的偏执追求让人想到湘军的"结硬寨打呆仗"，那么富国银行宗教般的社区情怀，不禁让人联想曾氏对儒学的恪遵，由富国银行在住房贷款市场中的坚守联想曾氏死守"必踞上游之势，建瓴而下"的平江南之策而成大功。

真正读懂富国

也许是富国银行的光环太耀眼、故事太传奇、距离太遥远，我们对富国银行的认识和理解始终是"雾中花""水中月"，尤其在国内许多银行解读富国银行的社区银行模式时，出现了诸多谬误。

具体来说，关于社区银行，在当前中国的银行业语境中存在三种理解。

一是社区支行，简易的服务终端；二是美国通行的社区银行定义：资产在100亿美元以下，经营区域偏于一隅的小银行；三是"富国"范本。众多国内的银行对此理解不清、认识不明，就已经闻风而动，掀起了一场激进、盲动的中国式"社区银行"发展风潮。

所谓中国式"社区银行"，是指按照银监会的相关要求，设立的定位于服务社区居民的简易型银行网点，属于支行的一种特殊类型。国内对社区银行的探索始于龙江银行"小龙人"社区银行发展规划。2010年起，各中小型银行纷纷跟进。2013年6月以后，正式进入高歌猛进的扩张阶段，民生银行、兴业银行等股份制银行以及众多的城商行都提出了宏伟的社区银行发展目标，民生银行尤其把以社区银行为载体的小区金融与小微金融作为并列的两大战略转型方向之一。

如今，在互联网金融浪潮的冲击下，当初社区银行打通金融的"最后一公里"和"弯道超车"想法并没有实现，"小而美"的社区银行逐渐成为鸡肋。取而代之的是新开社区银行增速骤减，数家社区支行终止营业。深入实地调查或者探访业内人士，也不难发现社区银行的发展实际上是"叫好不卖座"，远远没有达到预期效果。要使这一新兴的金融业态持续健康地发展，首先要正本清源，通过全面理解和了解富国社区银行的成功模式，深化认识"社区化"的基本内涵和价值主张，避免在"沉没成本"的陷阱里越陷越深、不可自拔。

不仅是社区银行的发展走入误区，银行业的创新整体也缺乏方向感，在互联网金融、综合化网点、新概念网点、小微金融等领域的转型屡屡陷入困境。过去，银行业的发展千篇一律，同质化非常严重。如今，许多银行为创新而创新，慌不择路，孤注一掷，交了大笔学费，支付了高额的创新成本，陷入了所谓"不转型等死，转型找死"的怪圈。

创新失败、转型困局的出现原因很多，个人觉得，其中很重要的一个方面，就是在浮躁、集体无意识的碎片时代和手机智能时代，大大小小的银行家习惯于接收碎片式的知识和信息，放弃了系统化的学习和思考，对创新缺乏整体性、系统性的设计和规划，缺乏方向和坚持。

要取经就要取真经，要收集和掌握第一手信息，不能断章取义，捕风捉影，防止歪嘴和尚念错了经文。这也是我翻译此书的直接原因。

缘起与致谢

很多朋友非常奇怪，一个英语四级考试考了两次的英语学渣怎么会想到去做译书这么高难度的事？在此，要感谢我的硕士生导师——湘潭大学的彭国甫教授和周叶老师，自毕业以来，两位老师始终关注着我的成长，他们的言传身教将让我获益终生；感谢国家商务部的谭亚波先生和在某地基层主政的彭成先生给我的点拨和鼓励；感谢《零售银行》杂志前总经理章飚的鼓励与支持，把我的一叠读书笔记变成了一本书。为了不致造成纷扰和辱及令名，请容许我把对几位最崇敬的师长、领导的感激之情默存心底。

感谢我的舅舅李德瑜先生和舅母王晓辉女士，在我成长时期为我创造的良好教育条件。感谢我的家人，夫人与一双儿女对我的支持，是我翻译此书的最大动力。

2005年，我从一家国有大行跳槽到长沙银行。十余年的光阴说短不长，说长不短，耗去了我生命中精力最旺盛、思维最活跃、激情最洋溢的一大块时光，也见证了包括长沙银行在内的中国银行业繁花似锦、高歌猛进的"黄金岁月"。选择翻译富国银行董事长10余年致信，意在为过去找一个坐标和参照，为未来找一个范本与标杆。

面对新的机遇与挑战，长沙银行依然步履坚定、铿锵有力，整个金融行业的分化却在日益加剧。在新的历史阶段，怀着对未来行业大势的焦虑不安和个人职业发展的迷茫彷徨，我用两个月的业余时间译完此稿，用一个月的工作空暇校阅修订，仓促成集，不奢望这本书的出版能为行业的发展修正轨迹，却祈求以一种沉潜专注、不怨不尤、勿忘勿助的心态完成对个人职业生涯的救赎。

我对本书的顾虑有二：一是理查德·柯瓦希维奇和约翰·斯坦普在致信中对富国银行是否有太多的溢美之词和文过饰非；二是我的翻译是否能胜任出版的要求，会不会出现太多的错误之处。我本意是希望给读者厘清某些认识，却担心由于自己的轻信和浅知，带给大家更多的误导。

所以，恳请大家就此书的内容不吝赐教。如果读者真正喜欢此书，我愿意就富国和其他国外大牌银行的原始资料做更多的翻译、修订和探究，为国内银行业的相关研究与发展工作贡献更多的力量。

是为序！

王礼

2016 年 3 月

勿忘初心

一、严格地说，此次出版是本书的第三版，之前分别出过一次平装版和软精装版。本书不断再版，一方面是销量可观，据不完全统计，有 20 余家大、中、小银行总行把《富国之道：富国银行董事长写给股东的信》作为培训教材分发给全行中层以上的干部；另一方面是更新需要，不少读者留言希望读到在虚假账户事件曝光后富国银行董事长写给股东的信。谢谢广大读者的厚爱，我们希望把本书不断延展，做成现代商业银行管理的一本典籍。

二、与本书一起出版的，还有《富国之道》的解读版——《富国之本：全球标杆银行的得失之道》，以及另一家国际标杆银行的解读专著《打造金融堡垒：摩根大通银行战略解码》。之所以写作《富国之本》，是应广大读者希望读到对《富国之道》进行解读的强烈要求，我们认为另行成书才得以两全其美，不致破坏了《富国之道》的原汁原味。与富国银行一样，摩根大通银行是 2008 年美国金融危机中绝无仅有的两大银行"赢家"之一，在当下"黑天鹅""灰犀牛"频现的金融激荡年代，《零售银行》杂志社策划的系列图书旨在为苦渡"凛冬季节"的银行人送上一包干爽的木柴。

三、毋庸置疑，虚假账户事件使富国银行遭受重创，不仅使富国银行从全球银行业市值冠军的宝座上跌落下来，也被打下了全球品牌价值最高银行的神坛。迄今，该事件余波未了，乃至愈演愈烈，其代价巨大、教训惨痛，识者认为，富国银行董事长写给股东的信，记述的都是富国银行掌舵者的管理心法，讲的是一个有关银行"初心""本源"的故事，现在看来，富国银行是得之初心，失之初心；成也本源，幸有本源。这个"初心"，说的是银行的使命、愿景与价值观；这个"本源"，说的是银行的服务定位、经营特色和实体之源。我们认为，富国银行就是当下银行业不忘初心、回归本源的一面镜子、一本教材，它正反两方面的经验教训都值得转型期中国银行业好好汲取。鉴于此，再版《富国之道》有其独到、不衰的研读价值。

王礼

2020 年 8 月

2006 年 ▶

"我们的愿景是满足客户的所有金融需求，帮助他们获得财务成功，这个愿景已经坚持 20 年。"

2006 年：我们如何定义下一阶段的成功

　　富国银行的愿景是满足客户的所有金融需求，帮助他们获得财务成功，这个愿景我们坚持了 20 年。仅有愿景是远远不够的，你必须有一个实现愿景的计划和一个久经考验、能够帮助你在任何经济周期中屹立不倒的商业模式，你必须以高效益、高效率的路径来执行计划。坦诚来说，所有愿景的实现都与执行力密切相关。要想获得成功，领导者需要建立、分享这一愿景，并不停地就这一愿景与他人进行交流与沟通。只有这样，才能激励员工拥抱、信奉和遵循这一愿景，并把它作为一种日常的行为指导，最终投射到每一天的工作上，贯彻在每一次与客户打交道的过程中。

致我们的所有者：

2005 年的不俗业绩又一次证明，富国银行拥有一支所有金融机构中最优秀、最专业、最热心、最能坚守承诺和道德标准的，始终坚持"客户第一"的团队。20 年来，在富国银行的愿景和价值观的指引下，我们坚持一以贯之的商业模式，坚持业务的多元化发展，坚持稳健的风险管理，并因此一次又一次地获得了领先同业的杰出业绩。我们的收入、每股收益均实现了两位数的增长，这个业绩不仅表现在 2005 年，甚至过去的 5 年、10 年、15 年、20 年都是这样。在过去的 5 年，我们的整体股权回报高出标准普尔 500 指数[①]两倍，这简直让人惊叹！

表 1-1　富国银行连续 20 年两位数的年均复合增长率

年数	每股收益	富国银行股权回报	标准普尔 500 股权回报
5	14%	10%	5%
10	11%	13%	17%
15	12%	12%	21%
20	14%	12%	21%

过去 20 年中，美国的金融机构经历了多个经济周期和不同的经济环境——利率有高有低、经济有盛有衰、失业率有升有降，收益率曲线千差万别（有的陡增、有的平缓、有的甚至反向）。但富国银行在风吹浪打中仍然稳如磐石。我们的团队始终稳定地刷新经营纪录，这一点令人难以置信！没有人能够精确预计 2006 年和其他任何年份的经济发展状况，但要想保持两位数的增长，我们就必须继续奉行已经坚持 20 年的首要战略：满足所有客户的金融需求，帮助他们获得财务成功，并且通过交叉销售赢得客户 100% 的资产份额。

2005 年，富国银行取得了以下的成绩：

· 收入增长10%，再一次保持两位数增长，而支出增长成功控制在个位数。我们把收入增长视为评判行业成功最重要的标准。

· 分摊到每股的净收益达到创纪录的 4.5 美元，增长 10%。尽管 2005 年 10 月前《联邦破产法》的政策调整，导致我们每股成本增加了 0.07 美元。

· 净利润达到创纪录的 77 亿美元，增长 9%。

· 2005 年 11 月 25 日，我们的股票价格再创新高，收于每股 64.34 美元。

· 2005 年年底，我们的股票总价值达到 1050 亿美元，使我们再次位居美国最有价值 20 强企业之列。

· 我们的信贷质量保持优良，不良贷款率接近历史低点。

· 《财富》杂志评选富国银行为"最值得尊敬的大型银行"，《巴伦周刊》把我们列为"世界上最值得尊敬的金融机构"，我们还是美国银行业中唯一获评最高信用等级"AAA"的银行。

· 社区银行利润达到 55.3 亿美元，刷新历史纪录，较上年增长 13%，收入增长 9%。

· 消费金融方面，我们向客户卖出了 1600 万个产品（我们称其为"解决方案"），包括支票、储蓄、借记卡、贷款等，较上年增长 15%。

· 我们向小型企业发放的单笔金额在 10 万美元以下的贷款余额增长了 18%，连续 3 年位居美国最大的小型企业贷款首位。过去 10 年里，我们向非裔、亚裔、拉丁裔美国人和美国妇女管理的小型企业发放了 260 亿美元贷款，超出了我们公开宣示的目标。

· 我们的交叉销售连续 7 年刷新历史纪录，平均每位零售银行客户持有 4.8 个富国银行产品，平均每位公司银行客户持有 5.7 个富国银行产品，平

均每位中型企业客户持有 7 个富国银行产品（2 年前约为 5 个）。实际上，我们有超过 1/5 的网点能做到平均每位客户持有 8 个富国银行产品。

• 公司银行净利润连续 7 年刷新历史纪录，2005 年达到 17.3 亿美元，贷款实现两位数增长。

• 我们的公司银行业务真正实现了从美国东海岸到西海岸的跨越，在全国范围内开设了 600 个办事处。在美国东部，我们有 175 个办事处开展了商业银行、商业地产、公司金融、资产租赁和设备融资等业务。我们在亚特兰大、波士顿、克里夫兰、哈特福德（隶属于康涅狄格州）、印第安纳波利斯、纽约和坦帕等地市场都吸引了新的商业客户。

• 我们募集了 3660 亿美元资金用于抵押贷款的发放，这在整个行业的年度排名中位列第二，富国银行一直也是美国最大的零售抵押贷款发起者。我们拥有美国第二大抵押贷款服务组合，资产总额达到 9890 亿美元，较上年增长 23%。房地产市场保持强劲增长，即使新的房地产建设持续滞后于新家庭组建步伐。

• 2006 年年底，我们的国家房屋净值贷款达到 720 亿美元，且资产质量继续保持优良，连续 4 年位居全国房屋净值贷款榜首。

• 富国金融——我们的消费金融公司，应收账款平均增长 25%。

• Watchfire GomezPro 把富国银行评定为美国网络银行的第一名，《全球金融》杂志从六个维度评定富国银行官网为最佳网站，包括“最佳企业／机构网络银行”。凭借创新产品“商业电子化办公室”，富国银行被信息技术权威杂志《信息技术总监》列为 100 家“勇敢赢家”之一。“商业电子化办公室”已被我们 3/4 的商业客户在外汇贷款支付中用到。

以下为 Watchfire GomezPro 评选出的十大顶尖消费者网络银行。

1. 富国银行

2. 花旗银行

3. 美洲银行

4. 电子银行

5. 亨廷顿银行

6. 奥马哈第一国家银行

7. 汇丰银行

8. 美国银行

9. 美国大通银行

10. 美联银行

（来源：Watchfire GomezPro）

• 为了成为客户办理汇款业务的首选金融机构，我们把服务网络从墨西哥、印度和菲律宾，延伸到萨尔瓦多和危地马拉。我们使用"领馆身份证"[②]作为一种识别方式，帮助墨西哥公民开立了超过 60 万个账户。我们是美国第一家推动使用领馆身份证作为身份识别方式的银行，通过这一途径，我们帮助客户从高风险的现金经济转向安全可靠的现代金融服务体系。

• 在洛杉矶和橙县，我们正在推出一个试点项目，向那些有国税局出具的个人纳税证明编号，但没有社保编号的纳税在职人员发放抵押贷款。如果试点成功，我们将向其他 23 个州的社区银行网点推广这款抵押贷款产品。

• 公司季度分红增长比例超过 8%，达到每股 52 美分，连续 18 年增加季度分红，从 1988 年以来，我们已是第 23 次增加股息。我们是美国 13 家大的股息支付企业之一，同时位居"股息成功者"之列。"股息成功者"是指连

续 10 年股息不断增长的上市公司，在美国 1 万家上市公司中，不到 3% 的企业能获此殊荣。如果你在 1986 年投资 1 万美元购买富国银行的前身——西北银行的股票，加上分红股息，到 2005 年年底投资价值将达到 43.5 万美元。

• 我们总体经营和管理的资产增长了 6%，达到 8800 亿美元。新的富国优势基金（由"富国基金"和"强势基金"合并而成），是美国第十八大共同基金公司，管理着 1080 亿美元资产和 120 只基金，涵盖几乎所有的资产类别和投资方式。

• 我们对外宣告，将把环保责任融入业务实践，并许下 10 点承诺。这包括未来 5 年内，通过贷款、投资和其他金融举措向可持续林业、可再生能源、水资源管理、废物管理、"绿色之家"开发建设和能源效率提高等环境友好型企业提供总额超过 10 亿美元的扶助资金。

我们为这些耀眼的业绩感到无比自豪！不管你们相信与否，我们还可以做得更好。在近年的年报中，我们告诉大家，我们在商业银行和投资业务方面的持续增长速度并没有充分发挥出潜力，现在我很高兴地向大家报告，我们在这方面已取得重大进展。

小型企业银行

仅仅在 2 年前，我们的小型企业银行客户（年收入在 2000 万美元以下的企业），平均只持有 2.7 个富国银行产品。同时，只有不到 1/4 的小型企业银行客户和我们有零售业务的往来，不到 1/10 的客户愿意在富国银行开展投资业务。2 年前，我们宣布到 2008 年要实现收入和交叉销售翻番，小型企业业务存款、贷款市场份额都有显著的提升。可喜的是，2006 年交叉销售就增长 11%，小型企业客户平均持有富国银行产品（解决方案）超过 3 个，小型企业银行客户使用在线服务的比例增长 24%，小型企业银行存款在 2004 年增长 10% 的基础上，2005 年又增长了 9%。与此同时，通过银行网点、网上银行、直邮、远程咨询以及客户主动要求等方式，我们向小型企业贷款客户投放的贷款增长了 17%，信用证（单笔不超过 10 万美元）增长了 18%。

但是，富国银行的小型企业客户仍会在其他银行购买金融产品。既然我们相信富国银行能为客户创造更多价值，就没有理由不去赢得客户包括企业业务、个人业务和投资业务在内的所有业务。好消息是，2004 年富国银行连续 3 年在金额 10 万美元以下的小型企业贷款中排名第一，占全国市场份额的 15%。我们也是美国欠发达地区小型企业贷款的龙头，占全国市场份额的 16%。

以下是美国综合性网上服务经纪公司十强榜。

1. 所罗门美邦

2. 富国银行

3. 瑞银

4. 美联银行

5. 美林

6. 派杰

7. 亚历克斯·布朗

8. 爱德华兹

9. 麦当劳投资

10. 爱德华·琼

（来源：Watchfire GomezPro，2005 年 10 月 31 日）

零售客户服务

富国银行的零售银行和投资银行业务同样增长迅猛，2005 年第四季度，它们以两位数增长圆满收官。我们通过整合所有银行业务、投资业务和保险业务产品来满足所有客户的财富管理需要，从而夯实了业务发展基础。我们也极大地充实了零售客户服务的专业队伍，现有 700 名私人银行客户经理分布在各银行网点和财富管理办公室，较两年前增长了 150%。另外，我们现有 2500 名注册银行家和财务咨询师，较三年前增长了 85%。2005 年，我们在行业内最先向最忠实客户提供价格优惠或者完全免费的股票和共同基金在线交易服务，Watchfire GomezPro 因此将我们列为美国综合性服务在线中介榜单的第二名。

由此，我们赢得了更多的零售客户。最近 5 年内，我们向零售银行客户发放的贷款保持每年 15%～20% 的增长。最近 2 年内，我们的存款增长了 38%，中介资产增长了 14%。超过 100 万客户开立了"富国综合管理账户"，这个账户把所有客户与富国银行的关系整合在一起，包括支票、存款、抵押贷款、个人贷款、信托和经纪人业务。除此之外，"富国综合管理账户"提供与储蓄账户和大额存单挂钩的奖励、折扣，让客户享受到有竞争力的货币市场利率、奖金利率，并与自己的账户挂钩，减免每月服务费用，或减免富国 Visa 信用卡费用和与富国贸易账户挂钩的各种费用。在此基础上，富国银行还可以提供佣金折扣。在这些政策的帮助下，仅仅5个月时间，我们所有的存款和经纪账户余额增加超过40亿美元。

我们的投资管理和信托业务也在迅速增长。富国银行在为客户提供信托和房地产服务等基础性财富管理服务的前提下，还为高净值客户增加了可选择的资产分类，并提供最优类外部资金管理。高净值客户也向我们回馈了更多的服务机会，由此，5个季度后，我们的销售情况创下新纪录。

虽然我们取得了可喜的进步，但我们相信在某些领域可以做得更好，脚步更快。我们的客户投资业务是现在的市场份额的两倍甚至三倍，我们的私人银行客户和个人信托客户将给我们带来更多的投资管理和中介业务。我们应该能满足小型企业、中型企业、房地产以及大型企业客户管理层的金融需求，也应该成为他们个人投资和理财业务的第一选择。

为更大的发展做准备

我们将继续投资建设新网点和运营中心，满足所有客户的金融需求。2005 年，我们开立了 47 家抵押业务办理门店、20 家消费金融门店、7 个商业银行业务办事处和 2 个商业地产办事处。我们还完成 4 家主要的运营设施（达成预期目标的 1/5）建设。

• 在爱达荷州的得梅因，可供 1500 名员工办公的抵押贷款和消费信贷中心开业，面积达到 2.5 万平方米。另有两栋建筑面积合计达 9.3 万平方米的营业点将分别于 2006 年中期和 2007 年开业，这两栋建筑位于占地面积为 1.6 万平方米的园区内，有足够的空间供下一步扩建。

•2006 年年末，在爱达荷州的得梅因，一栋面积达 3.3 万平方米的 9 层建筑将按照预期计划完工，它可通过人行天桥连接市中心的富国银行总部，正式竣工后，将会有 1500 名员工在这里办公。

• 在明尼苏达州的明尼阿波利斯，我们花费 1.75 亿美元收购了原霍尼韦尔公司的园区，它靠近明尼阿波利斯市中心。到 2006 年年底以前，它能够将双城地区 12 个抵押贷款业务中心整合到一起，预计将容纳大约 4600 名员工。

• 在明尼苏达州的肖维优，我们在其卫星城的北部郊区建成了一座面积 5574 平方米的新数据中心。

• 在亚利桑那州的钱德勒，一座新的运营、技术和呼叫中心即将建成。它接近凤凰城，是一栋面积约达 1.9 万平方米的四层建筑，这里可以扩建为 7.4 万平方米的办公场所，将作为 2100 名科技运营人才的新家。

高质量的领导力

我们的愿景是满足客户的所有金融需求，帮助他们获得财务成功，这个愿景已经坚持 20 年。仅有愿景是远远不够的，你必须有一个实现愿景的计划和一个久经考验、能够帮助你在任何经济周期中都屹立不倒的商业模式，你必须以高效益、高效率的路径来执行计划。坦诚来说，所有愿景的实现都与执行力密切相关。要想获得成功，领导者需要建立、分享这一愿景，并不停地就这一愿景与他人进行交流与沟通。只有这样，才能激励员工拥抱、信奉和遵循这一愿景，并把它作为一种日常的行为指导，最终投射到每一天的工作上，贯彻在每一次与客户打交道的过程中。

很幸运的是，富国银行拥有整个金融行业里最优秀的高管团队，这不仅是我们自己的认知，还得到了很多行业观察家的首肯。整个高管团队由富国旗下各类企业的首席执行官组成，他们横跨集团业务的各个部分，他们负责任、极具荣誉感。他们和他们的团队年复一年地为富国银行创造了诸位股东们所期待的光辉业绩。他们精诚合作、无私奉献，每一个人都是伟大的教练型领导者。

正如那些伟大教练所做的那样，富国银行的高管认识到：成功不仅关乎他们个人的利益，而且关乎团队、客户和富国旗下其他兄弟企业的最大利益。为了帮助富国银行常驻行业领先的位置，并保证总体收入、每股收益年均两位数的增长目标得以实现，他们给自己的团队提供了各种所需的工具、培训和资源。他们帮助富国银行创立愿景和价值观，并与每个客户日复一日地实现我们的愿景；他们引导富国银行走向成功之路，推动富国银行的业绩增长，影响、指导和激励富国银行的每一个团队成员，使 15.3 万名员工理解、支持和践行我们的愿景和价值观。他们以身作则，真诚率直，犯了错误就会从中吸取教训，并承担责任。他们是具有广阔视野、能站在公司高度和行业高度看问题的蓝图设计师，对新创意持开放态度，知道如何学习和相互学习，并分享好的经验。他们知道如何搭建高效团队，能让员工充满快乐；他们积极适应变化，关心员工，并熟知客户体验。

他们不仅仅是优秀的领导，更是伟大的领导者。这二者的区别在于：一个优秀的领导激励员工，使他们对领导有信心；一个伟大的领导者则激励团队，让他们对自己有信心。他们传授和引领他人成为一名领导者，他们中的绝大多数人都认同富国银行最重要的价值观——人才是公司的核心竞

争优势。他们依据该价值观做每一个决定，清楚地知道如何在团队里找到应对每一个问题、挑战和机遇的答案。他们的工作就是找到团队中拥有解决问题能力的人才，一旦找到，不管其职级高低，他们都会帮助其将自己的想法付诸实践。无数事实证明，有能力给出问题答案的人，往往都是那些最贴近客户的人。

如何定义下一阶段的成功

在今年的年报中，我希望股东们能够更好地了解富国银行卓越的高管团队。我希望股东们能像我一样欣赏他们的杰出才干、技能、经验、品质、创新精神、洞察力和热心，了解他们怎样成功描绘新一年的业务蓝图。在本年年报中我将谈到11名领导者如何描绘他们分管业务的理想愿景，描绘他们和自己的优秀团队怎样去推动富国银行市场份额和客户资产的增加。与金融行业中最棒的团队一起工作，我深感荣幸。在这份年报中，我也倍感自豪地与诸位股东分享他们的故事。

值得尊重的《国家银行法案》

"迁徙"是富国银行2300多万客户中绝大多数人的生活方式，他们不管是上下班、做生意还是搬迁、旅行、度假，都经常从东海岸横跨到西海岸。许多人在另一个州有第二套房子，他们在全球范围内购买商品和服务，州界对他们毫无意义。他们认为在美国或者世界上其他地方，都能够通过由联邦统一监管的全国性银行取现、完成金融交易、获取账户信息。在国家统一监管措施的帮助下，大多数客户能很快做出信贷决策，几天内办下一笔抵押贷款。

大多数客户已经视美国的金融自由为理所当然，但它并不是与生俱来的权利，而是一个半世纪以来，一系列法案和法院判决推倒重来的结果。在这些法案中，最重要的一部是 1864 年的《国家银行法案》，这部极具远见的法律在富国银行成立 12 年后颁布，扭转了各州因法律差异而导致的代价高昂、乱象丛生的经济秩序。它以国家章程的形式，为所有全国性银行的大联盟实施安全、公正的治理提供了统一的国家标准。当时，电讯的重要作用就如我们今天的网络，在一个各项生产要素流动日益频繁的社会里，这部法案鼓励资本和劳动力跨州自由流动。根据这部法案的精神，国家设立了联邦货币审计署，授予它专有的权力去检查监督像富国银行这样的全国性银行，各州可以继续监管州银行，联邦政府监管全国性银行。

不幸的是，近几年一些州试图让时光倒流，去挑战审计署根据国家统一法令来管理全国性银行及其分支机构的权力。

一个国家、一个经济体，一套统一的国家标准

以下是根据《国家银行法案》做出的六个裁决，旨在阻止各州限制银行活动或试图通过监管插手对全国性银行的管理。

• 2006 年 1 月，美国最高法院依据有关联邦银行法律，以 8 票赞成、

0票反对的投票结果做出裁决。裁决结果为：不能因为银行在一个特定的州有业务，就否决其向联邦法院提起诉讼的权利。鲁斯·巴德·金斯伯格法官在下级法院的裁决中写道："你们的裁定是错误的，因为这将非常不利于全国性银行接触联邦法院。"

• 2005年10月，联邦地区法院做出有利于金融服务贸易协会的裁定。它阻止纽约总检察长办公室从全国性银行调取信息和调查他们的贷款实务。法院规定，国家银行法案享有优先解释权，各州政府径自撇开货币监理署办公室和美国联邦储备委员会等国家监督机构，直接对富国银行这类全国性银行进行调查是不恰当的。

• 2005年8月，联邦第九巡回上诉法院做出有利于富国银行的裁定。它依据《国家银行法案》，阻止州一级政府争夺对全国性银行开设分支机构的行政许可和监管权力。加利福尼亚州企业部曾试图对富国银行旗下的富国房屋抵押贷款公司行使权力。

• 2005年7月，联邦巡回上诉法院依据《国家银行法案》，驳回州一级政府对全国性银行运营子公司的监管要求。此案起源于一家全国性银行和其抵押贷款子公司对康涅狄格州的起诉，旨在反对由该州对其行使行政许可权利和要求银行遵循某些特定的州法律。

• 2003年2月，联邦第五巡回上诉法院做出有利于富国银行及其他全国性银行的裁定。它依据《国家银行法案》，驳回各州禁止银行向某些非注册用户收取支票兑现费用的地方法律规定。

• 2002年10月，联邦第九巡回上诉法院做出有利于富国银行和其他全国性银行的裁定。它依据《国家银行法案》，驳回当地法令关于企图阻止全国性银行向非（注册）用户收取使用ATM方便费用的规定。其中圣弗朗西斯科和圣莫尼卡就有这样的禁止收费的法令。

幸运的是，每一个误导客户的尝试都以失败告终。当各州和地方政府公开这些诉讼时，往往能吸引大量媒体报道。但当法院做出裁决并一致支持全国性银行在这些问题上的权益时，这些故事就变得悄无声息，不被媒体重视。

2006 年的经济形势

对银行业来说，2006 年将是极具挑战的一年。资产收益的增长或将难以抵御日渐增加的风险，信贷质量难以改善；银行短期利益和长期利益差异的收益曲线看起来会很平缓，甚至反向发展；银行同业正在放松贷款条件，使得贷款定价难以全面覆盖风险。

然而，富国银行固守历经 20 年考验的商业模式，始终坚持向老客户销售更多的产品，从而提高市场份额和钱包份额。这是富国银行收入和每股收益持续 5 年、10 年、15 年乃至 20 年两位数增长的诀窍所在。我们经历了一家金融机构能够经历的几乎每一种经济环境，这将帮助我们应对 2006 年的困难和挑战。

特别感谢

在为公司服务三年之后，我们的两位董事将于今年 4 月退休。

一位是克拉克·金博士，原明尼苏达州明尼阿波利斯市通用轧制工厂的董事长兼总裁，20年前加入我们的董事会。当时，我们的前身——西北银行的总资产刚刚超过210亿美元。克拉克先后在审计和检查委员会、财务委员会工作。

另一位是格斯·布兰查德，明尼苏达州ADC电信公司的董事长，10年前加入我们的董事会。当时，富国银行只有800亿美元资产。他在审计和检查委员会、信用委员会、治理和提名委员会任职。

在他们的任期内，他们的明智建议和周到指导，让富国银行在成为世界上最受尊敬的金融机构的过程中获益颇多。感谢克拉克和格斯两位董事！

展望未来

最后，再次感谢我们15.3万名才华横溢的员工，感谢你们在2005年及过去20年中做出杰出成就和创纪录的业绩。同时感谢我们的客户，感谢他们将自己的信任托付给我们，并愿意使用我们的金融产品，为我们带来丰厚回报。我们感谢成千上万个横跨北美的社区，它们与我们共同努力，使我们的生活和工作变得更美好。感谢所有股东——我们的所有者，感谢你们155年以来一如既往地信任富国银行（富国银行成立于1852年3月）。

为了员工、客户、社区和利益相关者，我们正奔跑在下一个阶段的成功路上。这将是一段伟大的征程！

董事会主席、总裁兼首席执行官 　*理查德·柯瓦希维奇*

我们的业绩

表 1-2 2004 ～ 2005 年富国银行的业绩

	2005	2004	百分比变动
年度数据			
净利润	$7,671	$7,014	9%
摊薄后每股收益	4.50	4.09	10
盈利能力比率			
净利润对平均总资产的比率（ROA）	1.72%	1.71%	1
适用于普通股净利润对普通股股东权益的比率（ROE）	19.57	19.56	－
效益比率	57.7	58.5	（1）
总收入	32,949	30,059	10
每股股息	2.00	1.86	8
发行在外的普通股平均数	16,863	16,922	－
发行在外的普通股摊薄后平均数	17,055	17,134	－
日均贷款	$296,106	$269,570	10
日均资产	445,790	410,579	9
日均核心存款	242,754	223,359	9
日均零售核心存款	201,867	183,716	10
净息差	4.86%	4.89%	（1）
年末数据			
可售证券	$41,834	$33,717	24
贷款	310,837	287,256	8
贷款损失准备	3,871	3,762	3
商誉	10,787	10,681	1
资产	481,741	427,849	13
核心存款	253,341	229,703	10
股权	40,660	37,866	7
一级资本（核心资本）	31,724	29,060	9
总资本	44,687	41,706	7
资本比率			
股权对资产比率	8.44%	8.85%	（5）
风险性资本			
一级资本比率	8.26	8.41	（2）
总资本比率	11.64	12.07	（4）
一级杠杆比率	6.99	7.08	（1）
每股账面价值	$24.25	$22.36	8
职员人数（在岗、全时）	153,500	145,500	5

（除了每股账面价值、职员人数和比率外，均为百万美元，括号内数字为负值）

注：

1. 效益比率是非利息支出除以总收入（净利息收入和非利息收入）。

2. 税前拨备前利润（PTPP）是在较少非息支出条件下的总收入。管理层相信这项指标是一个有用的财务测算工具，因为它可以让投资者和其他评估公司通过一个信贷循环产生资本以覆盖信贷损失的能力。

3. 核心存款是无息存款、附息支票、储蓄单、一定市场利率、其他储蓄以及一定的外汇存款（欧元现金管理账户余额）。

4. 零售核心存款是总核心存款减掉批发银行核心存款和零售按揭托管的存款。

注释

①记录美国 500 家上市公司的股票指数，由标准普尔公司创建并维护，其覆盖的所有公司都是在美国主要交易所交易，如纽约证券交易所、纳斯达克交易所交易的上市公司。与道琼斯指数相比，标准普尔 500 指数包含的公司更多，代表性更强，能够反映更广泛的市场变化。

②墨西哥领事馆颁发的一种证件，适用于美国境内的墨西哥非法移民。

2007 年

"在每位客户平均持有产品数量方面，我们是行业的冠军，但与领导地位相伴而来的往往就是责任。客户给我们的业务机会越多，他们对我们的期待也就越高。"

2007 年：推动团队成长

　　金融服务是一项团队活动，特别是像富国银行这样规模巨大、业务繁多的公司。我们旗下有 80 多家企业、数以百计的具体产品、15.8 万名员工、6000 多个网点。我们的客户并不期望知道所有的细节，需要的是简单便捷，能非常方便地找到合适的员工，并通过他们的首选渠道（网点、自动取款机、电话、互联网）来获得定制化的财富管理建议，解决他们的财务困难，满足他们的财务需要。为此，每一位富国银行员工都必须以客户为中心，即时响应客户的需求，并了解在自己的团队中有谁可以最好地满足客户的具体需求，然后承诺在某个特定时间达到客户的要求。只有当客户满意了，团队中的每个人才能得到信任。今年的报告中，我们向诸位展示富国银行究竟是怎样将所有富国银行人拧成一股绳，作为一个团队来共同推动客户服务的。

致我们的所有者：

2006 年，15.8 万名富国银行员工拧成一股绳组成最卓越的团队，为客户提供最优质的服务，推动各项工作取得了骄人的业绩，这个业绩水平在金融业乃至所有行业中都是最优秀的。

我们的成就包括以下几方面：

• 摊薄后每股收益达到创纪录的 2.49 亿美元，较上年增长 11%。

• 净利润达到创纪录的 85 亿美元，较上年增长 11%。

• 业务收入（行业中衡量成功与否的最重要标准），达到创纪录的 357 亿美元，增长了 8%，除去富国银行抵押贷款部分，其他业务的收入增长达到 12%。

• 普通股季度现金分红增长 8%，达到每股 28 美分，连续 19 年股利增加，我们公司也是美国第十三大派息的上市公司。自 1989 年以来，我们的股息年度复合增长率达到了 15%。

• 净资产收益率（每一美元股票的税后利润）达到19.65%,资产收益率（每100 美元资产的税后利润）达到 1.75%。

• 我们的股票进行了复权，这是 47 年来我们公司的第八次股票复权。

• 2006 年 10 月 18 日我们的股价再创新高，一度逼近每股 36.81 美元。

• 2006 年我们的股票总回报（含再投资股息）达到 17%，超过标准普尔 500 指数。我们公司的总市值较上年增长 14%，达到 1200 亿美元。

20 年来，富国银行每年的复合增长率均保持在两位数。

表 2-1　富国银行 20 年来的年均复合增长率

年数	每股收益	收入	富国银行总回报	标准普尔 500 指数总回报
5	21%	11%	14%	6%
10	13%	10%	15%	8%
15	18%	12%	18%	11%
20	14%	12%	21%	12%

过往业绩

我们可以看出，富国银行的收入水平、每股收益、总股本回报在过去的 20 年、15 年、10 年和 5 年里，年度复合增长率始终保持在两位数。过去 20 年里，我们每股收益年度复合增长率达到 14%，收入年度复合增长率达到 12%；过去 20 年和 15 年间，我们的年度复合总股本回报率分别达到 21% 和 18%，远远超过同期标准普尔 500 指数的年度复合总股本回报率；过去 10 年里，我们的年度复合总股本回报率达到 15%，几乎相当于同期标准普尔 500 指数的两倍；过去 5 年我们的年度复合总股本回报率达到 14%，超出同期标准普尔 500 指数的两倍多。

马力十足

无论是短期业绩还是长期业绩，我们都保持得不错，这得益于公司分布在所有金融服务领域的超过 80 种业务品种一起发力。这些成就包括：

• 社区银行获利达到创纪录的 55 亿美元。我们的零售银行团队主推给客户的核心产品包（解决方案）售出 1870 万套，较上年增长 17%，再一次刷新历史纪录。在过去的 5 年里，银行网点销售年度复合增长率达到 14%，这个指标是衡量网点有效获客能力、结算条线业务办理效率和客户对富国银行忠诚度的核心指标。令人高兴的是，我们在这些领域的能力均有明显提升，这从网点年度销售复合增长率一直保持在两位数这一点上可以体现出来。

• 交叉销售数据连续 8 年创新高。2006 年，每位零售客户平均持有 5.2 个富国银行产品（从 1998 年的 3.2 个增长而来），每位公司银行客户平均持有 6 个富国银行产品，1/5 的客户购买了 8 个或 8 个以上的富国银行产品。

• 连续 4 年，我们荣登美国小型企业贷款（贷款金额少于 10 万美元）排行榜第一和不发达地区（中低收入地区）小型企业贷款排行榜榜首。在全美范围内，我们的小型企业贷款增长了 30%，每家网点向小型企业银行客户提供的产品（解决方案）销售额增长 26%，净商业支票账户增长 4.3%，我们的小型企业银行客户平均持有 3.3 个富国银行产品（去年是 3 个）。

• 连续14年，我们一直在零售抵押贷款发放机构中排名第一。我们对住房抵押贷款实行非常严格的管理办法，不提供采取浮动利率或负均摊抵押①的选项。我们现有家庭抵押贷款（按揭贷款，每月还本付息）1.37万亿美元，增长38%，在行业中位居第一。我们的抵押贷款增长9%，达到3980亿美元。

• 国家房屋净值贷款集团投资组合升至 790 亿美元，增长 10%。

• 公司银行业务收入和贷款连续 8 年保持两位数增长，净利润不断创造新高，2006 年达到创纪录的 21 亿美元，较上年增长 17%。我们陆续收购了洛杉矶的资深商业地产投资商获得资本公司、弗吉尼亚州的综合性房地产金融机构赖利抵押贷款公司、洛杉矶的投资银行巴林顿协会、得克萨斯州的常绿基金，以及加利福尼亚州、印第安纳州和西弗吉尼亚州的一些保险机构。

· 富国金融——消费金融业务，盈利达到创纪录的 8.65 亿美元，房地产担保应收票据增长 25%，汽车金融应收票据增长 29%。

十大战略重点

十大战略重点指引我们在过去 10 年里朝着我们的愿景（不断满足我们客户的金融需求，伴随客户一路前行，同时帮助富国银行达到了收入、每股收益、股价持续保持两位数增长的目标）前进。以下是我们在各项业务中取得的进展。

1. 投资、中介、私人银行和保险业务

我们大约有 16% 的收益来自这些业务，它们对客户的财务状况影响重大，下一年我们的目标是 25%。

· 私人银行日均贷款增长 8%，日均存款增长 15%；

· 私人银行家 800 名，增长 16%（2005 年是 690 名）；

· 核心存款增长 7%；

· 券商资产管理达到 1150 亿美元，增长 19%；

· "富国贸易"券商资产达到 115 亿美元，增长 32%；

· 财富管理专业人士 3800 名，增长 8%；

· 共同基金资产管理达到 1260 亿美元，增长 12%；

· 银行向保险公司业务转介率增长 100%。

2. 产品包：伟大的 "8"

我们的普通零售客户平均持有 5.2 个富国银行产品，公司银行客户平均持有 6 个富国银行产品，投资银行客户平均持有产品数超过 7 个。而我们的目标是每位客户平均持有 8 个富国银行的产品。1/5 的客户已经持有 8 个或 8 个以上的富国银行产品，而目前每个美国家庭平均持有银行产品数约为 16 个。

• 有 2/3 的新增支票账户客户购买了 "富国产品包"（支票账户 + 三个其他产品，如借记卡、信用卡、网上银行、储蓄账户、房产净值贷款）；

• 补充了 1900 多名网点专业人员。

3. 为客户做正确的事

向客户传递 "同一个富国" 的理念，让他们成为我们一切工作的中心，给他们提供卓越的服务和建议。这样客户才会将他们所有的业务委托给我们，并热情地向他们的家人、朋友和商业伙伴推介富国银行。

• 推出行业内的首个抵押贷款整体计划，帮助次级贷款客户取得财务成功；

• 发起 "同一个富国" 计划，为我们的客户提供尽可能多的便利。

4. 与抵押、房产净值和消费金融贷款客户建立全面合作关系

在富国银行社区网点所在的州，所有的抵押贷款和消费金融贷款客户都应该和我们建立全面的银行合作关系，只要是需要办理抵押贷款和房产净值贷款的银行客户，都应该通过富国银行办理。

• 有房产的客户在富国银行办理抵押贷款的占到 21.2%（2001 年是

17.3%）；

• 有房产的客户在富国银行办理房产净值贷款的占 16.6%（2001 年是 12.6%）。

5. 每位客户都要有一张富国的银行卡

每一位银行客户都应该办一张经常使用的富国银行信用卡和借记卡。

• 有富国银行信用卡的零售客户比例为 35.3%（2001 年是 23.2%）；

• 有富国银行借记卡的支票账户客户比例为 90.7%（2001 年是 83.3%）；

• 有富国银行信用卡的投资银行客户比例为 22.9%（2004 年是 16.6%）；

• 有富国银行借记卡的投资银行及支票账户客户比例为 66.2%（2004 年是 49.5%）。

6. 随时、随地、随心服务

富国银行多样化的渠道整合，使客户可以通过网点、ATM、富国银行电话银行中心、富国银行网站、直邮、互动视频等方式，获得随时、随地、随心的服务。

• 我们新开立了 109 个社区银行网点和 21 个公司银行办事处；

• 每 10 位客户中大约有 7 位是我们"电子商业办公室"的活跃在线用户，这一产品使我们对企业的服务更加高效；

• 850 万名活跃的网上银行客户（2/3 属于消费支票账户的客户），增长了 18%；

• 80 万名活跃的网上小型企业客户，增长了 25%；

• 在加利福尼亚州海湾地区，有 400 台富国银行的 ATM 接受无封套存款服务，我们准备将这项服务推广到我们社区银行业务覆盖到的 23 个州。

7. "信息化"营销

在每一个客户接触点，富国银行都坚持在正确的时间向正确的客户提供正确的产品。

• 通过富国银行的网点、手机银行和富国银行网站，客户购买了 1150 万美元定制产品（2005 年为 1020 万美元）；

• 推出"储蓄计划"——一个集储蓄目标、金额、时间框架和进展监控的线上工具；

• 我们的支出报告吸引了 450 万新用户。

8. 成为客户的支付中介

无论客户何时何地购买产品和服务，富国银行必须创造实际价值，成为交易的媒介。

• 活跃的在线账单支付／查询客户数达到 480 万，增长 43%；

• 2006 年，企业客户通过互联网（桌面存款，通过电子显示屏查验纸质支票）存入支票存款 900 亿美元。

9. 新增客户

富国银行重视获取更多的新增客户并留住所有的新增客户。为此，我们向那些可能的新增客户家庭交叉销售富国银行金融产品，以此降低客户流失率和现有客户的业务流失率。

- 年度高净值客户流失率为 5.6%（2003 年是 7.1%）；
- 银行客户开立资产管理账户比例为 13.82%（2005 年 11.07%）。

10. 人才是最大的竞争优势

开发、奖励和认可所有的员工，建立一个具有包容性的工作环境和更具多样性的组织。

- 员工培训占整体薪资的 2.7%；
- 员工学习补助 1930 万美元，增长了 23%；
- 致力发展具有共同兴趣和共同文化背景的具多样性的专业员工，成立了约 100 个员工兴趣小组（2003 年是 64 个）；
- 公司 71 个多样性委员会（2003 年是 64 个）为员工提供政策、计划和最佳实践的管理咨询；
- 新招聘 4500 名新员工。

同心协力，为客户服务

尽管我们获得了卓越的财务表现，团队也做出了杰出的贡献，但我们仍然有许多工作要做，尤其是在客户服务质量方面。

一年来，我们通过所有的渠道，调查了成千上万的零售客户，了解他们是怎样看待富国银行的服务质量的。过去两年里，我们的客户忠诚度提高了 32%，客户对业务办理等候时间的认可度和对我们迎接方式的满意程度提高了 44%。

今年，富国银行的房屋抵押贷款业务服务方式和服务态度满意度跻身行业前五。在批发银行业务方面，我们的客户满意度在行业中排名第一，而且连续 4 年不断攀升。每 10 位客户中有 8 个将他们在富国银行的整体服务体验评级，由"高于平均水平"上调至"表现卓越"。而引领客户态度转变的富国银行的员工们表示，更多的时候客户对服务是感到满足和幸福的，而非与之相反（比例为 7∶1）。这一成绩可与全美前 1/4 最好的公司相媲美，并且是全美平均水平的 4 倍。

那么，我们还有哪些需要改进的地方呢？是什么让我们不能每时每刻都达到为客户提供极致体验的理想状况呢？问题并不在我们的员工，他们一直致力为富国银行的客户奉献一切，他们致力为客户做正确的事，以实现我们满足客户所有金融需求的目标。

复杂的代价

据我们推断，问题不仅在于快速增长的客户需求，还因为富国银行自身组织的复杂性。我们的各个业务条线在一些流程和系统方面缺乏连贯性，这迫使我们不得不思考以下的问题：客户会对此怎么看？客户的体验是简单还是复杂？客户会感到便利还是拖延？客户会觉得友好还是过于正式？客户会认为我们的产品直观明了还是让人困惑？

作为一个多元化的金融服务公司，富国银行因为拥有业务产品达 80 多种，而具有巨大的优势。我们应当为客户创造更多的价值和便利，给他们更好的交易体验，从而让我们与客户产生更多的业务，建立终生的业务合作关系，并通过规模化运营和摊薄固定成本的方式给公司带来更多的收入。我们可以分散风险和增加收入来源，从而实现收入连续多年的两位数增长。在一个充满活力的大规模成长型企业，我们能够为员工创造更多的就业机会。

但是，如此庞大而多样化的产品体系也可能是劣势。复杂性往往潜藏着各种各样的隐性成本，向客户展示 80 多种不同的产品可能会导致他们在和富国银行合作时陷入困惑。所以在很多方面，我们最顽固的竞争对手其实就是我们自己。就像漫画里面经常说的："我们遇到的敌人往往是我们自己。"

客户不会坐等我们公司服务质量再上一层楼，而是会不断提高自己的期望。在平均每位客户持有产品数量方面，我们是行业的冠军，但与领导地位相伴而来的往往就是责任。客户给我们的业务机会越多，他们对我们的期待也就越高。

"同一个富国"

为了使客户更容易与我们合作，我们正在改变自己的思维方式和行为方式。我们按照一家公司而不是 80 多种独立业务的方式来考虑和处理问题。在公司内部，我们把这种思维和行为方式称为"同一个富国"。我们不停地追问自己："我们能通过哪些方式让客户把富国银行视为一个整体？"我们希望客户把我们视为一个这样的组织：它不单是一家银行、一家抵押贷款公司、一家消费金融公司、一家财富管理公司或保险公司。同样，我们也不能把客户仅仅视为一位银行客户、一位抵押贷款客户、一位消费金融客户、一位公司客户、一位投资客户或一位保险客户，而是"富国的客户"。

仅仅从物质上去激励我们旗下所有企业，让它们保持团结一致、高效协作是不够的，仅仅维护我们单个部门利益也是不够的。因为一开始，它就把最重要的人从设定中抽离出来，这个人就是我们的客户。我们希望灌输一种合作的文化，让大家自然而然地把客户放在首位，提供最好的服务。

反思我们的流程

为了使我们的思维和行为本能地体现"同一个富国"的要求，我们系统地检查了公司的主要流程，确保客户与我们的合作更加便利。

为此，我们经常问自己这样一些问题。

• 我们有几百种不同的产品，就像那些拥挤的快餐店里琳琅满目的菜单，我们能否精简或者裁撤某些选项，从而减少客户选择的困惑，减少我们自己的成本和操作失误？为此，我们做了很多努力。比如，我们正全面分析客户使用支票账户的习惯，并加以改进，让这些产品更容易理解，使用更方便。

• 当一个客户带着问题来到富国银行，尤其是在通过富国银行电话银行中心联系我们时，怎样才能实现客户的问题被一次性解决的可能性？现在，富国银行平均的处理效率是3.33次，比棒球的击打效率高。但对客户来说，3次联系才能解决一个问题的表现是远远不够的。如果我们不能马上解决客户的问题，如何确保能定期反馈我们调查的进展，并给出最终解决问题的期限呢？

• 怎样使我们给客户寄送的函件能表达得更明白易懂，不至于让客户迷惑："富国银行寄给我的是什么东西？"作为顾客，我们也许都有这种体验。例如，在公开声明中，为什么要使用"借方"和"贷方"这样的专业术语？最近，有一家公司甚至把一个简单的名词"下一年"，表述为"12 个月循环滚动计费周期"这样复杂冗长的专业术语。这显然是不行的。

• 如何能使客户更简便、安全、可靠，而又无须经过太多纸质流程，就能了解到他们的账户信息？在移动通信时代，客户已经习惯通过搜索引擎获取信息的高效率操作，所以他们自然不能理解纸质支票还需要隔夜才能进行批处理的原因。

• 是否应废除一些收费？毕竟，大多数客户都认为这些费用是不公正的。

• 我们提供给客户转换业务条线的"800"电话，是否能把电话号码更简化一下呢？当客户调用其中的一个，我们可以帮助他切换到正确的"800"号码，这样就可以更快地满足客户的需要并解决他们的问题。答案当然是："Yes（能）！"通过过去三年的技术革新，我们做到了这一点。

• 对于那些已经掌握的客户信息，怎样才能让客户在办理其他业务时，无须一而再再而三地提供给我们？举个例子，当客户使用我们任何一台 ATM 时，他们总是选择英语、西班牙语或汉语作为他们的首选语言，我们不应该每次都让他们选择喜欢哪种语言，而必须预先设定好，因为我们已经知道了！俗话说得好："我希望我能知道我已经知道什么。"现在，富国银行所有的 ATM 都已经记住客户首选的透支额度，与此同时，我们正在对 ATM 记住客户首选语言的技术进行测试。

"同一个富国"的目标应当是简单的

想要帮助员工为客户提供更快、更便捷的服务，我们就要保证和客户的每一次交易（每分钟达 5000 次）都能展现给客户简单、清晰、直观、可用、实用的界面，在可能的情况下，第一时间满足他们的特殊需求。我们要求自己认识客户、了解客户、认同客户和奖励客户。如果能够做到这些，客户就会回报我们，让富国银行的收入、每股收益、股价增长维持在两位数。

在今年的年报中，我们讲述了 11 个客户的故事。他们每个人来到富国银行时，都带着我们熟悉的日常金融需求或问题，比如怎样申请房屋净值贷款、怎样处理支票账户透支的问题（虽然并非我们的失误）、在丧偶之后如何管理个人的财务等。他们不认为自己是进入了富国的银行、富国的抵押贷款公司、富国的网站、富国的投资公司、富国的消费金融公司或保险公司，他们来到富国的任意渠道，就是在寻求富国的帮助。在这些情况下，我们的员工通过团结协作（通常有数十或数百个员工在后台支持），确保业务办理简单、顺利，同时满足客户的金融需求。在绝大多数情况下，我们不仅仅满足客户直观的金融需求，还能挖掘出客户更多的潜在需求。

我们的银行、保险、投资、抵押贷款和消费金融遍布北美，拥有金融服务行业中最广泛的网点网络。

全国性、多样性和成长性

2007 年，美国经济和金融行业面临严峻挑战和巨大的不确定性，但像往常一样，富国银行依然对满足客户需求、帮助他们实现财务成功的能力感到乐观。在企业愿景的指引下，富国银行已经连续 20 年获得平稳而长足的发展。我们有一个有效的、经过时间检验的商业模式，我们有伟大的员工，我们有一个非常强大、深入人心的文化，我们有一个在行业内最具辐射力和广泛性的产品线，我们身处世界上最有经济活力的国家——美国。

我们还有一个保守已久的秘密，那就是富国银行近年来在美国东部的发展情况。在传统的以社区网点为主的州之外，富国银行房屋抵押贷款和普通富国银行网点数量约占到了一半，而且有 1/5 的批发银行办公室位居密西西比河以东。举例来说，在佛罗里达州，我们有 133 个网点（抵押贷款、消费金融和商业银行业务），位列该州私人雇主 40 强。我们把马里兰州作为企业信托业务的全国总部所在地，并在当地有 51 个网点，跻身该州私人企业 50 强。在宾夕法尼亚州，我们聘请了 2000 名员工，开设了 55 个网点，该州是我们汽车金融业务的全国总部所在地。

图 2-1 富国银行网点分布示意图

在美国东部各州的零售业务布局中，我们并没有什么特别引人注目的地方，但在美国的中西部、西南部、落基山脉[2]、西部和西北太平洋地区，我们的社区银行已经遍地开花。在这些州，我们估计目前家庭金融资产只占约 3% 的市场份额，参考下表中我们社区银行发展最快的九个州的近似人口增长率，不难发现，这里蕴藏着巨大的发展机会。

举例来说，过去 5 年中，加利福尼亚州和得克萨斯州都增加了相当于一个休斯敦这样的城市市场规模；内华达州增加了一个相当于洛杉矶城市大小的市场规模；亚利桑那州增加了一个相当于印第安纳波利斯城市大小的市场规模；科罗拉达州增加了一个超过托莱多城市大小的市场规模。如果我们回望过去 20 年的增长率，这个数字会更有戏剧性，如加利福尼亚州和得克萨斯州，任选其中一个州，都能新增 800 万目标客户。

表 2-2　社区银行发展最快的九个州的人口增长率

	2000～2005 年人口增长	2005～2025 年预计人口增长
内华达州	+17.7%	+64.2%
亚利桑那州	+14.4%	+62.4%
爱达荷州	+9.2%	+35.5%
得克萨斯州	+8.7%	+31.7%
犹他州	+8.3%	+33.4%
科罗拉多州	+7.4%	+19.6%
加利福尼亚州	+6.4%	+22.9%
华盛顿	+5.3%	+28.9%
俄勒冈州	+5.1%	+26.1%
美国	+5.0%	+18.3%

（来源：www.cecsus.gov/population/projections/presstab6.xls
www.infoplease.com/ipa/A0763098.html）

移民之国

富国银行社区网点所在的州，很大一部分业务来源新移民。自美国建国之日起，新移民就是美国的活力之源，也是企业家精神和职业道德的代表。当前，美国的移民人口占比已达到近 70 年来的新高，至少 1/9 的美国居民出生在国外。1995 年以来，美国新增劳动力人口中，有一半来自移民，移民也占到现有工作人口的 15%。加利福尼亚州成为美国第一个白人占少数的州，美国 1/3 的拉美裔美国人生活在加利福尼亚州。《纽约时报》发现，在爱荷华州中部的一个小镇丹尼森，一半的幼儿园孩子属于少数族裔。在爱达荷州的达拉克县，约有 1/5 的孩子出生在国外。15 年前，美国的人口普查统计显示，约有 3500 名墨西哥居民出生在明尼苏达州，现在，这一人数增加到 20 万。越来越多的美国人认同一种以上的文化。人口统计显示，700 万美国人属于混血人种，美国 1/4 的郊区居民信仰别的宗教，拉丁裔美

国人的购买力经初步估算达到 7360 亿美元，非裔美国人为 7230 亿美元，亚裔美国人为 400 亿美元。移民和少数族裔，已经成为美国一手房购买者的最大增量。

普惠金融：美国的繁荣之道

最近的一份研究报告显示：美国的经济繁荣很大程度上取决于移民带来的经济增量。从另一个角度来看，如果移民无法得到金融服务，他们就难以安居乐业。这是他们实现美国梦（成为企业家、投资创业、拥有房子、建立信用记录和为退休储蓄）的前提。

这些移民进入美国银行系统的主要标志是支票账户。这就是我们张开双臂欢迎这些潜在客户开设支票账户，帮助他们实现财务成功的缘由。5 年前，在所有美国银行中，富国银行率先使用领馆身份证作为识别手段，帮助墨西哥公民脱离高风险的现金经济，转向安全可靠的现代金融服务体系。自那之后，在美国财政部和各地警察部门、市政部门的支持下，我们将 100 多名领馆身份证持有者变成了富国银行的客户。富国银行已经将这个领事服务项目拓展到危地马拉、阿根廷和哥伦比亚的移民。除此之外，我们还通过亚洲的美国大使馆和领事馆，向那些准备来美国的亚洲人提供银行服务。我们公开承诺：5 年内，至少在多样性建设方面投资 10 亿美元，迄今为止，相关资金已投入过半，并使得富国银行的供应商来源的多样性在过去 3 年内增长了 25%。

我们是第一家向中国和越南提供汇款服务的美国银行，这个服务又相继推广到了菲律宾、墨西哥、萨尔瓦多、危地马拉和印度。在过去的 12 年里，我们向拉丁裔、非裔、亚裔美国人和美国妇女创办的企业发放了 330 亿美元贷款。在富国银行网点遍及全国各地的同时，我们加强了对员工文化背景和语言技能的尊重，并雇佣不同供应商建设和重构各地网点的形象和设计，体现出各地社区文化的丰富多样性。

毫无疑问，我们对富国银行和美国的未来充满信心。

展望未来

感谢 15.8 万位员工取得的杰出成就和光辉业绩。感谢客户委托给我们更多的业务和愿意持有我们的新业务产品，为我们带来丰厚的回报。感谢我们驻扎与服务的社区，我们通过与北美数以千计的社区合作，让它们变得更好，更适合工作和生活。感谢所有股东——我们的所有者，感谢你们156 年来对富国银行一如既往的看好和信心。为了我们的员工、客户、社区和所有的利益相关者，富国银行正朝着"同一个富国"的目标进发，这将是一段伟大的征程！

董事会主席、总裁兼首席执行官　　约翰·斯坦普

我们的业绩

表 2-3　富国银行 2005 ～ 2006 年的业绩

	2006	2005	百分比变动
年度数据			
净利润	$8,482	$7,671	11%
摊薄后每股收益	2.49	2.25	11
盈利能力比率			
净利润对平均总资产的比率（ROA）	1.75%	1.72%	2
适用于普通股净利润对普通股股东权益的比率（ROE）	19.65	19.59	–
效益比率	58.1	57.7	1
总收入	$35,691	$32,949	8
每股股息	1.08	1.00	8
发行在外的普通股平均数	3,368.3	3,372.5	–
发行在外的普通股摊薄后平均数	3,410.1	3,410.9	–
日均贷款	$306,911	$296,106	4
日均资产	486,023	445,790	9
日均核心存款	260,022	242,754	7
日均零售核心存款	213,818	201,867	6
净息差	4.83%	4.86%	（1）
年末数据			
可售证券	$42,629	$41,834	2
贷款	319,116	310,837	3
贷款损失准备	3,764	3,871	（3）
商誉	11,275	10,787	5
资产	481,996	481,741	–
核心存款	270,224	253,341	7
股权	45,876	40,660	13
一级资本（核心资本）	36,808	31,724	16
总资本	51,427	44,687	15

续表

	2006	2005	百分比变动
资本比率			
股权对资产比率	9.52%	8.44%	13
风险性资本			
一级资本比率	8.95	8.26	8
总资本比率	12.50	11.64	7
一级杠杆比率	7.89	6.99	13
每股账面价值	$13.58	$12.12	12
职员人数（在岗、全时）	158,000	153,500	3

（除了每股账面价值、职员人数和比率外，均为百万美元，括号内数字为负值）

注：
1. 效益比率是非利息支出除以总收入（净利息收入和非利息收入）。
2. 税前拨备前利润（PTPP）是在较少非息支出条件下的总收入。管理层相信这项指标是一个有用的财务测算工具，因为它可以让投资者和其他评估公司通过一个信贷循环产生资本以覆盖信贷损失的能力。
3. 核心存款是无息存款、附息支票、储蓄单、一定市场利率、其他储蓄以及一定的外汇存款（欧元现金管理账户余额）。
4. 零售核心存款是总核心存款减掉批发银行核心存款和零售按揭托管的存款。

注释

①指贷款人在贷款前期所还利息低于应缴利息，未付的那部分再追加到抵押贷款本金中，贷款人今后的还款负担将更加沉重，容易造成违约。
②落基山脉又译作洛矶山脉，是美洲科迪列拉山系在北美的主干，由许多小山脉组成，被称为北美洲的"脊梁"，南北纵贯 4800 多千米，是北美大陆的重要分水岭。

2008 年

"在金融业，如果想在行业内做到最好，首先必须在风险管理和信贷质量方面做到最好。这是确保我们在其他方面成功的前提和基础，几乎没有犯错的空间。"

2008 年：合作共赢

　　客户每天都对我们寄予厚望。他说："花时间为我工作，搞清楚我的整个财务状况，聆听我的心声，了解我的需求，给我带来价值。我只需要轻轻点击一下鼠标，就能轻松地办理账务查询和转账事宜，帮我精明、诚实地管理财富，从而节约我的时间和成本。最后，如果我能为你带来更多的业务机会，不要忘了奖励我的忠诚。"

　　可以看出，在与客户的交流中我们发现了更好的途径去满足客户。富国银行的新产品、新服务也因此而产生。它源于我们与客户的关系，源于客户的需求，而不是通过各种技术手段挖掘出来的。由此，我们一直站在重大金融创新的前沿，这些创新成果包括网络银行，以及我们构建的业内最广泛、最便利的分销系统。

致我们的所有者：

无论是对你们——我们寄予厚望的股东来说，还是对我们自己，2007年，富国银行的业绩都令人失望。我们摊薄后的每股收益在2006年2.38美元基础上减少了0.09美元，这主要由以下两方面造成。

首先，在2007年第四季度，世界上最大的信用卡国际组织Visa集团完成了全球重组并宣布公开上市，其IPO将在2008年年初完成。富国银行持有Visa集团约2.8%的股权，根据美国证券交易委员会的要求，富国银行必须在2007年内（第三、四季度）计提2.03亿美元，也就是每股0.04美元充作Visa的预期律师费用，这是一笔意外的开支。但从我们拥有Visa这么有价值的股权的结果来看，预计这笔开支很快便能得到回报。

其次，在2007年第四季度，富国银行税前计提了14亿美元，也就是每股0.27美元充作贷款损失准备金，主要用于弥补我们预估的房屋净值贷款巨额坏账损失，这些贷款都是通过直销渠道发放的，现在我们已全面叫停该业务。

这两个事件导致我们摊薄后每股收益减少了0.31美元。为什么这样？我们做对了什么，又做错了什么？

在过去几年的年报和与投资者的交流中，我们告诉股东们，银行信用市场的运转好像不存在贷款风险。但事实是，对个人、企业和全球中央银行来说，银行的流动性，即可用于投资的货币总量已经到了史无前例的高位，这也直接导致了贷款、借款、投资和所有相关部门的整体风险管理都是漫不经心、欠缺责任感的。许多类别的债务明显被高估，银行也无法应对足够的信用风险，所有资产类别的息差滑落到了历史低点，一些激进的次级贷款发放者——其中许多是不受监管的经纪人，用"诱惑利率"或者"负摊销抵押贷款①"（增加欠款）的方式，让许多人陷入不能偿还贷款的境地。资金的廉价易得引发了过度冒险、高杠杆交易和复杂的抵押贷款支持债券资产池（许多资产池的风险被评级机构低估）。

这种"博傻"的游戏不会永远继续下去，有些事情必须付出代价。在美国很多地方，被投机交易和滥发贷款推高的房价已经开始高位跳水。抵押贷款证券市场信心正在崩溃，跨国企业和国内金融机构在抵押贷款、杠杆贷款授信和别的资产方面出现了巨额资产减值，损失累计超过 1630 亿美元，长期未兑付资产的重新定价风险上行将延续到 2008 年。尽管这会对个人和一些机构带来伤害，但从长期来看，它是有利于经济和金融行业健康发展的。信用市场在风险定价方面的信誉、信任和信心正在恢复，这说明迅速的自发调节正是资本主义经济制度的优势之一。

我们做对了什么

在金融业，如果想在行业内做到最好，首先必须在风险管理和信贷质量方面做到最好。这是确保我们在其他方面成功的前提和基础，几乎没有犯错的空间。

从经济周期来看，我们可能犯过错误，但这种概率只有 0.33%，只是很小的误差。当整个行业都在过度冒险时，我们执行了严格的信贷原则。与许多竞争对手不一样，我们坚持负责任的信贷原则，抵押贷款没有执行浮动利率，更没有发放负摊还浮动利率贷款，而只在极少数情况下发放了一点

低于信用评分、无收入证明以及信贷资料不全甚至没有的抵押贷款。因为我们对信贷的审慎原则不容许我们大量发放信用贷款和负摊还浮动利率贷款，从 2004 年到 2006 年，我们失去了抵押贷款 2 到 4 个百分点的市场份额，换算成贷款金额的话，光是 2006 年，我们失去的抵押贷款规模就在 600 亿美元到 1200 亿美元之间。我们很庆幸做到了这一点，这类贷款对于借款人来说，在经济上是不够谨慎，不够正确的。

与许多竞争对手不同，我们没有参与任何重大的债务抵押债券和利用结构性投资工具去持有表外资产、重大的套保基金融资和衍生品交易，没有通过表外渠道承销没有契约或契约履约程度低的大额高杠杆贷款，没有为私人股权企业公司杠杆收购行为出具履约保函。

因为我们的资产负债表有很大优势，我们相信我们的整个商业贷款资产质量在美国大银行中是首屈一指的。因此，这种优势也令我们能够做更长远的打算。我们已将浮动利率贷款的定价重置风险最小化，因为我们同意以更高的利率重置认购这些贷款账户。我们向资本市场的投资者卖出了我们大部分抵押贷款。

我们对 14 亿美元的贷款损失准备金深感失望，但它对税后普通股权价值的影响不到 2 个百分点，相对于同行总计 1630 亿美元的资产减记，数目还不算太大。

负责任的信贷之道

在贷款的责任感方面，我们已树立起行业领导者的声望。我们的目标不仅是帮助客户实现买房的梦想，还包括想方设法去帮助他们保住房子。

《负责任的抵押贷款原则》（初版于 2004 年）要求我们：

- 定价合理，匹配风险；
- 为客户提供充足的信息，确保他们能完全理解贷款合同条款；
- 仅仅在能够给客户带来明显好处的情况下发放贷款；
- 仅仅在相信客户有还款能力的情况下发放贷款；
- 尽力帮助还款困难的客户保住房子。

因为有了《负责任的抵押贷款原则》和《负责任的抵押服务原则》，2007 年，我们在抵押贷款服务组合中的丧失抵押品赎回权率低于行业平均水平 20%，而服务组合中共有不到 1% 的贷款丧失抵押品赎回权。

我们会和最迫切需要浮动利率重置客户紧密联系，他们只要拨打一个免费电话，就能够和富国银行的专家讨论解决方案，还能接受信贷管理的教育课程。2007 年，整个行业中约有一半的浮动利率贷款客户，在过高利率被重置前面临丧失抵押品赎回权的威胁，主要是由于债务过多以及收入和市场价值出现下降。这些陷入财务困境的借款人，约有一半没有联系上他们的服务机构。为此，我们向那些还款困难的客户发出明确而响亮的信息："给我们打电话。"如果他们给我们打了电话，我们可以帮助他们保住房子或者找到其他办法，让他们避免丧失抵押赎回权利。

我们必须保护投资者的利益，他们投资了我们的抵押贷款支持债券，我们则依靠这些债券利息维系经营。在我们办理的 1000 万笔住房抵押贷款中，约有 3% 的抵押贷款执行浮动利率，少于那些希望在 2008 年年底以前增加利率的优质信贷客户。当前，每 10 个客户中有 8 ～ 9 个预计将偿还全部贷款、进行再融资、管理支付或从某个解决方案中获益。

为了帮助客户保住房子，我们为那些持有次级债的新客户开发了一个叫作"成功之路"的免费程序。这个程序提供信用报告、信用评分、信用教育专家指导、金融教育以及自动抵押贷款支付项目的通道，帮助客户更好地管理他们的信用。已经有2万个客户与我们签约该项目，我们发现，参与这一项目的客户违约倾向要低于没有参与的客户。

富国银行是"希望联盟"的领导者之一，"希望联盟"是一个新成立的全国性联盟。这个联盟的成员主要是抵押贷款客户、抵押贷款服务商、资本市场投资者和政府，其目的是为那些因为浮动利率升高而面临止赎威胁的高风险房主提供帮助。这个联盟组织会向几百万有危险的借款人直接发送邮件，或者提供免费热线，鼓励他们联系服务商或咨询专家求助热线。2007年年末，我们与其他大型抵押贷款服务商、美国财政部和美国证券论坛合作，针对次贷客户，我们发布支持方案——"快速通道"解决方案。使他们能在2008年、2009年高利率的环境下重新设定利率。2008年2月，作为联盟的一员，富国银行和许多银行同业以及美国财政部一道写信告知我们的次贷客户和基本客户，允许他们按揭还贷推迟90天或者更晚。不仅如此，如果他们取得资格，可以将30天的丧失抵押物品赎回权终止。通过这些措施，我们有效帮助客户避免陷入无家可归的困境。

富国银行是一家实力雄厚、资金充足的抵押贷款提供商和服务商。我们能够长期保持充足的流动性，依靠的是广泛的分销网络和房地产经纪人、建筑商、合作伙伴的强大关系，并有机会在当前竞争对手纷纷退却或自顾不暇的时期，赢得更多的市场份额，也趁机从竞争对手那里挖到许多非常杰出的销售人才。也正因此，富国银行能连续15年位居美国零售抵押贷款机构排行首位。

我们做错了什么

在 2007 年的风险管理过程中，富国银行的表现并不完美，因为我们犯了一些错误——在定价不能完全覆盖的情况下，我们通过间接渠道，如向抵押贷款经纪人、银行家和其他抵押贷款公司，购买的房屋净值贷款承担了太多风险。除此之外，还有很多房屋净值贷款的贷款金额与房屋价值（按照此类资产的公平市场价值）比率太高。某些时候，我们没有要求中介机构提供全部的房屋净值贷款资料，因为这些主要的借款人都有很高的信用评分和较低的违约风险预期。

当加利福尼亚和其他州部分地区的房价急剧下降时，其造成损失的严重程度远高于所有人的预期。在这个时候，我们不应该通过间接渠道提供如此宽松的贷款方式，这是我们犯的一个错误，承担了太多的风险。对此，我们应该有更清醒的认识。

2007 年第三季度，富国银行停止从第三方代理商行手上购买房屋净值贷款。第四季度，富国银行停止了从批发商手上购买非富国银行抵押贷款客户的新增贷款。我们还退出了次级债务批发业务和第一抵押贷款的代理渠道。在 2007 年第四季度，我们将约占富国银行贷款总额 3% 的达 119 亿美元的此类贷款计入清算资产组合，还增加了 14 亿美元信贷损失准备金，主要是为了弥补这个投资组合的损失。我们继续接受房屋净值贷款申请贷款批发渠道，但只限于富国银行名下抵押贷款和组合贷款与资产价值比率低于 90% 的情况下。

资产负债表与资本实力

除了信贷质量，衡量一家金融服务公司是否优秀的另一个重要标准是资本，也就是资产减去负债后留给股东的权益。在富国银行，排名第一的财务目标是建立一个稳健的财务结构，机构要素包括资产质量、资本水平、收入来源的多样性以及基于地域、贷款规模和产业进行的风险分散。我们要保持这样一个强大的资产负债表，即使没有联邦储蓄保险，客户也会将他们的钱存放在我们的银行。

资本充足率指标反映的是银行对负债的依赖程度和对损失的防御能力。富国银行的资本充足率在同业中处于最高水平，资本水平与有形资产的百分比也远远超过同行水平。这也是我们被穆迪投资和标准普尔评级为 AAA 级银行的一个重要理由，在当下，整个美国银行业中独有富国银行能获此殊荣！

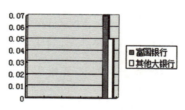

图 3-1 富国银行的资本实力

注：富国银行（Wells Fargo）7.0%，其他大银行 5.0%。

有形资产百分比"（有形普通股权益 + 津贴）/ 有形资产"，是银行抵御预期和非预期损失的重要指标。富国银行的这一指标值为 7%，比其他大型银行的平均水平高出 200 个基点。

2007 年的业绩

尽管每股收益指标令人失望，但 2007 年富国银行的核心业绩依然强劲。我们取得了两位数的收入增长，较上年增长了 10.4%。我们把成本收入比视为衡量一个公司长期运营效率的最好指标，从收入上来看，2007 年我们的收入增幅也高于成本增长 9.5%。再加上股本回报率（股东税后利润）达到 17.1%，我们的整体业绩还是非常可观的。富国银行集团旗下绝大多数企业取得了丰硕的财务业绩。这些业绩包括：

• 公司银行业务净利润达到 23 亿美元，较上年增长 13%，创下新纪录；收入较上年增长 15%，连续第九年保持两位数增长；日均贷款较上年增长 20%；公司客户交叉销售达到创纪录的 6.1 个产品（五年前是 4.9 个），中型企业客户达到 7.6 个产品；几近 1/3 区域的公司银行办事处，可以做到让每位客户平均持有富国银行的产品数超过 8 个，部分地方超过 10 个。

• 资产管理集团收入、收益和管理资产保持两位数增长，富国优势基金（目前是美国第三大银行系管理基金）管理资产较上年增长 24%。

• 社区银行收入较上年增长了 11%，日均贷款较上年增长 9%，日均零售核心存款较上年增长 6%。平均每个零售银行家庭持有的富国银行产品数为 5.5 个（一年前为 5.2 个，九年前约为 3 个）。新开设 87 家银行网点。1/5 的零售客户持有超过 8 个富国银行产品（在我们的业务优势地区，几乎 1/3 的客户做到了这一点）。核心产品"解决方案"（支票、储蓄、信用卡、抵押贷款、保险和券商推荐）销售较上年增长 11%，其中加利福尼亚州地区增长 16%。"富国银行包"（支票账户＋至少三个其他产品）销售较上年增长 21%（3/4 的新客户购买这款产品），消费支票账户数量净增 4.7%。

• 员工敬业度（衡量满意客户是否会给我们带来更多业务的重要驱动指标）再次得到提升。社区银行条线表现积极的员工与消极的员工的相对比例达到了 8.5 ∶ 1（去年是 7.1 ∶ 1，五年前是 2.5 ∶ 1），连续第五年持续提升（所有接受调查的全国企业平均水平仅为 2 ∶ 1）。

• 作为连续 15 年全国排名第一的零售抵押贷款发起者，富国银行房屋抵押贷款迎来了一个相对较好的发展年份。尽管住房市场急剧衰退，二级市场异常动荡，整个抵押支持证券下跌 7% 至 2720 亿美元，但我们拥有的住房抵押贷款服务（月供方式的按揭贷款）投资达到 1.53 万亿美元，较 2006 年增长了 12%。

增长机会

一如我们多年来反复强调的那样，最大的增长机会就在我们眼前：满足所有客户的金融需求并帮助他们获得财务上的成功。接下来，为各位汇报富国银行三个最大的增长机会：财富管理集团、保险和小型企业银行。

（1）财富管理集团。首要的战略计划是加快发展投资和保险业务，使其对公司总利润的贡献增长 25%。现阶段富国的财富管理集团管理的总资产规模较上年增长 10%，业务范围包括投资管理、保险、券商、信托、房地产和私人银行业务。未来，我们想通过为高净值客户提供尽可能个性化的产品和服务来提升服务能力、扩展业务范围。在此，我们重点介绍富国银行在全国各地的私人银行业务，包括 23 个社区银行的传统优势州以外的几个市场。私人银行为富国银行 100 万美元（含 100 万美元）以上资产（不包括抵押贷款）的客户提供个性化的财富管理解决方案。我们的专属服务团队帮助客户管理日常财务需求、实现财富的保值增值、帮助运营慈善事业，并为客户的后代积累、传承巨额遗产。

财富管理集团核心存款较上年增长 28%，贷款较上年增长 15%。我们通过银行在线经纪（经纪业务主要是证券经纪业务，和投行业务高度重合，但不完全一致）向富国银行 PMA 包客户提供 100 多种零手续费交易的服务，推动自主经纪业务管理资产增长 35%。除此之外，我们还推出私人银行在线服务，使之成为新的战略增长点。

（2）保险。我们已经是世界第五大保险公司、美国第三大商业保险公司和美国最大的银行系保险公司，但这仍与我们想要成为满足客户所有保险需求以及客户购买保险的首选目标还有很长的距离。过去 4 年里，富国银行近一半的新增保险业务来自银行客户，但在 2800 万银行现有客户中，仅有 5% 的客户购买了我们一个或一个以上的保险产品，而我们的目标是把这一比例提高到 20%。

我们相信这个目标是可以实现的，因为保险作为四个核心产品（另外三个是支票、抵押贷款和投资）之一，只要客户购买其中任意一款，就有可能购买同一家公司的其他产品。我们希望为富国银行的商业客户和零售家庭客户提供他们所需要的完整的保险产品线，帮助他们获得财务上的成功。

为了与客户保持更广泛的联系与交流，而不仅是以第三者的身份向客户推销保险，我们现在通过电话和互联网帮助银行客户规划保险需求，向他们推荐最好的产品，并根据他们需求的变化更新升级产品。

今年，对大海湾银行的收购，使我们同时获得了 ABD 保险与金融服务公司。它是美国第十五大保险经纪公司，不仅使我们的保险业务布局扩展到了美国西海岸，也让我们的产品"菜单"增加了新的保险产品，特别是那些科技、房地产和建筑行业的保险产品。同样，我们今年获得了分布在加利福尼亚州、佐治亚州、伊利诺伊州、密歇根州、明尼苏达州、新罕布什尔州、北卡罗来纳州、俄亥俄州、得克萨斯州、犹他州和华盛顿的六家保险经纪公司和九个保险投资组合。

（3）小型企业银行。2007 年，我们进一步扩大和深化与年收入在 2000 万美元以内的小型企业的关系。

我们通过银行网点向企业销售的"解决方案"较上年增长 16%，较两年前增长 40%。单户贷款金额小于 10 万美元的小型企业贷款较上年增长 19%，较两年前增加了 40%。连续 5 年来，我们公司是以美元计价排名第一的小型企业贷款银行，也是对低收入和中低收入社区中的小型企业提供最多贷款的银行。自 1995 年以来，我们向非裔、拉丁裔和亚裔美国人和美国妇女投资创立的企业发放了 350 亿美元贷款。

当然，我们还有巨大的提升机会，希望小型企业银行的业绩能赶上消费金融的水平，尤其是在交叉销售方面。超过 2/5 的小型企业客户在我们这里开立支票账户，同时购买了包含 4 个或更多产品的产品包，这一数据较两年前的 1/4 虽有大幅提升，但仍然低于消费金融客户对支票账户及一揽子产品的购买率（这一数值为 70%）。我们的小型企业客户平均持有 3.5 个富国银行产品，较两年前的 3 个有了一定提高，但仍远低于零售银行家庭的 5.5 个产品持有数。

在讨论完三个增长机会后，我们也需要关注费用管理。利润的关键是收入的增长，但我们不能对成本增长曲线沾沾自喜。在整个行业中，富国银行一直以交叉销售和收入增长而扬名天下，现在我们也想以更有效的成本管理来获得赞誉。我们密切关注业务费用，但在 2008 年我们要开始确保公司有持续高效运转所需的管理和协调费用。显然，我们处在经济增长缓慢的时期，潜在的更高的信贷损失和放缓的存款增长，给整个行业带来了沉重的收益压力。但不管时代是好还是坏，这都是我们成为一家好公司的必经之路。

为此，我们检查了成本的各个环节，从购买商品和服务到我们旗下每一个企业的结构性支出。当我们的许多竞争对手还在经济泥潭中苦苦挣扎的时候，我们要充分利用富国银行在公司集中采购和费用管理上的优势，使费用管理成为我们的又一竞争优势，推动富国银行进一步扩大市场份额。

同一个富国：我们的进步

在过去的两年里，几百名员工检查了公司的内部流程，目的是让客户和我们的合作变得更轻松。他们的工作思维和行为方式就是"同一个富国"的体现，这是让"客户至上"理念深入人心并转化为自发行为的一种强调合作的企业文化。为此，"同一个富国"的团队正致力推进以下六大举措。

（1）给客户提供"富国足够了解我"的一致体验。我们将在线开立支票和储蓄账户的流程从跳转 15 次屏幕、填写 18 次信息，压缩到了跳转 5 次屏幕、填写 4 次信息。通过类似的精简工作，我们将运转效率提高了 3 倍。

（2）使用客户的语言，确保信息传达清晰、简单。例如，为了与客户的交流方式变得容易理解，我们在公司层面制订了统一的指导方针、工具和交流范本。我们使用客户的语言，而不是银行的习惯语言。

表 3-1　与客户交流的语言

银行说话方式	客户说话方式
记入贷方	存放
记入借方	提取
资金不足	您的账户里钱不够
未经授权的交易	没有得到您允许
逾期	拖欠
延迟可用	您的钱将在（日期）

（3）全电子化（无纸化）流程，促进有效沟通。例如：现在我们与客户沟通的所有过程中，超过 2/3 的流程实现无纸化，通过这种方式所节省的纸张，每年可以少砍伐 1.5 万棵树。我们有 1/5 的支票和储蓄账户报表已实现在线提供，仅 2007 年，在线提供的账户报表数量增长了 50%。

（4）简化产品。例如：我们将多达 20 种支票产品打包为 6 个支票与储蓄产品包。这使得客户和我们的合作变得更容易，员工为客户服务更轻松。在所有社区银行所在的州，我们推出了一个自动化的工具——"富国电话银行"，这个工具为我们节省了运营费用。

（5）在客户第一次联系我们时，就及时解决问题。现在，富国银行旗下 80 家企业中的 14 家企业，以及 39 个呼叫中心中的 15 个，已经能在客户第一次与我们联系时就帮他们解决问题。换言之，我们的客服团队在用电话处理问题时，能一次性解决问题的概率已经达到 95%。我们还通过测试和跟踪，不停寻找改进解决问题的办法。今年，有超过 300 万人次的客户在第一次联系我们时，他们的问题就得到了解决。随着时间的推移，我们首次问题解决率还将得到显著提高。

（6）避免因交易地址的投诉影响顾客忠诚度。我们要帮助客户更容易回想起他们是在哪里消费的。当他们回顾自己的借记卡消费、ATM 机取款以及在线支付时，能清晰地看到交易商户的名字和地址，而不仅仅是简单的"刷卡消费"。

合作共赢

富国银行已经在金融行业的每一项重大创新中勇立潮头，包括在 1994 年首先推出网络银行。是什么促使这一切发生的呢？这并非源于借助技术手段挖掘出来的需求，也不是源于外部顾问的建议，而是源于我们的客户和服务他们的富国银行员工。

富国银行所做的一切都源于客户的需要。开发新产品和新服务来满足客户的金融需求，需要打造一个良好的环境，在这种环境中我们每个级别的员工（通常是那些最接近客户的员工）都能自由地发挥他们"如果……将会怎样"的想象力。然后，他们应该被保证在公司里能找到开放的、欣然认可的态度，使他们的想法被倾听。接下来是最重要的一步——支持新概念、新科技的尝试，设计开发系统、流程和技术，根据他们的反馈进行测试和修改，然后把通过测试并表现优异的产品推向市场。

在后面的内容中，我们还会向各位股东展示客户是如何从我们优秀的团队所创造出的最新产品和服务中获益的。我们还将向你们展示经由我们和客户共同合作而得出的服务创意，这些都是为了给客户提供更好的服务。

最后，要感谢我们的 15.98 万名优秀员工，在经历了对金融行业极具挑战的一年后，他们仍然取得了杰出成就。感谢客户委托我们更多的业务，并继续选择在富国银行购买其他金融产品。感谢我们服务的社区，通过与成千上万个横跨北美社区的合作，让我们生活和工作的地方变得更美好。感谢我们的所有者，感谢你们 157 年来对富国银行始终充满信心。

伟大的 2008，我们来了！

董事会主席　理查德·柯瓦希维奇

总裁兼首席执行官　约翰·斯坦普

我们的业绩

表 3-2　富国银行 2006 ～ 2007 年的业绩

	2007	2006	百分比变动
年度数据			
净利润	$8,057	$8,420	（4）%
摊薄后每股收益	2.38	2.47	（4）
盈利能力比率			
净利润对平均总资产的比率（ROA）	1.55%	1.73%	（10）
适用于普通股净利润对普通股股东权益的比率（ROE）	17.12	19.52	（12）
效益比率	57.9	58.4	（1）
总收入	$39,390	$35,691	10
每股股息	1.18	1.08	9
发行在外的普通股平均数	3,348.5	3,368.3	（1）
发行在外的普通股摊薄后平均数	3,382.8	3,410.1	（1）
日均贷款	$344,775	$305,911	12
日均资产	520,752	485,023	7
日均核心存款	303,091	268,853	13
日均零售核心存款	228,667	215,788	6
净息差	4.74%	4.83%	（2）
年末数据			
可售证券	$72,951	$42,629	71
贷款	382,195	319,116	20
贷款损失准备	5,307	3,764	41
商誉	13,106	11,275	16
资产	575,442	481,996	19
核心存款	311,731	288,068	8
股权	47,628	45,814	4
一级资本（核心资本）	36,674	36,746	－
总资本	51,638	51,365	1

续表

	2007	2006	百分比变动
资本比率			
股权对资产比率	8.28%	9.51%	（13）
风险性资本			
一级资本比率	7.59	8.93	（15）
总资本比率	10.68	12.49	（14）
一级杠杆比率	6.83	7.88	（13）
每股账面价值	$14.45	$13.57	6
职员人数（在岗、全时）	159,800	158,000	1

（除了每股账面价值、职员人数和比率外，均为百万美元，括号内数字为负值）

注：

1. 效益比率是非利息支出除以总收入（净利息收入和非利息收入）。

2. 税前拨备前利润（FTPP）是在较少非息支出条件下的总收入。管理层相信这项指标是一个有用的财务测算工具，因为它可以让投资者和其他评估公司通过一个信贷循环产生资本以覆盖信贷损失的能力。

3. 核心存款是无息存款、附息支票、储蓄单、一定市场利率、其他储蓄以及一定的外汇存款（欧元现金管理账户余额）。

4. 零售核心存款是总核心存款减掉批发银行核心存款和零售按揭托管的存款。

注释

①和"负均摊抵押"意思一样，详细解释见前文。

2009 年

"我们吸引客户的原因是安全、可靠和稳健，或者是我们友好、有家的感觉、有亲和力，再或者因为迷人、灵活、品质等品牌印象，绝不会因为规模大而吸引客户。"

2009 年：和你在一起，我们可以走得更远

在市场面临着巨大的不确定性考验的时候，我们比以往任何时候都更为坚定；在市场需要考验我们信心的时候，我们比以往任何时候都更加充满信心。信心来自我们的愿景，来自我们的价值观，来自我们的优秀员工，他们知道如何满足所有客户的金融需求，帮助客户获得财务成功。在这个继往开来的节点，让我们重申让富国银行跻身世界上最强大的金融服务公司之列，并获得美国银行业最高的信用评级的誓言：我们将继续为我们的员工、客户、社区和股东竭尽全力、全心付出。我们对明天满怀信心：和你在一起，我们可以走得更远！

富国之道：富国银行董事长写给股东的信

致我们的所有者：

2008 年，富国银行盈利 27 亿美元，每股收益 0.7 美元；收入增长 6%，达到 419 亿美元；日均生息资产增长 17%，日均贷款增长 16%，日均核心存款增长 7%。自 2007 年年中以来，在信贷市场全面萎缩，同业机构纷纷退却的时候，我们仍然是美国发展的引擎。富国银行新增 5400 亿美元的授信额度和抵押权利，在银行业中取得了最高的股东回报，享有穆迪投资银行给予美国银行业最高的信用评级 Aa1，标准普尔评级公司对我们的评级是 AA+。富国银行仍然是世界上最强大的金融机构之一，董事会决定增加 10% 的分红，这是公司连续 21 年增加分红，分红金额超过 43 亿美元，在 2009 年第一季度，我们还将增加分红。

这是一份光彩夺目的业绩，因为它是我们的杰出团队在近 25 年来最严酷、最剧烈的经济衰退中取得的。虽然我们犯了一些错误，但我们还是坚守了信贷纪律。

在完成对美联银行❤的并购之后，我们采取有力的措施进一步优化资产负债表，为公司合并后的长远发展夯实基础。其中，最首要的一条是我们在第四季度的收益中提取 56 亿美元用于信贷损失准备金，这是为补偿未来预计的信贷损失留出的专项资金。另外，富国银行旗下有两家公司为了尽量稳妥，提取了最高的 39 亿美元拨备多提，用于核销预期的未来贷款损失，这一数据较 2008 年上浮 25 亿美元。年底贷款损失准备金达到 217 亿美元，换句话说，我们为每一美元欠息贷款准备了 3.2 美元的损失准备金。

强化资产负债表的进一步措施是对美联银行 939 亿美元的高风险贷款减记 372 亿美元，不仅如此，我们还针对美联银行证券投资预期收益，减去了 96 亿美元的远期费用。

贷款和证券资产的减记以及其他与美联银行权益相关的措施，使得我们的核心资本充足率^②下降了 230 个基点。但截至年底，我们的核心资本充足率保持在 7.84%，高于一家资本充足银行的门槛标准。

变得更加强大

对金融企业来说，对它的愿景、商业模式、文化和员工真正考验的是在形势不好的时候。经历了 2008 年金融危机的洗礼，富国银行不仅变得更强大，还获得更多市场份额的绝佳时机。我们忠于我们的愿景，满足我们值得信任的客户的金融需求，帮助他们取得财务上的成功。20 多年来，我们严格践行这一愿景，是它指引我们战胜每个经济周期的困难。这一愿景不需要任何复杂的数理模型，所要做的就是竭力创造最好的客户体验，然后追踪一个指标：我们的客户持有多少我们的金融产品，我们怎么样赢得他们全部的业务。

富国银行对美联银行的并购

在企业愿景指引下，我们在 2008 年增加了 4000 万客户，赢得了更多的业务。在富国银行经营业绩、资本实力、流动性、信贷原则和收益的支撑下，我们能抓住这个前所未有的机遇，满足至少 3000 万新增客户的全部金融需求。我们于 2008 年 12 月 31 日完成对美联银行的并购，形成了横跨美国东西海岸线最大的社区银行机构和北美最大的金融分支网络。这意味着我们拥有 1.1 万家银行网点、1.23 万台 ATM、全新的富国银行官方网站和富国银行电话银行。合并后的公司在抵押贷款、农业贷款、小型企业贷款、中等市场商业贷款、资产基础贷款、商业地产贷款、商业地产中介、银行系保险业务等细分市场排名第一，在存款、按揭服务和贷款卡市场排名第二。

从宣布并购的那天起，我们就坚信这次并购具有引人注目的价值。现在，我们更加相信这一点。我们的融合遵照严格的计划按期进行，2008 年年底，富国银行和美联银行的信贷官员一起检测了美联银行的整体贷款组合，我们对信贷预期非常满意。2008 年 11 月 3 日，无需政府的任何推动，我们最终完成了对美联银行的收购。我们预计到 2010 年年底，合并后的公司能够削减 10% 的开支（也就是 50 亿美元），实现内部收益提高 20%。

共建一个家

然而，我们收购美联银行并不仅仅是为了做大。单纯的规模大对富国银行毫无意义。你们可能已经注意到，我之前并没有提及合并后公司的规模会有多大，因为单纯资产规模排名对富国银行缺乏意义，我们合并的动机是为了做强做优。事实上，对于富国银行的客户来说，规模太大反而可能是一个负担。我还没有听到过会有某个客户走进富国银行的营业大厅说："我来到这里，是因为你们的规模很大。"我们吸引客户的原因是安全、可靠和稳健，或者是友好、有家的感觉、有亲和力，再或者因为迷人、灵活、品质等品牌印象，绝不会因为规模大而吸引客户。就像我们说的那样，你不能通过做大而做优，你只能通过做优而做大。

所以，我们希望这次收购是为了建好一个"家"，而不是为了再造一个帝国。客户可以在这里和我们交流他们的愿望、梦想和财务目标。从达成协议到 2008 年最后一天正式合并，我们仅用了 90 天时间完成交易。接下来，我们将花更多的时间去融合两家公司的文化，合并业务、产品、系统，更换网点的招牌。

就像 10 年前富国银行与西北银行合并的成功范例一样，我们要花时间去做正确的事，把客户放在第一位，而不仅仅是履行收购流程。我们要讨论什么对我们的客户和员工是最好的，我们要追求卓越，不能降低目标。对有些人来说，这么做好像有些不可思议，但我们并不认为工作的首要目的就是赚钱，我们要先了解客户的财务目标和他们真实的金融需求，再提供满足他们需要的产品和服务来帮助他们取得财务成功。如果我们正确地做这些事，对于我们所有的利益相关者都是有利的，就能够向我们的股东提供领先于行业的回报。

为了坚守这样的愿景，富国银行和美联银行的联合团队要一起协作，而不是各自为战。要建设美国乃至全世界遥遥领先的金融公司，我们要着眼的不是下个季度，而是下一代人！

留住人才

这次收购体现了我们公司的一贯宗旨，把人才放在第一位。衡量这次收购成功与否的一个重要标准就是我们留住多少人才，因为人才就是我们的产品。我们是一家服务型企业，员工是影响客户的最大因素。我们希望通过有激情、忠诚、满意的员工来吸引有激情、忠诚、满意的客户，并促使他们与富国银行合作终生。这就是我们称人才为"员工"（富国银行的人力资本），而非"雇员"（需要控制的人力成本）的原因。

有些人为了追求成功，每五年换一家公司或者换一个行业。我们则不同，重视忠诚，相信员工在富国银行工作的时间越久，他们为客户提供优质服务的技能、知识和经验就越多。在这次巨大而复杂的并购交易（通过这次合并，我们将跻身美国企业前 10 强，员工达到 28.1 万人）中，因为业务职能的合并导致岗位重复或者不再适应新架构的需要，一些岗位被撤销。对于那些因为本次收购导致岗位消失的员工来说，他们正面临着巨大的纷扰和不确定性。

但是，岗位的消失并不意味着这个岗位上的员工必须离开富国银行，为了尽可能地留住人才，我们暂停了外部招聘和三方雇佣，帮助那些在本次合并中丢失岗位的员工在公司找到新的令他们满意的工作。作为一个成长型企业，富国银行有成千上万个人才招聘计划，我们的银行、抵押贷款公司、保险公司和其他业务条线每天都在进行人才招聘，足够消化掉这部分暂时失去岗位的员工。

相似性大于差异性

过去几个月，我走访了夏洛特、温斯顿塞勒姆、哥伦比亚（卡罗来纳州南部）、里士满、亚特兰大、迈阿密、杰克逊、伯明翰、休斯敦、达拉斯、华盛顿特区、费城、波士顿、纽约、圣路易斯、洛杉矶、旧金山（圣弗朗西斯科）湾区，会见和认识了几千名美联银行的员工。我发现他们和富国银行的员工十分相似：友好、关心他人、真诚，忠实于自己的客户和社区。我们的系统不同、流程不同，工作方式不大一样，但是从客户的角度看，我们的相似性多于差异性，这是我们两家公司合并的重要优势。我们两家银行刚好处在美国的两端，富国银行成立于 1852 年，美联成立于 1781 年，但是在这几个月里我发现我们有很多的共同之处，也有很多值得相互学习的地方。我们都相信社区银行是一种崇高的追求，一个帮助客户实现财务成功的机会，一种推动社区经济发展的触媒，并且我们能从中赚取合理的利润。每次讨论怎样更好地服务客户和社区时，我们都希望客户会这样说："哇，我不知道能够得到像这样的服务，它对我帮助很大，解决了我的困难，帮助我明白了怎样实现我的目标，我也学到了许多保持财务健康的新知识。"

我们对自己生活和工作的社区感到自豪，并希望带领大家把自己生活和工作的社区建设得更好。今年，我将向股东们介绍来自富国银行和美联银行的 13 位高管，他们每个人都在从事相同或者相似的工作，并希望以此满足客户的金融需求，帮助客户取得财务成功。这些员工是富国与美联之间相似性多过差异性的实实在在的证据。

布局全美

收购完成后，新公司仍叫富国银行，愿景和价值观没有变化。公司的总部在旧金山（圣弗朗西斯科），但相比过去，我们在美国北部的人才和资源得到了极大的丰富，几个重要的交通枢纽地区成为公司业务、职能和就业的中心。得梅因是富国银行房屋抵押贷款的全国总部和富国银行全球金融总部所在地，而信用卡业务主要集中在得梅因、康科德（加利福尼亚州）、比佛顿（俄勒冈州）、苏福尔斯（南达科他州）等地区；明尼阿波利斯市圣保罗大都会区是富国保险（消费者）、机构信托、设备融资、市政和 SBA 贷款融资等 18 家企业（业务）的全国总部所在地；芝加哥是富国（商业）保险服务总部所在地。洛杉矶是富国银行公司银行业务、商业地产贷款、国际社区房地产贷款金融服务、威尔斯资本管理和山麓资本等 15 家企业（业务）的全国总部所在地。从美联银行吸纳过来的三个重要的业务中心和专家机构，已经成为富国银行三个新的全国总部。其中，北卡罗来纳州的夏洛特——原美联银行总行所在地，现在成为富国银行美国东部社区银行业务总部，驻扎着 10 多位公司高管，他们负责分管财富管理、退休服务、公司银行、投资银行、抵押贷款、信用卡服务、信息技术和运营等业务和部门。圣路易斯是美联银行证券和零售代理的总部所在地，波士顿则是美联长青投资、资产管理的总部所在地。

2008 年业绩

除了上面提到的成绩，我们在 2008 年还取得了以下成绩，为合并公司的未来发展奠定了基础。

• 收入增长 6%，支出下降 1%。效益比率（我们把它看成企业效益长期考核的最好标准）在同业中处于最佳水平。

• 普通股股东的每股收益（分配给股东的税后利润）为 4.79 美分，在与同体量的同业中处于最高水平。

• 为了支持本次对美联银行的并购，富国银行去年年底增发 4.227 亿股普通股票，价值 125 亿美元，这是美国历史上最大的一笔股票增发。在当前严酷的市场环境中，我们的增发获得了踊跃竞购。这再次体现了广大投资者对富国银行长远发展的潜力、经过时间考验的愿景和多样性商业模式充满信心。

• 平均每位零售客户持有 5.73 个富国银行产品（2007 年是 5.5 个，2001 年是 3.8 个），再创历史纪录。每 4 位零售客户中，有 1 位持有 8 个以上的富国银行产品。

• 新开支票账户增长 6.2%，支票账户是一种核心产品，如果客户在富国银行开立了支票账户，很有可能会接受我们的另一种金融服务产品。

• 超过半数的公司银行支票客户开设账户后，会给我们带来一系列的产品销售机会，比如企业债务卡、信用卡、商业贷款或者信用证。

• 平均每位公司银行客户持有 6.4 个富国银行产品，平均每位投资银行客户持有 7.8 个富国银行产品，均创历史纪录。

• 财富管理客户日均核心存款达到 70 亿美元，增长 40%，私人银行日均核心存款增长 38%。

• 原有抵押贷款 2300 亿美元，现有的抵押贷款组合达到 2.1 万亿美元（包括美联），较上年增长 39%。

• 2008 年，我们使用频率最高的渠道——富国银行官网的业务发展呈井喷之势。一款名为"解决方案"的产品在线销售增长 29%，活跃在线客户超过 11 万名，增长 15%。活跃的支票偿付客户增长 16%，达到 200 万户。我们推出了一款新的个人在线反病毒程序"Vsafe"，帮助客户保护和存储重要文档。

• 除了美联，我们还收购了怀俄明州的曼联银行、菲特艾尔信贷公司，科罗拉多州的国家农民银行等公司。

• 富国银行员工工作幸福指数整体高于以往，约 1/3 的员工服务于我们的社区银行业务。据盖洛普的调查：富国银行的员工中，积极工作和消极工作的员工比例是 8.7：1（5 年前是 2.5：1），同业的平均比例是 1.5：1，我们的销售总裁、地区经理和区域总裁等高管人员更积极地投身工作，每 10 位高管中，有 9 位的工作态度表现为积极。

• 2008 年第四季度，美国国库购买了 250 亿美元富国银行优先股，使我们有更多的资源和信心去对可靠的贷款人发放更多贷款。光是在这个季度中，我们的新增贷款就是国家投资的近 3 倍。2009 年 2 月，我们依据美国国库对富国银行的投资，支付了 3715 万美元的季度分红。

信贷原则

关于信贷的原则，即便我们天天说、年年说，但还是要不停地强调：富国银行首要的财务目标是要有一个稳健的财务体系，其指标包括资产质量、资本水平、多元化收入渠道，以及依据地域、贷款规模和产业进行风险分散的原则。

和大多数同行不一样的是，早在 2005 年和 2006 年，富国银行就开始充实资本和调整资产负债表。即使是信贷市场全面萎缩的 2008 年，富国银行也继续引领银行业，向值得信赖的贷款人发放贷款。当同行在压缩贷款规模时，我们用更好的定价发放了更多的贷款。2008 年，富国银行面向公司和个人新增了 410 亿美元贷款，日均贷款增长 16%，日均商业和商业地产贷款增长 25%。

富国银行 + 美联银行：新的成长机会

依托双方的实力和业绩，这次收购给富国银行每个主要的业务板块提供了重大的发展机会，概述如下。

在富国银行原有的社区银行业务分布的 24 个州之外，通过对美联银行的兼并，我们在美国的中西部、西南部、落基山脉一带和西部地区又扩展了 15 个州的业务，分别是在亚拉巴马、康涅狄格、特拉华、佛罗里达、佐治亚、堪萨斯、马里兰、密西西比、新泽西、纽约、北卡罗来纳、宾夕法尼亚、南卡罗来纳、田纳西、弗吉尼亚和华盛顿特区。2008 年的另一起收购，又使我们社区银行业务的触角延伸到阿肯色州。2008 年年底，合并后的富国银行在全美 39 个州开展了社区银行业务，并在其中的 18 个州及哥伦比亚特区位列当地市场存款份额的第一名。93% 的存款集中在市场排名前三的地区，其中包括美国 20 个交通枢纽地区的 10 个。总体来看，我们在美国存款市场上已经排名第一（除去单个网点存款总量在 5 亿美元以上的情况）。

除了存款优势，通过并购，我们还获得了更多的金融服务机会。在这些州中富国银行所管理的家庭资产占市场总份额不到 5%，所以我们要做的是不仅在存款上获得优势，还要满足原美联银行客户在零售银行和家庭资产中介服务方面的各种金融需求，不能停留于存款、贷款和信用证，还应拓展信用卡、贷记卡保险、经纪人服务、抵押贷款、房屋净值贷款等业务。

各位股东不妨看一看你们的家庭金融产品清单，可能会发现：你们需要与多家银行合作，才能获得最为齐全的 16 种金融产品和服务。我们相信，如果客户能找到一家信得过的银行，给他们提供一站式的产品服务和一个有吸引力的价值主张，就能帮他们节约大量的时间和费用。这种情况同样适用于公司银行业务。富国银行要满足客户的所有金融需求，不仅仅是存款、贷款和信用证，还应包括他们的私人银行、抵押贷款、财务管理、薪金处理、商务处理、保险等产品服务。总之，富国银行不满足于存款第一，而要使得每一笔业务的每个市场、每种产品都是最好的，包括零售银行业务、公司银行业务、投资银行业务和抵押贷款业务。当我们的客户想购买下一个金融产品时，我们要成为第一个提供者。富国和美联都有值得相互学习的地方：美联银行能够帮助富国银行提高网点的服务体验，富国银行可以帮助美联银行优化销售流程。举例来说，每 10 位美联银行客户中，仅有一个持有美联银行的信用卡，而在富国银行每 10 位客户中有 4 位持有富国银行的信用卡。

表 4-1　富国银行存款排名

	市场份额	排名
阿拉斯加	44%	1
内华达	26%	1
犹他	24%	2
亚利桑那	24%	1
科罗拉多	22%	1
加利福尼亚	20%	2
明尼苏达	20%	1
爱达荷	20%	1
怀俄明	20%	1
佛罗里达	19%	1
弗吉尼亚	19%	1
北卡罗来纳	19%	1
新墨西哥	18%	1
南卡罗来纳	16%	1
南达科他	16%	1
佐治亚	15%	1
特区	15%	1
新泽西	14%	1
俄勒冈	14%	2
得克萨斯	13%	1
特拉华	13%	3
亚拉巴马	11%	2
蒙大拿	11%	3
宾夕法尼亚	19%	2
艾奥瓦	9%	1
康涅狄格	9%	4
内布拉斯加	9%	2
北达科他	9%	1
华盛顿	7%	3
马里兰	7%	7
威斯康星	3%	7
堪萨斯	2%	8
印第安纳	2%	14
纽约	2%	11
密歇根	1%	26
伊利诺伊	1%	25
田纳西	1%	25

续表

	市场份额	排名
密西西比	–	–
阿肯色	–	–
俄亥俄	–	–

抵押贷款业务：机会巨大

抵押贷款、支票、投资和保险是银行的四大核心产品，只要客户持有我们其中一款产品，就会购买更多的产品。这使得抵押贷款成为满足客户需求不可或缺的一部分。在很长一段时间里，富国银行在美国东部有巨大的零售抵押贷款存量，相伴而来的是我们的社区银行在美国东部的发展如日中天。和美联银行的合并给我们提供了巨大的交叉销售机会，既包括 15 个州抵押贷款客户的其他银行业务开发机会，也包括美联银行家庭客户的抵押贷款开发机会。这能为我们带来数百万美元的收入增长，因为有 300 万富国银行房屋抵押贷款客户在这 15 个州，从而可以方便我们进一步地开展社区银行业务。

怎样负责任地发放贷款

不理性的贷款政策让市面上很多机构历经浮沉，甚至一蹶不振，宣告破产。但因为我们坚持负责任地放款，向优质客户发放高质量的贷款，帮助他们取得财务成功，所以我们在这一轮危机中挺了过来。对于贷款发放原则的坚持，使我们度过了 157 年来的历次经济周期，也使我们避免出现绝大多数金融机构在抵押贷款发放上存在的严重问题。截至 2008 年年底，富国银行有 93% 的按揭贷款客户正常还款，这一业绩一直优于行业平均水平。

我们仍然用一种"老套"的方式经营抵押贷款，即只有在我们确信借款能够如期偿还的情况下，我们才会批准贷款。这笔贷款必须对借款人有帮助，比如说减少债务的利率或者月供水平、结清拖欠的房地产抵押债务、变浮动利率为固定利率，或者买房。我们要给客户所有他们想了解的信息，让他们知道买的是什么，花费有多大，对他们是否有利。

如果客户出现还款困难，我们就会尽快和他们取得联系，帮助他们按时还款，富国银行现有 8000 多名专职员工（较 1 年前增长了 1 倍）帮助客户保住他们的房产。2008 年，我们为超过 50 万名客户提供了纾困方案，我们联系了 94% 的贷款逾期 2 次以上的客户，通过再融资、减少还款、批准新还款计划、卖空（所得要少于借款人继续持有抵押贷款）、还款期限延长至 40 年、降低利率、某个时间段某个市场内免利息、减免本金等方式，确保贷款重组对客户有利，帮助其中一半的客户保住了自己的抵押品赎回权。

为了帮助社区维持下去，我们还通过与房产中介、房产非营利机构和市政官员紧密协作，以非常优惠的折扣把空着的或者止赎的资产卖给新业主，包括一手房购买者。因此，我们在过去两年里，向房产非营利机构捐赠了 3300 万美元。

过去几个月，美联银行提供了"选择性偿还"抵押贷款的方式，让客户可以从四种方式中自主选择一种方式还款。通常每月一次的还款可以不包括利息费用，这种方式可能导致未偿还本金的增加。富国银行不提供这种消极的债务摊销方式，我们把"选择性偿还"作为一个独立的业务单元，

与富国银行房产抵押贷款分开管理。2008 年年底，作为并购代价的一部分，我们在这个资产组合上核销了 222 亿美元的不良资产。2009 年 1 至 2 月，我们对美联银行的贷款客户提供两个方案，一是延长还款时间；二是放弃抵押物赎回权，并给客户时间与我们取得联系，帮助他们保住房子。

财富管理：仅仅是开始

富国银行和美联银行的合并，也使我们在财富管理业务上汇集了国内最杰出的人才和资源。我们有 1.6 万名财务顾问，通过零售银行、私人银行和独立渠道管理着 1 万多亿美元的客户资产，这其中还包括我们的海岸财富管理机构所管理的 1500 亿美元客户资产。我们为富裕的投资者提供私人银行业务、信托和家庭办公室服务，其中既包括刚刚开始积累财富的人，也包括那些有很多金融服务需求的人。我们是全国退休服务纪录保持者 7 强之一，共有 360 万名参与者。我们也是全国最大的退休金管理机构和个人退休账户与年金产品的主要承销商之一。

这些成绩令人印象深刻，但也只是个开始。我们希望，财富管理、经纪和退休服务客户与富国银行建立全面的银行业务关系。我们也希望所有的客户都能视富国银行为满足他们财富管理需求的首选机构。我们的目标是成为在美国最受人尊敬、首屈一指的财富、经纪和养老服务提供者，在这个市场上，我们要做龙头。

公司银行业务：全面合作

我们相信，富国银行和美联银行合并后，将成为产品最齐全、功能最完善的综合金融服务商。现在，我们是中型企业（年收入在 2500 万美元至 5000 万美元之间）最大的贷款人、最大的商业地产贷款人、最大的商业地产中介、最大的银行系保险中介。尽管经济陷入衰退中，但在结构良好、定价覆盖风险的前提下，很多优质的企业客户和个人客户依然获得了我们的贷款。贷款仅仅是我们全面合作关系的一部分，很多情况下，我们许多公司客户持有 12 个以上的富国银行产品，包括贷款和经营服务，比如财务管理、"电子化商业办公室"和"桌面存款"。

目前，我们的资产管理团队管理着超过 5000 亿美元的资产。在过去 5 年里，我们的共同基金组合规模从 2003 年的第 27 名（780 亿美元）跃升到 2008 年的第 14 名（1720 亿美元）。并购美联银行后，我们获得了美联旗下的长青投资，这使得富国银行管理的共同基金达到 2500 亿美元，跻身行业 15 强。

欢迎董事会新成员

因为这次合并，美联的四位董事加入富国银行董事会，我们从他们对美联市场、客户的经验和知识中受益良多，我们欢迎——

约翰·贝克：佛罗里达州杰克逊维尔市爱国者运输控股有限公司总裁兼首席执行官，2001 年起获任美联董事；

唐·杰姆斯：亚拉巴马州伯明翰市火神材料公司董事长兼首席执行官，2004 年起获任美联董事；

麦基·麦当劳：北卡罗来纳州格林斯博罗市服装制造企业威富公司退休了的董事长和首席执行官，1997 年起获任美联董事；

鲍勃·斯蒂尔：美联前任总裁兼首席执行官，2008 年起获任美联董事。

我们也感谢——

理查德·柯瓦希维奇：他接受董事会的邀请，同意继续担任一段时间的董事长，帮助我们完成与美联的合并。他深知富国银行的愿景和价值观，在 10 年前曾主导美国历史上最成功的两大银行合并案——富国银行与西北银行的合并。在当前，他的经验和建议比任何时候都要宝贵。

菲尔·奎格利：董事会推举他担任首席董事的新职位，我和理查德一起批准董事会议程，召集董事会执行会议，帮助协调董事责任，促进董事会与高管层的交流。

迈克·赖特：已退休的超价商店公司董事长兼首席执行官。在为富国银行服务 18 年后，他将在 2009 年 4 月退休。迈克 1991 年加入我们的董事会，曾经在信用、人力资源、公司治理和提名委员会任职。感谢他为完善我们的公司治理做出的突出贡献。

新的一年，我们相信美国

如果你是一位悲观主义者，能找到很多的佐证来告诉自己：对于美国的经济和金融业来说，2009 年将是非常困难的一年。房价下跌、全国房产长达 9 个月的未售库存、高失业率、可支配收入的减少，加上纷至沓来的企业倒闭浪潮……在这种形势下，银行的贷款业务会继续承受高压。在房地产市场企稳前，信贷质量会继续下降，贷款核销会继续增加。在房价止跌之前，贷款损失（含房产净值贷款）会继续高于正常年份。

不管 2009 年的经济和市场情况如何，我们依然要专注于我们的愿景，做正确的事情。现在，人们比任何时候都更需要一个安全、可信赖、合格的财务顾问相伴，帮助他们在房产、教育、创业和退休生活等方面规划和实现财务目标。

尽管 2008 年伤痕累累，但我们依然相信美国人民的精神、真诚、职业道德、创造力和适应能力。我们相信美国的资本主义制度，也坚持国家利益第一，银行利益第二。我们是永远的乐观主义者。从亚特兰大到安克雷奇，从加尔维斯顿到华尔街，我们相信每个社区的经济潜力。我们相信美国依旧是世界自由、民主和经济机会的灯塔，相信美国比其他国家更能从错误中学习，从经济衰退中奋起。迄今，美国仍然是全球科技、制造和服务的先驱，仍然是 GDP 的全球领袖，仍然是国家购买力的全球领袖，仍然是投资创业的最佳场所。

你只需要问问你的祖父母，或者读一读他们的传记，就能知道我们的国家和前辈经历过比我们今天更加严峻的挑战。我的父母在大萧条时期正值童年，他们在明尼苏达州中部的一个农场努力工作，历尽艰辛，抚育了11 个孩子。他们教会了我们什么是生活中最重要的东西。我想，只要信守我们的原则和决定，我们的国家就没有理由不振兴和繁荣。我们的公司比任何时候更需要和客户同舟共济，做对他们有利的事，就像过去近 160 年里，前后 7 代富国银行人所做的那样。

我们感谢来自富国银行和美联银行的 28.1 万名员工，正是他们齐心协力地为客户工作，才赢得更多的合作机会，并确保并购平稳推进；感谢客户的信任带给我们更多的业务机会，同时感谢他们对新金融服务产品的支持，让我们获得丰厚的回报；感谢社区给予我们提供服务的机会。不仅如此，我们还要感谢我们的所有者，当富国银行开始第 158 年征程时，是诸位股东给了我们信心。

　　和你们在一起，我们可以走得更远！

董事会主席、总裁兼首席执行官　约翰·斯坦普

我们的业绩

表 4-2　富国银行 2007 ～ 2008 年的业绩

	2008	2007	百分比变动
年度数据			
净利润	$2,655	$8,057	（67）%
适用于普通股的净利润	2,369	8,057	（71）
摊薄后每股收益	0.70	2.38	（71）
盈利能力比率			
净利润对平均总资产的比率（ROA）	0.44%	1.55%	（72）
适用于普通股净利润对普通股股东权益的比率（ROE）	4.79	17.12	（72）
效益比率	54.1	57.9	（7）
总收入	$41,897	$39,390	6
税前拨备前利润	19,236	16,566	16
每股股息	1.30	1.18	10
发行在外的普通股平均数	3,378.1	3,348.5	1
发行在外的普通股摊薄后平均数	3,391.3	3,382.8	－
日均贷款	$398,460	$344,775	16
日均资产	604,396	520,752	16
日均核心存款	325,212	303,091	7
日均零售核心存款	234,130	221,076	6
净息差	4.83%	4.74%	2
年末数据			
投资证券	$151,569	$72,951	108
贷款	864,830	382,195	126
贷款损失准备	21,012	5,307	296
商誉	22,627	13,106	73
资产	1,309,639	575,442	129
核心存款	745,432	311,731	139
普通股东权益	68,272	47,628	43
股权	99,084	47,628	108
一级资本（核心资本）	86,397	36,674	136
总资本	130,318	51,638	152

续表

	2008	2007	百分比变动
资本比率			
总股本对资产比率	5.21%	8.28%	（37）
风险性资本			
一级资本比率	7.84	7.59	3
总资本比率	11.83	10.68	11
一级杠杆比率	14.52	6.83	113
一级普通股比率	–	–	–
每股账面价值	$16.15	$14.45	12
职员人数（在岗、全时）	281,000	159,800	76

（除了每股账面价值、职员人数和比率外，均为百万美元，括号内数字为负值）

注：
1. 效益比率是非利息支出除以总收入（净利息收入和非利息收入）。
2. 税前拨备前利润（PTPP）是在较少非息支出条件下的总收入。管理层相信这项指标是一个有用的财务测算工具，因为它可以让投资者和其他评估公司通过一个信贷循环产生资本以覆盖信贷损失的能力。
3. 核心存款是无息存款、附息支票、储蓄单、一定市场利率、其他储蓄以及一定的外汇存款（欧元现金管理账户余额）。
4. 零售核心存款是总核心存款减掉批发银行核心存款和零售按揭托管的存款。

注释

①又名瓦乔维亚银行或瓦霍维亚银行（Wachovia），是向零售、中介与公司客户提供金融服务的最大公司之一，曾是美国第四大银行。它的四大核心业务是传统银行、资本管理、资产管理与投资银行，在网点布局上与富国银行有很大的互补性，在业务定位上与富国银行有很大的相似性。
②核心资本对风险权重资产的比率，是一家银行财务实力的核心监管指标。

2010 年

"富国银行的信贷原则非常简单，从来不会为了短期目标牺牲信贷质量。所有交易或客户关系管理的收益应当覆盖风险，我们从来不会为了适应市场竞争而放弃这个原则。"

2010 年：富国银行的价值观是怎样炼成的

我们始终坚持客户至上的愿景，这是富国银行企业文化的灵魂。它简单而明晰，指引我们去满足客户的所有金融需求，并帮助他们获得财务成功。

正是它把富国旗下所有的企业拧成一股绳，并融入我们设计的每一个产品，提供的每一项服务，赚取的每一块钱里面。这是久经考验、可以测量的，正是在它的影响下，富国银行才在过去20年里一直稳步前进。在这份报告中，我们向大家展示富国银行是如何做到这一点的。我们希望，富国银行的愿景能真正融入我们的日常行为、日常决策和客户交易之中。

致我们的所有者：

今年的开篇，让我们从富国银行最重要的东西谈起，那就是我们今年针对客户、社区、国家和股东提出的价值观。我们会像那些以社区为基础、关系为导向的金融服务提供商一样，努力践行我们该做的。我们为那些把钱存在我们这里的客户打开通道，然后把钱贷出去，引导投资进入创造和建设性工作领域，为推动美国经济繁荣和帮助邻里社区发展的人们、企业和工程提供融资服务。

作为金融引擎，富国银行做了如下工作。

（1）向客户提供了7110亿美元的贷款和信用证。

（2）提供了比其他任何机构更多的小型企业贷款，绝大多数的贷款金额小于10万美元，集中投向了中低收入地区的小型企业（根据2008年数据）。

（3）在过去15个月里，我们使用投资者投向富国银行的250亿美元①，向个人和企业投放贷款和信用证总计8040亿美元，是政府投资的32倍。

（4）偿还了政府国库250亿美元的投资，外加14.4亿元投资分红。

（5）2009年12月增发122亿美元股权用于偿还政府投资。从2008年11月以来，我们成功增发两次股票，金额总计212亿美元。过去14个月中，我们一共筹集330亿美元，这体现了股东对富国银行商业模式和创利潜力的坚强信心。

（6）通过再融资，帮助120万名房主减少抵押贷款还款金额。

（7）通过降低利率、减免本金或修改贷款合同，帮助47万名抵押贷款客户应对还款困难。

（8）控制抵押贷款违约率，丧失抵押权赎回的情况只占行业平均水平的 1/3，92% 的富国银行抵押贷款客户在正常支付本息。缘于我们为客户和社区创造的价值，富国银行的收入水平再创新高。尽管经济低迷、信贷需求不旺，但富国银行在 2009 年仍然盈利 123 亿美元，创历史纪录，高于所有同行。2009 年我们摊薄后每股收益达到 1.75 美元，这还是在扣除每股 0.48 美元增提贷款损失准备金和分配 0.76 美元支付政府投资富国银行优先股红利之后。

2009 年，我们获得 890 亿美元收入，毛利润（税前拨备前利润，创收能力的主要衡量标准）达到创纪录的 400 亿美元，是不能收回的贷款（净核销）的两倍。

客户相信我们的实力和稳定性，给了我们更多的存款。尽管原美联银行的 1090 亿美元高息存款到期不再续存，但我们的核心存款仍然增长了 5%，达到 7810 亿美元。我们留住了绝大多数的美联存款客户，一个最近结束的针对 71 个行业 3.35 万客户开展的独立品牌调查显示：富国银行的品牌忠诚度在银行业中位居第一。

更加充实的资本

我们承诺保持充实的资本，以便有效增长、稳健经营。遭遇经济危机时，我们在银行业中资本实力最为雄厚，这提高了客户的信心。当许多同行正在为弥补信贷损失苦苦挣扎时，我们抓住机遇，收购了美联银行。我们的股东权益达到 1120 亿美元，较收购前富国银行的 470 亿美元有了大幅增长。我们之所以能做到这一点，秘诀在于盈利纪录不断被刷新，这是最好的资

本补充途径，加上在二级市场上三次成功地发行股票，使得富国银行的资本充足率回到我们曾经保持的高水准。

在富国银行资产规模扩大两倍、全额偿还政府投资（含利息）、获得证券中介业务剩余23%的股份之后，我们在资本充足水平方面取得了不俗的成就。通过与美联的合并，富国银行降低了经营风险，同时业务、客户、经营地域和收入渠道更具多样性。我们相信对高风险的贸易、衍生交易和跨境国际业务的谨慎，让富国银行资本损失的敞口比任何大银行都要小。

降低信贷损失率

要成为最好的金融服务机构，必须在信贷和风险管理上做到最好。富国银行的信贷原则非常简单，从来不会为了短期目标牺牲信贷质量。所有交易或客户关系管理的收益应该覆盖风险，我们从来不会为了适应市场竞争而放弃这个原则。我们经常问自己：这笔贷款对我们的客户，或者富国银行是正确的吗？

尽管经济下行，贷款损失高企，通过富国银行的实践，我们再次证明：不管形势好坏，只要有坚定的原则、有效的控制手段、丰富的经验、对客户的深入了解、全面的关系管理，就能帮助我们在信贷管理上做到最好。第四季度，越来越多的迹象表明，信贷周期开始转变，我们几个资产组合中的信贷质量开始趋好。在交通便利城市的房价开始企稳并缓慢回升，信用卡、汽车贷款、家庭权益资产、小型企业贷款和客户信用证等贷款违约率开始下降。

对美联银行的并购：效果远超预期

我们现在进入了与美联银行并购的中期阶段，这是美国历史上最大、最复杂的银行并购案例。这次并购对富国银行收益增长和资本扩充的影响比预期好。即使在并购的过程中，我们对美联的资产价值已经进行减记，但还是比预期更快更彻底地对风险资产进行了剥离。

合并后的富国银行尽可能留住美联的客户和存款，提高合并的工作效率以降低费用。现在来看，并购的总体费用预计将少于 50 亿美元，比开始的预算少了 1/3。现在，我们正努力尝试在 2011 年年底前将整个合并的费用控制在 50 亿美元之内，当然，这样并非意味着我们会不停地削减费用。我们花费大量的时间去帮助那些因为并购丢失工作岗位的员工重新上岗。作为美国第十二大私人雇主和美国银行业中最大雇主，富国银行每天都在创造工作机会。

为了让这次并购更有意义，我们付出了很多。我们需要让客户觉得这次合并是平稳进行并易于接受的。我们还要建立一个统一的零售银行操作系统，为从东海岸到西海岸的广大客户提供随时、随地、随心的服务，让富国银行的身影出现在他们需要的每一个角落。2009 年，我们完成了对美联银行科罗拉多州业务系统的合并，使我们能够完全服务美联在科罗拉多的 9.5 万名客户。2010 年 1 月，合并的进度推进到亚利桑那、内华达和伊利诺伊，使我们能够服务美联在亚利桑那的 4 万名客户、内华达的 1.5 万名客户和伊利诺伊的 1.4 万名客户。到 2010 年年中，我们要能完全服务加利福尼亚的 60 万名客户，到 2010 年第三季度，我们要为得克萨斯的 51.4 万名美联客户、密苏里和堪萨斯的 2.1 万名客户连接系统。2010 年年底至 2011 年，

我们要为亚拉巴马、康涅狄格、特拉华、哥伦比亚特区、佛罗里达、佐治亚、马里兰、密西西比、新泽西、纽约、北卡罗来纳、宾夕法尼亚、南卡罗来纳、田纳西和弗吉尼亚的 1400 万名社区银行客户做同样的事情。

社区银行：关于未来的投资

通过这次并购，富国银行拥有了美国最大的社区银行分销网络，因此可以为客户提供直接超出美国其他所有金融机构的服务便利：6629 家银行网点、12363 台 ATM、电话银行和网上银行。然而，"最大"或者"更广泛"这样的描绘并不能直接惠及客户。有一句古老的谚语说得好："价值之所以为价值，不因为它是一组数字。"所以，重要的不是我们有多少网点和ATM，而是我们所有渠道整合起来为客户服务的方式。我们有极具才干、勤勉的员工，他们具有正确决策的能力，能紧密联系客户，并即时满足客户的所有金融需求。

原美联银行的网点员工就一直以优质的客户体验而出名，现在他们比并购前更优秀。原富国银行的零售银行客户，平均持有 5.95 个富国银行产品，原美联银行的数据是 4.65 个。今后，我们的目标是要达到 8 个。现在，原富国银行的客户中已有 1/4 持有 8 个或 8 个以上的产品。

为了抓住机会满足客户更多的金融需求，我们准备派驻更多的个人客户经理去原美联银行的网点。依据统计，原富国银行的网点平均比原美联银行的网点要多服务 20% 的客户。所以合并后，我们需要增加 70% 的银行客户经理为客户提供服务。

光是今年，我们就准备增派超过 1250 名客户经理去原美联银行的网点。2010 年，我们计划在佛罗里达招聘超过 275 名客户经理，在亚拉巴马招聘 150 名，在康涅狄格招聘 30 名，在特拉华招聘 10 名，在佐治亚 110 招聘名，在纽约招聘 30 名，在北卡罗来纳招聘 125 名，在宾夕法尼亚招聘 110 名，在南卡罗来纳招聘 70 名、在弗吉尼亚招聘 30 名。由于我们在销售和服务方面坚持严格的统一标准，所以，原美联银行的网点管理都将参照富国银行的做法，由一名大堂经理统管所有的销售和服务，代替原来的各司其职。相对应的是，原富国银行的网点现在都在采用美联银行的流程标准为客户提升服务体验。我们也准备在所有社区银行中推广原美联银行的经典产品——"节约新方式"账户。它是一种能够联结支票的储蓄账户，每当客户购物用到支票卡（a check card）或者富国银行的账单支付时，都可以把储蓄账户的资金自动转入交易账户，实现账户之间的自动转换。

信用卡：实务与定价

诸位股东可能已经知道，有一项新的法规[②]修改了信用卡行业的诸多规则，也提高了信用卡信息揭示和披露的要求。这应该对理解信用卡的费用规则有帮助，并使正确使用信用卡的客户能减少利息费用，但也使发卡银行难以对高风险客户提高风险溢价，尤其是他们的信用价值下降时。由此，这一新规实际上会导致借款人难以获得信用，利率水平也会不降反升。

一直以来，富国银行都是以客户关系为基础的发卡银行，我们把信用卡视为拓展客户关系的基础服务产品。我们只向新老客户推介信用卡，希

望让每一名具有信用价值的客户持有富国银行的信用卡（现在仅做到 1/4）和借记卡，我们竭力向有信用价值的客户提供信用。我们为客户使用信用卡和借记卡消费增加了许多奖励措施，帮助他们节约费用、支付他们在富国银行的抵押贷款或其他债务。和绝大多数同业不一样，2009 年，我们的信用卡业务保持盈利，信用卡资产仅占富国银行整体贷款规模的 3%。

对抵押贷款客户的交叉销售

2009 年，富国银行的抵押贷款增长 83%，达到 4200 亿美元。2010 年，我们的房屋抵押贷款业务更是迎来了好时机。当利率下降时，客户能够享有低利率优势，带动更多业务发展。现在，富国银行是全国最大的抵押贷款机构，占美国抵押贷款余额的 1/4。我们累计投放 18 万亿美元的抵押贷款，办理 900 万笔抵押贷款业务，占全国抵押贷款客户的 1/6。

尽管 2010 年利率回升，通过与美联的合并，富国银行在美国东部 15 个州和哥伦比亚特区中，仍有巨大的市场增长机会。在这部分市场中，有 14% 的银行客户与原富国银行有抵押贷款业务往来，但原美联的客户中，仅有 10% 与美联银行存在抵押贷款合作关系，这就是机会！

帮助房主

在帮助房主这一点上，我们要做的工作还很多。从目前来看，富国银行已经在帮助陷入困境的抵押贷款客户保住房子这个问题上取得了巨大的进展。我们帮助 50 万名卷入官司的客户（其中 11.9 万名客户被联邦法院提起诉讼）修改了合同条款、降低了利率、减免了本金（或者既降利率又免本金）。我们有 1.5 万名专职员工帮助抵押贷款客户处理他们的住房问题，比一年前多出一倍多。仅 2009 年，我们就招聘和培训了 8000 名新员工。我们采取所有合理的行为去帮助客户避免丧失抵押品赎回权，这对我们的客户、社区和股东来说，都是最佳选择。实际上，以去年四个季度的数据来看，在每笔丧失抵押品赎回权的业主资产被拍卖前，我们都已经对贷款合同条款进行了至少三次调整。

我们对美联银行"选择性还款"抵押贷款组合的情况感到乐观。这种产品是富国银行没有提供过的，未来也不会提供，它让客户在按月还款时，可以不还利息费用。对于那些将违约的客户，我们通过调整贷款利率或减免部分本金的方式，帮助其中98%的客户减少了债务支出。我们相信，这次影响他们一生的贷款损失会大大小于最初预期。总体来看，进行债务重组后，富国银行的贷款第二次违约率占同行业同类型贷款违约率的一半不到。

我们在亚特兰大、巴尔的摩、芝加哥、圣保罗、菲尼克斯等城市举办了"保房"研讨会，吸引了6300多名客户参加。通过降低利率、减免本金、修改条款、混搭四种方法，当场或者随后帮助约一半的参与者解决"保房"问题。2010年，我们计划在洛杉矶、迈阿密和奥克兰举办更多研讨会。

打理更多客户的财富

我们的客户正从自大萧条以来最大的金融危机中艰难地恢复元气，其中包括 7000 万将在未来 15 年内退休的"婴儿潮"③一代的广大投资者。因为市面上流转的钱比原来多出很多，他们十分焦虑和无助，并迫切需要值得信赖的机构给予指导。

我们要帮助客户设计财务路线图，帮助他们搞清楚要达到什么样的目标，怎么样达到目标。协助他们厘清长期和短期的财务目标，为达致目标设立明确可行的计划，并适时调整。富国银行已经能提供客户所需的专业经验、专业指导和特色产品，成为值得信赖的金融服务商。因此，《巴伦周刊》把富国银行评为了全国第三大财富管理机构。开设了富国银行财富管理、中介服务和养老金管理等业务的零售客户，平均持有 9.3 个富国银行产品，超出平均数的 2/3。

（1）财富管理："富国私人银行"和"富国家庭财富"共管理 1180 亿美元资产，较上年增长 6.4%。存款总量达 490 亿美元，较上年增长 63%。专门服务超高净值家庭的"富国家庭财富"，被《家庭财富联盟》依据资产规模评定为美国第二大"家庭理财办公室"。

（2）中介服务：富国投资顾问——从东海岸到西海岸的零售投资中介，按收入水平位居全国前三强。1.5 万名富国银行的投资顾问分布在 1300 个办公室，通过众多的银行网点和其他渠道为全国 600 万个家庭提供服务。我们持有 1.1 万亿美元的客户资产和 770 亿美元存款。富国银行推出了一种名为"预见"的项目，根据客户的目标和期望为他们定制投资计划。目前，我们有超过一半的客户加入"预见"项目。我们未来的目标是：让每位客户都成为"预见"项目的使用者，帮助他们满足金融需求，实现财务成功。

在 2009 年波动起伏的市场和行业环境中，富国银行因强大稳定的声誉吸纳了 1300 名有经验的财务顾问。同时，我们还聘请了 400 名见习顾问。根据顾问人数，2009 年年底，我们公司将成为第三大全方位服务的零售中介。我们在吸引新客户和挖掘老客户更多业务方面具有前所未有的机会，仅仅 9% 的银行客户和富国银行投资顾问业务有关联。

（3）养老金：富国银行的机构养老金业务规模在全国排名第七，我们为 350 万名员工管理着 401 项计划，管理资产达到 2230 亿美元。我们在个人退休账户管理中排名全国第四，在年金分配中排名第一。我们刚刚着手挖掘自己的服务潜力，去满足客户在养老金管理上的金融需求——仅仅 6% 的富国银行客户和我们有个人养老账户的业务合作。

（4）公司银行：总体来看，公司银行客户的贷款需求下降，但客户关系得到了进一步深化。与那些强大、资本充足、客户关系广泛、深入而又长期的银行往往更能让我们赢得业务，尤其在形势糟糕的时候。所以，尽管商业贷款需求低迷，富国银行的公司银行业务团队还是发展了新客户，赢得了老客户更多的业务。一旦经济复苏，贷款需求就会变旺，我们也就能赢得客户更多的业务。

公司银行业务是富国银行交叉营销的拳头产品，每位公司银行客户（原富国银行）平均持有 6.4 个富国银行产品。原富国银行的公司银行客户（年收入 2500 万美元至 5 亿美元）平均持有约 8 个富国银行产品。

在美国银行业中，富国银行有三个方面处于领先水平：我们向 8000 个市政单位、非营利机构、学院、大学和非营利医疗组织发放了 120 亿美元贷款，自 2008 年以来，该业务增长了 90%。我们准备按预订计划，在 2010 年前期

完成合并工作，将美联银行的公司银行办公室纳入富国银行公司银行业务模式体系。这样，我们就能满足更多客户的金融需求。我们还组建了一个新的团队去专门服务特定行业的企业，它们是制作、销售和开发如电气化、低油耗的交通工具以及太阳能、风能、水能利用和智能网络装置等新兴科技行业的企业。

（5）共同基金：富国银行的共同基金业务很快就能跻身全国 10 强。2009 年，我们的共同基金业务富国优势基金的销售是行业增长均速的四倍。2010 年，富国优势基金将与美联长青基金合并，这一交易尚待基金股东的批准。我们将拥有 133 只共同基金，多种信托基金和富国银行管理账户"核心建设者"的股份。并购完成后，富国银行将管理 2450 亿美元资产，于 2009 年年底成为全国第十大基金管理者。我们约有一半的长期共同基金被晨星评级授予四星或五星称号。我们的基金团队指引机构、投资顾问和个人去实现他们的财务目标并满足他们的金融需求。我们相信那些有明显优势和原则、反应灵敏、独立思考的投资团队有更好的眼光和专长。

（6）投资银行：进一步聚焦客户。富国银行与美联银行的并购为我们成为顶级客户聚焦的投资银行创造了条件。我们可以为商业客户、企业客户和商业地产客户提供一揽子解决方案。这次并购实现了我们的资本实力与一站式解决方案的结合，包括债券和股票承销、债券和股票销售、交易、战略咨询（包括兼并和收购），辛迪加贷款、免税服务、经济信息和研究和套期保值产品。

（7）商业地产：以良好的客户关系为基础。随着物业价值和租金的下降，商业地产贷款会出现一些问题，但商业地产贷款仍是美国仅次于住房抵押贷款的第二大贷款业务。富国银行整个商业地产贷款的资产组合为 1350

亿美元，较上年下降了 2%，贷款损失较史上低位有所提高。但我们相信，富国银行的资产质量要优于同行，因为我们通过地域和物业类型很好地分散了风险。富国银行在商业地产业务的拓展上属于关系基础型。我们关注客户的贷款担保能力，不仅仅是抵押资产价值，还包括人品、现金流和信用价值。因为我们有成熟老练、经验丰富的领导团队，他们一起工作了几十年，度过了很多困难时期，包括 20 世纪 90 年代早期的商业地产市场危机。

（8）保险：满足客户的基础性金融需求。在银行控股公司旗下的保险公司资产规模排名中，我们位列全球第四、美国第一。250 万银行家庭客户和富国银行有保险业务往来。多年前，每 20 个家庭客户中仅有 1 个（我们的长期目标是每 5 个家庭中有 1 个）和富国银行有保险业务往来。现在，每 15 个家庭中就有 1 个通过我们购买保险。我们应该做得更好，因为保险和支票／债务、抵押贷款和投资是富国银行四大核心产品，属于基础性的金融需求。

一位保险客户的价值在于，他一旦和我们产生业务往来，就有可能购买我们更多的金融产品。我们向商业企业客户和普通家庭客户提供了一系列的保险产品线，帮助他们实现财务成功。我们通过电话服务和富国银行网站，为多个保险公司提供汽车、承租人保险、家庭财产保险和生命人寿保险的实时报价。

2009 年，通过上述方式，富国银行给全国各地的商业中介团队、大卖场和在线资源推荐了 250 万个客户。结果，28 万客户在线购买了人身保险（较 2008 年增长了 90%）。在商业一线，我们服务了 4 万多家企业，囊括了《财富》1000 强中约 1/5 的企业。2009 年，我们与美联保险中介团队在 10 个交通枢纽地区取得了令人瞩目的进步，收入增加 2000 万美元。我们借助全

球经纪人网络，通过与 80 家中介伙伴合作，为遍布 130 个国家的商业客户提供服务。

银行与社区的互生共荣

在计提 250 亿美元的坏账准备金后，富国银行是如何做到收入和内部资本不断增长，变得更加强大的呢？其一，我们的商业模式不是建立在二三十种收入来源上，而是建立在覆盖所有金融服务的 80 多种不同的业务产品上。其二，我们的贷款组合分布在许多不同的行业。其三，我们的业务没有集中在一个区域，而是横跨整个北美，服务的客户总数达到 7000 万。其四，我们秉持经过时间检验的信贷原则。其五，我们有行业中最投入、最能干、最有经验、人本导向的高管团队。其六，我们始终相信：富国银行的长期成功是建立在服务客户，帮助社区实现财务成功的能力基础上。

银行是千差万别的，这一点常常被忽略。富国银行不是主营对冲基金的"伪"银行，也不是专业贸易商（不创造客户价值）的"准"银行。我们不是一家单纯的抵押贷款公司，不是一家单纯的投资中介，不是一家单纯的保险中介，也不是一家单纯的信用卡公司，而是一家以社区为基础、以客户为导向的传统银行。

我们通过线上、手机、ATM 为客户提供服务，并欢迎客户走进我们一万多家银行网点。我们会在周边地区的人行道上和客户打招呼，会和客户一起在路边小店吃早餐；我们会和客户一起在当地的议事厅、交叉路上、非营利机构的董事会一起探讨社区事务；我们会和各种宗教信仰的客户一起做礼拜。很多客户知道当地富国银行柜员的姓名，而当地的富国银行员工也知道很多熟悉客户的姓名。

我们希望，客户不要把富国银行的网点仅仅当作商铺，而是将其视为邻居们见面聊天的社区中心。你可能会认为这是过时的想法，但我们的客户乐在其中，我能讲述 1000 个真人真事来证明这一点。你们也可以在 2009 年的公司年报和最新一期社会责任报告上读到一些。

政府注资后，我们下一步该怎么办

发端于 2008 年秋天的金融危机对全球市场的影响是前所未有的。2008 年前 9 个月，富国银行的净利润达到 54 亿美元，在不需要联邦政府支持的情况下完成了对美联银行的收购。当然，我们也知道国家正面临一场重大的危机，我们明白自己的责任：美国利益第一，银行利益第二。这是我们加入美国财政部的问题资产救助计划，和其他 8 家金融机构一道接受了政府的注资的原因。如今，我们偿还了政府 250 亿美元的注资和 14 亿美元利息。我们把政府的资金用在该用的地方：向企业和个人发放了 32 倍于政府投资的贷款和信用证，通过再融资帮助 120 万名抵押贷款客户减少了债务负担，为 47 万客户调整了还款方案，让他们能够留住自己的房子。在过去的 14 个月里，富国银行还增发了 330 亿美元股票，使我们在收购美联银行后，能够在危机中变得更强大。

危机虽然告一段落，但迄今仍影响深远，没有人希望危机重演。美国国会正在考虑全面重构金融服务的监管法规体系。富国银行身处其位，并首当其冲。毫无疑问，我们相信所有的金融机构都要服从强有力的监督管理，所有消费者都应该受到强力保护，所有的金融监管机构都应该有其应对风险的手段和工具。为此，富国银行做了大量的工作，积极整改在危机中暴露出来的问题和缺陷。我们呼吁反应迅速的监管解决方案，兼顾好客户、业务和金融市场的利益。同时，我们也在密切关注这些提案会不会使金融市场运转复杂化，带来更多的官僚主义，最终造成监管冲突和意外风险。

消费者保护。我们支持监管所有的金融服务机构，确保消费者得到强有力的保护。然而，对于金融业的监管者来说，这些保护措施首先应当对客户的安全和公正负责。监管机构应该有足够的洞察力和智慧去平衡和判断，确保对所有机构的公正性，并督促机构提供产品与服务的一致性。一个新的仅关注消费者的独立监管机构可能无法平衡各方利益，必然会导致监管冲突，从而不可避免地给金融体系带来新的风险。从目前来看，金融机构并没有获得他们所期待的公正的监管者，我们认为，监管机构不能只维护消费者的利益。

全国准入。美国受惠于金融市场的"全国准入"原则，这已深入美国的资本主义经济。这种自由的获得并非偶然，得益于像亚伯拉罕·林肯这样的伟大领袖，1864 年通过的《国家银行法》创造了统一产品跨越各州的全国性银行。今天，个体与资金的自由流动已经成为我们绝大多数客户的一种生活方式，这更加凸显了这个法案的意义。人们在国土上自由来回、经商、搬迁、旅游、度假，他们通过邮件和网络购买商品和服务。毫无疑问，这项政策对他们有利，对经济也有利。客户需要通过网络、手机、银行网点或者 ATM 享受随时、随地、随心的银行服务。联邦政府和各州政府监管政策的微妙平衡来自多年的努力磨合，为维护客户利益，富国银行坚决捍卫金融产品和服务全国准入的权利。如果这个政策被废止，对我们的客户和国家来说，都是有百害而无一利的。

系统性风险。在危机出现以前，金融监管机构必须识别系统性风险，并正确化解和对付系统性风险。为了做到这一点，我们赞成设立一个由现有监管机构组成的理事会，专职监测正在形成的市场和行业风险。与现有的监管主体相比，他们具有明显的优势，因为他们最了解其监管的企业和行业环境。他们的决策真实反映市场环境和风险状况，而不是学术模型。他们应该考虑哪家公司潜藏巨大风险，这些风险会怎样影响其他企业和整个市场。如果被认定为具有系统性风险的企业，在风险蔓延到其他企业、整个行业和市场之前，监管理事会就应该确保这家企业的现有监管机构去牵头化解风险。

"大到不能倒"。我们相信没有企业应该是"大到不能倒"的。政府机构应该放手让失败企业破产并进行清算。这意味着不应只是执行简单破产流程或者依靠政府救助，而需要建立对失败企业进行规范接手的常态机制。这个流程需要确保股东首先承担损失，接下来是无担保的债权人。相关利益主体对失败公司的处置可以按照资产评估价值进行分配，不必等到整个流程走完。这可以避免系统性风险。对系统性风险的定义不是根据公司的规模，而是它的风险源头、业务属性、与其他企业乃至整个市场的交织关系。虽然富国银行是大型企业，但其机构也是广泛而分散的。我们有管理风险的控制能力和实践经验。破解"大到不能倒"难题的方式其实非常简单，那就是任何金融机构都可以倒闭，如果它不能控制好风险，就应该倒闭。

2010 年，我们所处的世界

类似 9.7% 的失业率这样冷冰冰的数字，不过是为了讲述今年很多美国人经受苦痛与损失的经历。富国银行的员工和这些苦苦挣扎的人在一起，因为他们当中就有很多是我们的客户、邻居和家人。当前，客户需要我们提供更多的财务建议。我们欢迎他们走进富国银行的网点，像家庭座谈会一样讨论他们的财务状况，一起帮助他们实现财务成功。

2009 年，客户的生活观念发生了很大变化，相比以前，他们变得更加节约，对消费的态度更加谨慎。他们以完全不同的方式厉行节约、投资创业和偿还债务。推迟享受又回归为常态，在这种形势下，谁还会认为超前消费会再次成为时尚呢？

创造好的工作岗位成为国家首要的工作。作为服务美国 1/3 家庭的富国银行，我们有义务去推动这项工作。如今，美国的失业率还在增加，整体经济仍然脆弱，劳动力市场非常惨淡，估计 2010 年很长时间都会这样。但另一方面，经济正缓慢回升，许多公司财务状况好转，库存、薪资和设备投资都处在低位。时下是现金为王的时代，许多公司的资产负债表十分健康，通货膨胀率和利率都保持较低水平。这说明，此时更需要我们奋发作为，帮助商业客户和小型企业客户扩大经营规模，发展壮大，创造更多就业机会。

风雨同舟。我听说银行家不再给人们提供贷款，就像那句老话说的：银行家晴天借伞给你，下雨天收回去。但我敢保证：哪个银行家如果只是在晴天做生意，雨天就关门停业的话，下次下雨天，你就可以看到很多人会离开这家银行，顺着大街去找另一个风雨无阻的银行家。今天，美国的经济状况就堪比下雨天，我们要忠诚于那些经过时间考验的忠实于我们的客户。

当然，我们无法让每个客户都满意，我们也会犯错误。本来就有一些贷款是不能做的，我们尽量不给那些不能展现有按期还款能力的人提供贷款。对于那些需要贷款并符合贷款条件的人，我们会持续贷款给他们。即使那些我们一直持怀疑态度的客户，我们也会多看一眼，再审视一番，以确保富国银行对这些个人客户和公司客户做出正确的贷款决定。如果经济状况好转，坏账率下降，2010 年，我们希望对小型企业贷款增长 25%，贷款余额增加 160 亿美元。

2010 年，我们最大的挑战是积极主动地找到更多的客户，这些客户不仅需要融资，还需要我们提供财务顾问服务，并与其建立起终生合作的关系。今天，信贷的获取并不困难，用足授信额度的贷款客户少之又少，自我从业以来，极少遇到这种情况。为此，我们聘请了几百名信贷客户经理走上大街，尽可能发现更多更好的贷款项目。

每一次经济衰退都会有终点，然后恢复增长，但我们国家仍然需要消化商品过剩、劳动力过剩和房地产过剩的问题。为了降低失业率，我们的资本主义制度需要有一个喘息的空间，以使美国人民能够自由地做自己最擅长的事情：创造、创新、建设、重建。

谢谢你，迪克！

我在此代表公司董事会和全体员工，向迪克·柯瓦希维奇®致上特别的谢意。理查德作为我们的主心骨，服务公司长达 23 年，他于 12 月 30 日正式退休。一年前，理查德到了退休的年纪，但他毅然接受董事会的请求，继续在 2009 年担任董事会主席，帮助我们完成对美联银行的并购。20 多年前，理查德创立并传播了我们具有划时代意义的价值观：我们要满足所有客户的金融需求，帮助他们取得财务成功。这一价值观至今仍坚若磐石。为了感谢和纪念理查德的杰出贡献，我把本次年报的主题定为"富国银行的价值观是怎样炼成的"。

理查德给我们留下了巨大的产业，更重要的是，还留下了我们不满足于既有成就，时刻准备再创辉煌的伟大团队。我祝愿理查德和他的夫人玛丽·乔，以及他们全家万事如意。

感谢我们的员工，过去一年对国家和整个金融业来说都是非常困难的，我们一起工作，赢得了更多的业务机会，也多亏了大家的高效协作，我们完成了与美联合并后开局之年的全部工作。

感谢我们的客户，出于信任，他们给予我们更多的业务，购买了更多我们的新产品，并给我们带来回报。我们更要感谢所有者，感谢你们 159 年来对我们一如既往的信任。

我们不能控制经济走向，但是我们能够把握我们是谁、我们该做什么、我们该怎么做。我已在公司任职 28 年，我相信，2010 年将是我最好的一年，历史把我们置于未来发展的最好起点——因为我们有美好的愿景和价值观、久经考验的商业模式、优秀的员工、充足的流动性和资本、源自业务和地域多样性的稳定的赢利能力，也因为富国银行与美联银行的成功牵手。

董事会主席、总裁兼首席执行官　约翰·斯坦普

我们的业绩

表 5-1　富国银行 2008 ～ 2009 年的业绩

	2009	2008	百分比变动
年度数据			
富国净利润	$12,275	$2,655	362%
富国适用于普通股的净利润	7,990	2,369	237
摊薄后每股收益	1.75	0.70	150
盈利能力比率			
富国净利润对平均总资产的比率（ROA）	0.97%	0.44%	120
富国适用于普通股净利润对富国普通股股东权益的比率（ROE）	9.88	4.79	106
效益比率	55.3	54.0	2
总收入	$88,686	$41,877	112
税前拨备前利润	39,666	19,279	106
每股股息	0.49	1.30	(62)
发行在外的普通股平均数	4,545.2	3,378.1	35
发行在外的普通股摊薄后平均数	4,562.7	3,391.3	35
日均贷款	$822,833	$398,460	107
日均资产	1,262,354	604,396	109
日均核心存款	762,461	325,212	134
日均零售核心存款	588,072	234,130	151
净息差	4.28%	4.83	(11)
年末数据			
可售证券	$172,710	$151,569	14
贷款	782,770	884,830	(9)
贷款损失准备	24,516	21,013	17
商誉	24,812	22,627	10
资产	1,243,646	1,309,639	(5)
核心存款	780,737	745,432	5
富国股东权益	111,786	99,084	13
总股权	114,359	102,316	12
一级资本（核心资本）	93,795	86,397	9
总资本	134,397	130,318	3
资本比率			
总股本对资产比率	9.20%	7.81	18

续表

	2009	2008	百分比变动
风险性资本			
一级资本比率	9.25	7.84	18
总资本比率	13.26	11.83	12
一级杠杆比率	7.87	14.52	（46）
一级普通股比率	6.46	3.13	106
每股账面价值	$20.03	$16.15	24
职员人数（在岗、全时）	267,300	270,800	（1）

（除了每股账面价值、职员人数和比率外，均为百万美元，括号内数字为负值）

注：
1. 效益比率是非利息支出除以总收入（净利息收入和非利息收入）。
2. 税前拨备前利润（PTPP）是在较少非息支出条件下的总收入。管理层相信这项指标是一个有用的财务测算工具，因为它可以让投资者和其他评估公司通过一个信贷循环产生资本以覆盖信贷损失的能力。
3. 核心存款是无息存款、附息支票、储蓄单、一定市场利率、其他储蓄以及一定的外汇存款（欧元现金管理账户余额）。
4. 零售核心存款是总核心存款减掉批发银行核心存款和零售按揭托管的存款。

注释

①在2008年金融危机时期，美国联邦政府通过问题资产救助计划（TARP）向富国银行注资250亿美元，但附带一系列将其纳入严格监管的条件，特别是对高管人员薪酬实行严格限制。所以包括富国银行在内的众多被注资银行都竞相还款"赎身"，富国银行是美国大银行中的最后一家。

②2009年5月22日，时任美国总统奥巴马在第111次国会会议上签署了《2009年信用卡业务相关责任和信息披露法案》（H.R.627），对原有的《真实信贷法案》做出修订，旨在进一步提高信贷业务行为的公平性和相关信息披露的透明度。

③指美国第二次世界大战后的"4664"现象——从1946至1964年，这18年间出现婴儿潮，导致人口高达7800万。

④即富国银行前任董事长理查德·柯瓦希维奇，迪克是昵称。

2011 年 ▶

"所以坏消息是，交叉销售做起来很难。但它也是好消息，因为一旦你做到了，它就是你不可复制的竞争优势。当然，如果做起来容易，每个人都会去做。"

2011 年：与客户站在一起

随着世界平稳地度过全球经济衰退，客户和社区需要从他们的金融服务商那里得到更多支持，他们需要更全面的财务解决方案。在巨大的财务不确定性风暴影响下，他们需要依靠金融机构的"导航"，才能通向"平静的水域"。客户比以往任何时候都需要一个安全、可靠、合格的金融机构帮助他们购置房产、支付孩子学费、投资兴业、储蓄养老等。社区需要一个能够帮助他们获得财务成功的朋友，需要更全面的客户关系，其内涵远不止杰出的服务和实用的产品那么简单。既然客户选择了富国银行，我们就应该让他们对这个决定感到自豪，让他们愿意委托给我们更多的业务，我们就应对这种友谊做出回报。所以，我们要建立长期关系，努力创造更多的机会来服务我们的客户和社区，这就是我们与客户站在一起，"创造新世纪"的故事。

致我们的所有者：

2010 年，相比其他银行，富国银行进驻了更多的社区，并坚定地和 7000 万普通客户站在一起。如今，每三个美国家庭中，就有一个是我们的客户；每四个房产抵押客户中，就有一个属于富国银行。我们的客户努力工作或者努力寻找工作，他们偿还贷款、紧缩开支，他们勤俭度日并努力创业投资，他们申请贷款、支付账单，他们帮助邻居振兴社区。在这些活动中，富国银行给客户提供了坚定的支持，帮助他们实现了财务上的成功。

虽然经济衰退可能正式告一段落，但它的阴影仍然存在，失业率仍然在 9% 左右徘徊，即使这种情况不会持续太长时间，也是不可接受的。美国的经济增长仍无明显起色，而富国银行在为美国经济的发展增加动力。我们为家庭和企业提供了 6650 亿美元的贷款和信用额度，虽然较上年下降了 6.5%，但处于 2008 年年底收购美联银行以来，四个季度里的最高水平。自 2009 年年初至今，我们用更低的贷款利率帮助了多达 350 万抵押贷款客户买房或进行再融资，这可以帮助每一名客户每个月节省数百美元抵押贷款还款额，这些节省下来的钱，他们可以投资或用于偿还其他债务。

我们的许多贷款组合已经在过去半年的时间里实现了增长，包括资产抵押融资、汽车经销商服务、股权融资、学生私人贷款、小型企业管理局专项贷款、商业银行贷款和商业地产贷款等。

我们的一些贷款增长源于客户把其他银行的业务转了过来，他们觉得其他银行经营地域、贷款组合不够多样化，或产品线不够齐全和丰富，或者是因为这些银行在服务便利和品牌信赖上做得不够好。

1976 年，我在金融业找到了第一份工作，当时美国大约有 14000 家银行，到今天只有大约 7000 家。但对客户来说，现在他们比以往任何时候都拥有更多的选择，因为银行成为经营范围更广泛、规模更大、实力更雄厚的金融服务行业。

由于富国银行能为客户创造价值，连续两年利润水平创下新纪录，达到 123.6 亿美元（2009 年是 122.8 亿美元）。这一利润水平的获得，还是在新的联邦法规限制透支收费给富国银行造成了税前 8.1 亿美元负面影响之后。我们的普通股摊薄后每股收益是 2.21 美元，比一年前增长了 26%[①]。

收入是衡量客户委托我们更多业务意愿的最重要指标。2010 年，我们赢得了 852 亿美元的年收入，较去年的 887 亿美元有所回落。贷款损失准备金扣掉了 348 亿美元税前利润[②]，这是对盈利能力的真实考验，相当于驱动马车的马力。我们每 100 美元资产获得的税后利润是 1.01 美元（去年是 97 美分）。我们股东每一美元的回报是 10.33 美分（去年是 9.88 美分）。2010 年，我们的股票价格上涨了近 15%（标普 500 指数上涨 13%），这些都反映出市场对富国银行和整体经济充满信心。

贷款损失呈下降趋势

随着经济的回暖，我们的贷款质量随之提升，贷款损失率呈下降趋势。那些注定不能收回的贷款连续四个季度下降。2010 年第四季度，富国银行贷款净冲销为 38 亿美元，较一年前的峰值水平下降了 29%。

由此，我们能释放出 20 亿美元的贷款损失准备金。2011 年，除非出现意想不到的经济衰退，预计信贷质量将进一步改善，我们的贷款损失准备

金也将进一步释放。我们的贷款损失连续四个季度下降，其中商业贷款、信用卡和房屋净值贷款下降趋势较为明显。这些都是在富国银行两年前兼并美联银行时收购的贷款。当时，我们对每1美元贷款减记0.4美元，从当前的情况看，基本符合预期或者优于预期。不良贷款较一年前适度上升，但在今年一季度开始平稳回落。由于经济衰退的阴影仍在，我们预计不良资产会保持高位。我们给没有正常还息的每1美元贷款潜在损失预留了0.89美元准备金。去年，这一数据是1.03美元。

资本增长的正确方法：赚钱

通常，资本是股权和债券的一个合成，是一家银行支持其业务发展的本钱。随着时间的推移，银行使用资本不断投资发展，并不断消化各种意想不到的损失。例如，富国银行一直保持资本充足，两年前信贷危机发生时，我们依靠充足的资本储备收购了美联银行，实现了公司的规模翻番。

资本增长的最佳方式仍然是传统的方式：内部挖潜，而不是依靠不可预测的市场。我们的内生性资本一直比同业中的大银行保持更高速度和更具持续性的增长，这缘于富国银行每一美元资产的收益比他们高。我们是如何做到这一点呢？这种增长基础并不是一个复杂的金融方程式，而是因为我们有非常明确、经过时间考验的愿景，在这一愿景的指引下，在过去近四分之一个世纪里，富国银行一直保持着稳步发展。我们想要满足所有客户的金融需求，帮助他们获得财务上的成功。由于我们的愿景和多样化的商业模式，也由于我们始终聚焦于为客户提供最好的服务，与他们建立终生关系。今天，富国银行的资本实力比过去任何一个时候都要强大。我们的一级资本充足率（银行核心股本占总风险加权资产的比率）从一年前的 9.3% 上升至现在的 11.2%。我们的一级资本占普通股比率（资本充足的最佳衡量标准）从一年前的 6.5% 上升至现在的 8.3%，较上年增长了 28%。

新国际标准可能需要全球银行最终持有的优质资本占到他们风险加权资产总额的 7%（一些银行现在还只有 2%）。这些规定不是最后版本，但将是新国际标准的基础框架。根据拟议中的规定，按照我们现行的理解，我们期待 2011 年达到 7% 的门槛要求，一旦在 2011 年达到这一标准，我们将在 2013 年新标准开始生效前始终保持在这一门槛要求之上。而根据工作日程，新标准完全生效要等到 2018 年。

为了保持更高的资本充足率，进一步提升为客户服务的能力，2009 年 3 月，我们的董事会将富国银行普通股季度股息从 34 美分降低至 5 美分。我们希望尽可能提高股息。为此，2011 年年初，我们按照要求向美国联邦储备理事会提交了资本计划，并等待美联储对这一计划做出评估。我们知道股权分红对股东的价值，作为富国银行的股东，我感谢你们的忠诚和耐心。

在世界上所有的大型银行中，富国银行的资本实力是最强大的。但资本不是拿来囤积的，而是要被运用的。像富国银行这样资本充足的银行，应该拿出更多的资金用于推动经济增长，向信誉良好的客户发放贷款并投资社区，为投资我们的股东提供更多的回报。与此同时，我们首要的财务目标始终不变：构建一个保守稳健的金融结构，其衡量指标包括资产质量、资本水平、收入来源的多样性和通过经营地域、贷款规模、行业分布进行的风险分散。

并购的效果如何

迄今为止，非常棒！

两年前，为了向老客户和新客户创造更多的价值，提供更多的便利，我们开启了美国历史上最大、最复杂的银行并购。当前，我们与美联银行的并购进入了收官阶段。我们将 7000 万客户的所有业务单元整合进了一个 IT 系统。所以对客户来说，并购完成后，他们的主办银行总是出现在他们需要的地方，在全国乃至全世界范围内为他们提供随时、随地、随心的服务。

过去两年里，我们完成了超过一百项"同一个富国"的商标转换。这简直是一个奇迹，同一个 ATM 系统、同一个信用卡系统、同一个抵押贷款系统、同一个共同基金系统、同一个中介代理系统、同一个养老金服务系统、同一个信托服务系统！我们现在正在进行零售银行的系统合并，将其升级为全国最广泛的金融服务网络。我们已经对亚拉巴马、亚利桑那、加利福尼亚、科罗拉多、特拉华、佐治亚、伊利诺伊、堪萨斯、密西西比、密苏里、内华达、新泽西、田纳西和得克萨斯州的社区银行系统进行统一归并。

迄今为止，我们的每一项系统转换进展都非常顺利。很多观察家认为这是个奇迹，但我们不这么认为。富国银行今天的成功源自大量的精心计划、辛勤工作、抓住重点、提高技能以及上千位台前幕后的员工的无私奉献。对于他们和他们的家庭，我们怎么感谢都不过分。

我们还需要在 2011 年把 70% 的美联银行零售客户带入富国银行的零售银行系统，为此，我们制订了一个详细的计划，以持续推进此事。另外，我们计划按照如下进度完成富国银行系统的统一整合：3 月底前完成纽约和康涅狄格州网点银行的合并；4 月底前完成宾夕法尼亚网点银行的合并；年内完成佛罗里达、马里兰、北卡罗来纳、南卡罗来纳、弗尼吉亚和华盛顿特区等银行网点的统一合并。

仅仅两年的时间，这次并购对我们的利益相关者产生了全方位的积极影响，远超最初的预期。一加一真的产生了等于三的效果。最初，我们预计将花费 79 亿美元才能完成并购，现在预计只需要大致 60 亿美元。我们开始设想通过并购节约 50 亿美元的开支，结果也得偿所愿。迄今为止，我们开始计提的美联贷款组合资产减值，仅仅用到了一半。这些贷款比我们发起兼并时预想的要表现优异得多。

对于我们的员工来说，这次合并使富国银行的规模扩大了一倍，这就相应增加了他们一倍的职业发展机会。我们成为全国第十二大私人雇主以及金融业内的最大雇主。

对于我们的客户来说，并购意味着获得更多的产品、更多的便利和更多体现科学性和价格优势的金融顾问机会。

对于我们的社区来说，合并意味着拥有了一个资本（财务、人力和社会）更充足、实力更雄厚、发展更平稳的成长型金融服务提供者、雇主和纳税人（2010 年在美国所有企业的纳税排名中，富国银行居第七位）。

对于我们的股东来说，对美联银行的并购，意味着更有吸引力、更有长期价值的投资。

这次并购让我们获得了更多的业务机会。2010 年，在加利福尼亚——富国银行社区网点分布最为密集的州，我们的支票账户净增 8.2%。佛罗里达是我们刚刚完成合并工作的一个州，尽管该州经济复苏缓慢，客户数量增长乏力，但我们的支票账户仍然净增了 10%。这些新业务、新客户有的是从别的银行转过来的，有的是完全的新增客户，在富国银行，他们拥有了

自己的第一个支票账户。

两年前，富国银行和美联银行合并时，新组建的银行客户核心存款合计为 7454 亿美元。到 2010 年年底，尽管受到经济衰退的影响，我们的核心存款仍增长 7%，达到 7982 亿美元。美联银行的 200 万信用卡客户都转到了富国银行。

此次并购还将产生许多增加收入的巨大机会。举例来说，通过与美联银行的合并，我们将在 15 个州外加哥伦比亚特区获得 300 万新增按揭客户，其中仅有 29% 的客户和我们有银行业务关系。而在全国范围内，办有富国银行抵押贷款业务的客户仅有 1/5，这是多么巨大的一个市场机会！

社区银行：交叉销售的基石

如果有人告诉你，很轻易就能从现有客户中赢得更多的金融服务机会，请不要相信这一点。大家应该明白，富国银行在这一领域钻研了 1/4 个世纪。不管含金量如何，我们都被称为"交叉销售之王"。为了得到这个称号，我们必须做一千件正确的事，需要花费巨大的投资和漫长的时间在系统和培训上，需要正确的员工导向和认知，需要花时间去弄懂客户的财务目标，再向他们提供正确的产品和解决方案，满足他们的金融需求，帮助他们获得财务成功。你不能寄希望于通过一年半载的时间，就能在存量客户的深度开发上取得大的进展，这就是为什么许多银行放弃了这个目标。所以，坏消息是：交叉销售做起来很难。但它也是好消息，因为一旦你做到了，它就是你不可复制的竞争优势。当然，如果做起来容易，每个人都会去做。

13 年前，我是西北银行得克萨斯州社区银行的负责人（在西北银行与富国银行合并以前），公司为我们设置了极富进取性的目标——每位零售客户平均持有 8 个西北银行的产品。那一年，每位零售客户平均仅持有 4 个西北银行的产品，许多分析家把完成目标的时间定在下一个季度，听起来好像打个呵欠一样简单。第二年，西北银行与富国银行合并，自那之后，平均每位零售客户持有产品的数目分别为：1999 年 3.2 个，2000 年 3.4 个，2001 年 3.7 个，2002 年 3.8 个，2003 年 4.2 个，2004 年 4.3 个，2005 年 4.6 个，2006 年 4.8 个，2007 年 5.2 个，2008 年 5.7 个。2009 年，在与美联银行合并之前，平均每位零售客户所持有的富国银行产品数量，还是没有突破 6 个。

2010 年，我们的交叉销售终于跨过这道门槛。我们在美国西部的零售客户平均持有的富国银行产品数达到 6.14 个，在美国东部，我们的零售客户平均持有的富国银行产品数达到 5.11 个，且保持良好的增长势头。在我们社区银行遍及的 39 个州和哥伦比亚特区，平均每位零售客户持有的富国银行产品数为 5.7 个（上一年是 5.47）。平均 1/4 的零售客户持有我们的产品数达到 8 个以上（含 8 个）。2/5 的零售客户平均持有我们的产品数达 6 个以上（含 6 个）。即使客户拥有我们的产品全部达到 8 个，我们也只成功了一半，因为平均每个家庭持有的银行产品数为 16 个。

经常有人问我为什么把目标设置为 8，答案是 8（eight）的英语发音听起来像是"伟大"（great）。说不定哪天，我们的新口号就要从"让我们朝着伟大（8）进发"变为"让我们朝着 10 进发"！

更多的销售不一定带来更好的服务，但更好的服务常常带来更多的销售。这就是为什么服务质量得分高往往也是销售业绩好的信号。近来一段时间，通过电话联系及实地走访我们的银行网点和客户中心后，每 10 位不

同区域客户中大约有 8 位对富国银行感到非常满意。根据美国消费者满意指数报告，我们连续两年在大银行中排名第一。

我们社区银行的业务市场份额均有较大增长，其中，客户支票账户净增 7.5%，整个公司支票存款增长 10%。我们还与超过 250 万个公司有业务关系，企业支票账户较上年增长 4.8%。同时，西部地区以网点为基础的业务解决方案销售增长 22%，"富国公司银行业务包"（企业支票账户外加至少 3 个其他产品）增长 42%，西部地区 2/3 的新增企业支票客户都购买了这款产品。在西部的投资银行客户平均每人持有的富国银行产品数为 4.04 个（上一年是 3.76 个）。2010 年，我们向小型企业（向新老贷款客户）新增了 149 亿美元贷款和信用证额度，较上年增长 2.9%。

富国银行继续在小型企业贷款和美国小型企业管理局联合贷款市场上排名第一。我们的汽车中介服务团队在二手车贷款市场上的占比，从 2009 年第一季度的 4.3% 增长到 2010 年年底的 5.4%，在与 11000 名中介人巩固关系的同时，市场排名继续保持第一。在西部，每 10 位新客户中有 8 位在开立支票账户的同时购买了"富国产品包"（一个支票账户外加至少 3 个其他产品），使得这一产品的销售增长 21%。2010 年年底，我们拥有 1830 万活跃的在线银行客户，较上年增长 10.3%；拥有 470 万活跃的移动客户，较上年增长 88%。《全球金融》把我们评为了"北美个人、企业和机构客户最佳线上银行"。

新的法律法规禁止银行对资金短缺账户ATM取款和日常借记卡交易进行自动处理。现在，如果客户不愿意到柜台办理交易，他们就需要我们去处理这些透支业务，对此，他们必须做出选择。当然，我们还是希望他们做出理智的财务决策，使用免费在线工具建立自己的个人财务计划。我们取消了个人消费者和大多数商业存款客户5美元或更少账户透支的服务收费。

在原美联银行遍及的各州，我们的学生贷款较上年增长 43%，全国市场占比也增长至 25%（上一年是 16%）。新的法规剥夺了私人机构在联邦学生市场的贷款权利，这当然令人遗憾，但私人借贷者仍然发挥着重要作用。富国银行在学生贷款业务上介入很深，我们从事这项工作已逾 42 年。大学费用持续攀升，政府划拨贷款仅为每人 7500 美元，远少于大学开支。学生、家庭和学校仍然需要我们帮助实现财务成功，尤其是原美联银行的客户，因为美联银行在与富国银行合并之前就已经做了许多学生贷款业务。

住房抵押贷款，帮助客户保住他们的房子

2010 年，我们发放了 3860 亿美元住房抵押贷款，全国每四笔住房贷款中就有一笔是由我们发放的，我们以史上最低利率水平发放了 180 万笔抵押贷款，帮助客户购买房子或者为他们的抵押贷款做再融资。截至年底，我们收到的抵押贷款申请金额达 730 亿美元，较上年增长 28%。作为全国第二大抵押贷款服务组合，我们为 1/6 的美国按揭家庭客户提供服务，由此发放了共计 1.8 万亿美元的抵押贷款。

美国人民非常有韧性。今年，他们再次证明了这一点。我们 92% 的按揭客户能按时还本付息，总体的违约率也在不断下降，我们的抵押贷款逾期或者丧失抵押品赎回权的比率不到行业平均水平的 1/4。每 100 位房屋净值贷款客户中，只有三个出现两期或两期以上的支付逾期。

对于那些逾期 60 天以上且配合我们工作的抵押贷款客户，我们为其中

约 3/4 的客户避免了丧失抵押品赎回权。在 2009～2010 年，我们为 62 万笔抵押贷款调整合同条款，降低利率或减免部分本金（或三者兼而有之），帮助贷款客户留住自己的家园。我们还为 7.3 万笔贷款减免了 38 亿美元的本金（到目前为止，富国银行在这一行为上仍属业界领袖），这相当于平均每笔贷款减少 5.1 万美元。为了做好这项工作，我们一共雇用了 1.6 万人，其中固定雇用的员工达 1 万名。我们指派一名专家从头至尾把控每一位客户的调整方案。

当然，2010 年年中，我们的表现并非总是符合预期。例如，我们意识到了在办理某些止赎业务的过程中出现的管理失误。对此，我们首先关切的是：根据一个不正确的证词去确认没有客户经历了毫无依据地丧失抵押品赎回权，然而这是不够准确的。之后，我们重新评估了某些存在疑点的止赎证词，完善了政策和流程，以确保一致性和遵从性。

2011 年，我们计划将"保家"行动的举办数量增加两倍。2009 年年初以来，我们通过 19 次大规模活动，面对面地为 1.9 万名努力还款的抵押贷款客户提供帮助。在遍及全国的 27 家"保家"中心，我们会见了约 3.1 万位客户。

总之，我们承诺将坚定不移地为客户和国家应对住房贷款的挑战，这个承诺将一直持续到 2011 年。

公司银行业务：机会成熟

在经济低迷时期，我们的公司银行家们谨慎地规划和管理他们自己的业务。现在经济一复苏，富国银行就赢得了更多客户。例如，富国银行负责微软的 47 亿美元高级债券发行，并为通过"能源与环境设计先锋奖"认证的商业建筑和社区发展项目提供 7.5 亿美元融资，还为客户提供保险以减少业务风险。另外，通过在 34 个国家开设的 36 个办事处，富国银行已建立起一个国际化的业务网络，满足更多客户的全球金融需求。

投资银行

帮助我们的企业和中型企业客户扩充资本、发展业务，既是一门艺术，也是一门科学。你必须关注怎么样对客户才最有利，包括对客户所在的行业有透彻、深入和全面的研究和了解，还必须有经验丰富的团队能够高效执行方案。所有这些都需要充足的资本支持。因为我们的实力，某些领域的企业选择和富国银行合作来运作数以亿计的债券和股权融资，包括大都会人寿、汇丰银行、沃尔玛、惠普和赫兹等，还有一些企业在合并和收购事务中寻求富国银行的担保，包括彭斯克、资本来源、斯奈德、兰斯、英瑞得和图谱管道。

支持市政建设、医疗健康和教育事业的发展

许多银行反对和政府、教育、医疗健康机构、非营利机构合作，因为他们觉得这种生意风险大、回报低。我们却积极为政府、教育、医疗健康机构和非营利机构提供范围广泛的解决方案，并对服务这些部门感到自豪。

2010 年，我们对这些部门的贷款增长了 40%，存款增长 35%。因此，我们也抓住了更多惠及社区和股东的服务机会。2010 年，我们还推动了几百笔交易支持市政建设、医疗健康和教育事业的发展，包括向洛杉矶水利部提供 3 亿美元的信贷额度，这也是我们与该市全面长期战略合作关系的一部分。

帮助美国企业成长

此外，我们还为美国几千家年收入从 1000 万美元到 7.5 亿美元不等的企业提供资金支持。银行家往往把这部分客户称为"中级市场"，但实际上它们属于大中型企业，它们冲在美国经济复苏浪潮的前面。这些企业雇用了数以千万计的美国人，他们为美国人制造每天都要使用的东西，更是社区税收的生命线。他们的存在就是让美国人有事可做、把事做好以及做更多好事。作为富国银行的首席执行官，我很荣幸每年都有机会去参访全国各地许多商业客户的设备和办公场所，他们期待和我们增进关系，在各个经济周期中保持沟通。由当地人决策当地事务，拓展产品的深度和广度，在这两方面，我们相信富国银行是行业中的佼佼者。

许多企业客户的首席执行官、首席财务官告诉我们：经济正在好转。许多高管开始指导自己的企业增加库存、扩大业务、使用信用额度和申请新的信贷。比如安泰胶合板，一家位于伊利诺伊州梅伍德的木材和复合产品批发经销商，多年来都是富国银行的忠实客户。在经济衰退期间，这家公司的销售额下降很快，但其总裁拉里·拉森说：2010 年，在他们的商店里开始出现恢复性的客流。"这是一个缓慢的持续增长过程，"他说，"我们相信这种增长将会继续下去。"

富国银行想要成为每个市场中像安泰胶合板这样的优秀企业的首选银行。在我们服务的每个市场，我们想要比其他竞争对手占据更多的领导地位。我们要满足每一个公司客户的金融需求，不管其规模是大还是小。围绕这些雄心勃勃的目标，我们在 2010 年取得了重大进展。富国银行已经成为中型企业市场的老大。2010 年，我们的公司银行团队吸引了比任何一年都多的新客户。

2010 年，美国西部的公司银行客户（原富国银行客户）平均持有的富国银行产品数达到 8 个。在美国东部，原美联银行的融合也进入冲刺阶段，客户关系的强大让我们赢得了更多业务。

公司银行客户日均核心存款增长 15%。资产抵押融资和全球金融机构贷款余额也有所增长，商业地产授信额度有所新增。通过我们的"桌面存款服务"，客户在他们的办公室可以直接在线上办理扫描、发送和存款的支票金额业务。该业务在最近 3 年内营业额超过了 1 万亿美元，同时为客户节省了往返银行的时间和费用，累计约达 257 万千米的驾车里程和 34 万升的汽油。换而言之，这对环境也是一大利好。

财务规划和投资

当我们与客户坐在一起，帮助他们管理投资和规划财务未来时，我们都会提醒他们，这不是一次性的服务，就像不能企求看一次医生就可以确保身体健康一样。我们在财富管理、经纪和养老金业务上与客户的关系是建立在提供体贴周到、客观、频繁建议的基础上——了解每个客户的个人目标、风险承受能力和需求，监控进度，帮助他们做出改变和调整。

当客户实现财务成功——不管他们如何定义成功，那富国银行也将实现自己的目标：成为全国最受尊敬的财富管理、经纪和退休服务的提供者。从我们客户手中获得更多业务的机会是巨大的。每100位零售客户中，只有9位与富国银行有经纪业务关系，只有6位与富国银行有个人退休账户合作关系。我们希望所有的投资客户都与富国银行建立往来，我们也希望所有的银行客户都视富国银行为满足他们投资需求的首选。如今，和我们有财富、经纪或退休金业务关系的家庭客户平均持有的富国银行产品数达到9.8个（2010年第一季度为9.67个）。

财富管理。我们以团队的方式为财富管理客户提供服务，并为客户接触那些具有丰富经验的财富管理专家提供便利。我们管理、监管和托管着1980亿美元的资产，其中包括高净值客户的480亿美元存款。客户存款增长势头强劲，达到13%，这是衡量我们获取更多业务能力的关键性指标。依托强劲的投资业绩和持续增长的信托服务，投资管理和信托收入较2009年增长11%。

经纪服务。我们相信，每个客户都应该有一个自己的财务计划。富国银行是美国第三大零售经纪机构，拥有1.52万名提供全面服务的金融顾问和4400名持证银行家。如今，富国银行已经有超过2/3的富裕客户拥有财务计划。2010年，我们客户的资产增长6%，达到1.2万亿美元。托管账户资产增加了380亿美元，达到2350亿美元，增长20%。通过富国银行提供财务顾问而派生出来的贷款总额增长71%，达到72亿美元。

退休服务。据2010年的退休调查显示，继续工作成为美国中产阶级退休后的惯例。这说明，美国人退休后的生活模式正在发生极大的变化。毋庸置疑，退休后的人们比以往任何时候都更需要帮助。于是，我们努力与为退休做计划或准备的客户合作，为企业管理养老金和其他退休计划资产。目前，富国银行管理的客户退休计划资产增长6%，共增加140亿美元，达到2310亿美元，在美国的市场份额上升至3.7%（一年前为3.1%），从而巩固了我们作为个人养老账户服务商全国五强的排名和地位，管理的个人养老账户资产增长10%，增加240亿美元，达到2660亿美元。

当前的困难：为美国工作设立规则

以我30年的职业经验来看，《多德－弗兰克法案》和《消费者保护法案》对金融服务全貌的改变可能会超过其他法案。这两部法案共计2319页（2002年的《萨班斯－奥克斯利法案》是66页），240条规则，对支票账户、借记卡、信用卡、房屋贷款和经纪公司账户都将产生影响。我们在全国范围内支持任何客户保护行为，确保所有金融服务提供者——不仅仅是银行，都应负有相同的高标准的责任，富国银行已经为此坚持了160年，我们的客户期望无外乎如此。我们正在与立法者和监管者合作，确保法案更好地实施。

《多德－弗兰克法案》和其他新规定试图减少银行对一些产品的收费价格。举个例子：要求银行对零售商客户在收银机使用借记卡时减少80%甚至更多的收费，预计此条令将于2011年7月生效。其实，政府做这样的价格管制毫无意义。这扭曲了我们以市场为基础的自由经济体制。接下来是什么？政府将要求汽车经销商把新车限价为5000美元还是让杂货商将一加仑牛奶标价 50 美分吗？银行通过借记卡为客户减少欺诈风险，减少携带现金成本和支票处理成本，为商家创造的价值应该得到公平的补偿，80% 的收费削减后获得的收益，甚至不足以覆盖我们提供该服务的成本。

美国经济增长的关键

要想帮助美国经济恢复增长，有三个重点。第一，创造良好的就业机会；第二，创造良好的就业机会；第三，创造良好的就业机会。负向的房屋净值、低迷的住房价格和抵押贷款止赎不是经济萧条的原因，而是房主丢失就业机会的结果。34 年前，我的第一份工作是银行贷款催收人。回溯过去，当借款人没有按时还款，原因通常是离婚、亲人死亡、大病医疗，但最主要的原因是失业。今天的情况并无不同，只要有足够的能力，每一个美国人都想按时支付自己的账单。

去年，美国经济缓慢复苏，增加了一百万个就业岗位，但这对庞大的失业者队伍来说，仍是杯水车薪。我们竭尽全力告诉信誉良好的企业客户：我们可以提供更多的信贷。我们许多小型企业主和商业客户有足够的现金和资源去重新雇用和扩大生产，但是他们犹豫不定，主要是考虑到立法和监管环境、客户消费习惯、政府债务方面的种种问题和变数。这些问题让小型企业主、企业家、投资者和消费者感到困扰和无助。政府需要和私人企业站在一起，通过严肃财经纪律和促进经济机会来缓解这种不确定性。

目前，富国银行正扩大招聘规模。2010 年年底，我们有 6500 个职位空缺。富国银行想要创建一个受人才欢迎的家园，每个员工都可以在这里构建一个丰富多彩、有挑战性、可以终生相伴、令人满意的职业生涯空间。我们视员工为值得投资的资产，而非必须控制的成本。我们将公司整体薪资的 3% 拿出来用于员工培训，平均每个员工每年接受 36 小时的培训。过去两年里，我们为网点补充了 3000 名专业人才。去年，我们新开了 47 个银行网点，主要集中在原美联银行所在的州。

　　不管在什么时期，任何成功的企业必须在不损害客户服务质量的前提下降低成本和产品的复杂性。这意味着对于一家像富国银行这样大规模的公司来说，工作机会每天都在创建、变化或取消。通过与美联银行的并购，我们增加了 6314 个社区网点，加上其他业务渠道，扩展了全国性服务网络。2010 年，我们关闭了 638 家富国银行的金融商店，因为通过全国性网络我们就可以为这些消费者和商业金融客户提供服务。除了银行网点，我们还有 2200 多家抵押贷款机构，既有独立的抵押贷款商店，也有和其他商业伙伴共同办公的地方。由于"人才是我们竞争的优势"是我们的主要价值观之一，所以，我们也让成千上万受到公司并购决策影响的员工，在新的公司内能寻找自己的工作岗位。我们还把隶属于"富国金融"部分企业和职能部门调整到公司的其他部分。令人自豪的是，在年底前，所有受到影响的员工中，有 3/4 以上（总计 1.12 万）员工，调到了公司的其他岗位或其他部门，这是我们与员工站在一起的例证。

感谢

2011 年 4 月，迪克·麦考密克从董事会退休，他为公司服务了 28 年。他将作为任职最久的一位董事会成员被写入公司的历史。1983 年，迪克加入我们公司的前身——西北银行的董事会，那时我们还是一家仅有 200 亿美元资产、900 多家门店、1.77 万名员工（包括我，时年 29 岁，一年前刚刚成为公司的贷款管理员）的区域性银行。迪克给我们董事会带来了几十年电信行业高层领导的管理经验。在年复一年的工作过程中，我们还受益于他对行业、市场和企业透彻、务实的认识。他丰富的阅历和经验，他的谦逊、正直和友善以及他用充满敬意和礼貌的方式提出尖锐问题的能力，都是我们公司管理能力的最好体现。我们感谢迪克和他的妻子玛丽帕为我们公司所做的一切，希望他们和家人万事如意。

感谢所有的员工与我们的客户站在一起，花时间去理解和满足客户的金融需求，帮助他们制订财务计划，为他们提供随时、随地、随心的服务。感谢他们为了如期完成与美联的并购所展现出来的杰出的执行力。董事会鉴于广大员工的杰出努力，于 2011 年 1 月批准了以 2% 的利润作为所有合格员工奖励的分享计划。我们感谢客户愿意委托给我们更多的业务并反馈给他们期待的下一个金融服务产品。感谢我们的所有支持者，感谢你们 160 年来一如既往的信任。

我们对公司、社区和国家的未来比以往任何时候都更为乐观。我们的每一个决定都符合富国银行的愿景——满足我们所有客户的金融需求和帮助他们获得财务上的成功，以及我们的价值观的指引。我们的价值元素是人、道德、"为客户做正确的事"、多样性和领导力。它们仍然是我们的指南针、路线图和陀螺仪，指引着我们的祖先创建我们的家族，指引着我们的先驱创建我们的社区，指引着我们的员工创建我们的公司。我们不需要 GPS、智能手机、平板电脑去指引道路，不用每天早晨起床时都要问自己路在何方，因为我们的价值观会引导我们。为此，我们认真抉择，而不是冒险一搏。我们只是和客户站在一起，试着去做对他们有利的事，然后继续沿着自 1852 年以来，富国银行的马车行驶的方向，一路向前。

当我们站在一起，我们可以一起茁壮成长、共生共荣！

董事会主席、总裁兼首席执行官　　约翰·斯坦普

我们的业绩

表 6-1　富国银行 2009 ～ 2010 年的业绩

	2010	2009	百分比变动
年度数据			
富国净利润	$12,362	$12,275	1%
富国适用于普通股的净利润	11,632	7,990	46
摊薄后每股收益	2.21	1.75	26
盈利能力比率			
富国净利润对平均总资产的比率（ROA）	1.01%	0.97%	4
盈利能力比率			
富国适用于普通股净利润对富国普通股股东权益的比率（ROE）	10.33	9.89	5
效益比率	59.2	55.3	7
总收入	$85,210	$88,686	（4）
税前拨备前利润	34,754	39,666	（12）
每股股息	0.20	0.49	（59）
发行在外的普通股平均数	5,226.8	4,545.2	15
发行在外的普通股摊薄后平均数	5,263.1	4,562.7	15
日均贷款	$770,601	$822,833	（6）
日均资产	1,226,938	1,262,354	（3）
日均核心存款	772,021	762,461	1
日均零售核心存款	572,881	588,072	（3）
净息差	4.26%	4.28	－
年末数据			
可售证券	$172,654	$172,710	－
贷款	757,267	782,770	（3）
贷款损失准备	23,022	24,516	（6）
商誉	24,770	24,812	－
资产	1,258,128	1,243,646	1
核心存款	798,192	780,737	2
富国股东权益	126,408	111,786	13
总股权	127,889	114,359	12
一级资本（核心资本）	109,353	93,795	17
总资本	147,142	134,397	9
资本比率			
总股本对资产比率	10.16%	9.20%	10
风险性资本			
一级资本比率	11.16	9.25	21

续表

	2010	2009	百分比变动
总资本比率	15.01	13.26	13
一级杠杆比率	9.19	7.87	17
一级普通股比率	8.30	6.46	28
每股账面价值	$22.49	$20.03	12
职员人数（在岗、全时）	272,200	267,300	2

（除了每股账面价值、职员人数和比率外，均为百万美元，括号内数字为负值）

注：
1. 效益比率是非利息支出除以总收入（净利息收入和非利息收入）。
2. 税前拨备前利润（PTPP）是在较少非息支出条件下的总收入。管理层相信这项指标是一个有用的财务测算工具，因为它可以让投资者和其他评估公司通过一个信贷循环产生资本以覆盖信贷损失的能力。
3. 核心存款是无息存款、附息支票、储蓄单、一定市场利率、其他储蓄以及一定的外汇存款（欧元现金管理账户余额）。
4. 零售核心存款是总核心存款减掉批发银行核心存款和零售按揭托管的存款。

注释

① "摊薄" 包含了股票期权和能转化为股票的其他证券。2009 年每股收益的下降是因为政府 "问题资产处理计划" 250 亿美元优先股赎回时支付了 14.4 亿美元的股息和红利。
② 总收入减去非利息费用。这是衡量信贷周期中资本生成覆盖信贷损失能力的重要标准。

2012 年

"富国银行所践行的愿景与价值观，是与信任、个人责任、共同工作、勇于认错、坚持为客户做正确的事等信条联系在一起的。"

2012 年：新的机遇，不变的愿景

驱使我们每天清晨醒来的动力，是为了帮助客户实现财务成功，并满足他们所有的金融需求。富国银行之所以能维持盈利，是我们能专注于客户服务，而不是别的什么原因。对富国银行来说，这个久经考验的愿景高于一切。我们不会本末倒置，也不会把马车放在马的前面。

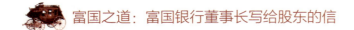

致我们的所有者：

在我看来，富国银行 27 万多名优秀员工，是行业里最优秀的团队。他们齐心协力地服务客户，这一盛况前所未有。长期以来，富国银行的愿景始终不变：满足所有客户的金融需求，帮助他们取得财务成功。我们也始终按照富国银行奉行的价值观行事：尊敬并支持我们的客户，努力遵照最高的道德标准，为客户做正确的事，通过不断学习，保持企业的多样性和奋勇争先的能力。

不俗的业绩

2011 年，我们取得了不俗的业绩。富国银行的净利润较上年增长 28%，达到 159 亿美元，连续三年创造纪录。摊薄后每股收益较上年增长 28%，达到 2.82 美元。存款总额较上年增长 9%，达到 9201 亿美元。贷款额较上年增长 2%，达到 7696 亿美元。多项业务都录得两位数的收益增长。作为业绩的反映，我们在市场上赢得了较高价值的回报。在全美银行业中，以资产排名来看，我们还只是第四，但我们公司的市值已经跃居第一。

在获得卓越业绩的同时，我们还运作了美国历史上最大、最复杂的银行兼并。2009 年年初，我们开始与美联银行的并购工作，到 2012 年第一季度前，我们按计划在预算约束下完成全部流程。原富国银行和原美联银行 6200 多个零售银行网点现在都处于同一系统中运行，客户可以随时、随地、随心办理银行业务。从美国的东海岸到西海岸，不管客户走到哪里，富国银行都是他们的家园。

在我们久经考验的愿景和价值观指引下，我们比以前有更多机会来服务客户和社区，推动美国经济的繁荣昌盛。我们幸运地拥有美国数量最庞大的金融服务网点。与同行相比，我们入驻的社区更多，拥有的客户更多，也更贴近客户。目前，每三个美国家庭当中，就有一个正在接受我们的服务；每四笔家庭抵押贷款中，就有一笔由我们发放。我们在美国小型企业放贷中排名第一，在中型企业商业放贷中排名第一。在家庭贷款、汽车贷款、学生贷款和经营性贷款方面，富国银行不是第一，就是第二。

押注美国

如今，每 500 个有工作的成年美国人中，就有一个受雇于富国银行，这使我们成为美国第十二大型企业雇主。在你身边，也许就有你认识的某个富国银行职员，或某个认识富国银行员工的人。富国银行的团队中，不同人种和不同宗教信仰的人群占 37%，略高于美国总人口中的同类比例（36%）。多样性的团队构成，使我们能更好地理解和响应客户、社区的金融需求。

虽然富国银行的业务遍及全球，但在我们心里，富国银行始终是一家美国本土企业。与其他大银行不同，我们 97% 的资产和 98% 的员工都源于美国。我们的根在美国，美国金融市场也是富国银行仰赖至今的沃土。从 1852 年至今，我们就一直把赌注押在美国身上。从那时起，富国银行就信赖这个决定，现在的我们更是如此。我们对包括富国银行团队在内的美国人民与生俱来的创造性、智慧、职业道德和"我能行（I can do it）"的态度充满信心。我们关注即将面对的巨大机会，努力把握并推动客户、社区

和国家向前发展。

我们专注于为股东提供可持续的财务增值。2011 年，我们给股东创造了更多的资本回报，普通股每股季度分红增长 140%，全年达到 48 美分。与此同时，我们还重新回购股票。

赢得信赖

在美国经济复苏仍然缓慢，全年的增长结果很难令人满意的局势下，尽管就业市场略有好转，但工作岗位依然稀缺，数以百万计的美国人仍然在失业和低水平就业中挣扎。这致使一手住宅销售下滑，并伴随着历史最低利率和消费品低价的出现。总体来看，房产市场的萧条拖累了整个经济的发展。

客户减少支出，包括按揭、信用卡和汽车贷款在内的债务支付下降，这是消费者控制财务状况的理性行为，但减少消费无助于经济复苏。年底的信贷平衡和消费开始呈现上行趋势，但每个月的差额通常都要全数支付。不光是个人客户，企业也面临着巨大的挑战。对小型企业主季度调查的结果显示，小型企业主深度关注经济和信贷前景，同时关注悬而未决的监管改革，以及与他们最直接相关的销售效果和运营成本。

缓慢而不稳定的经济复苏，加上就业机会的缺乏，让许多美国人感到失落，他们对很多大公司和机构失去信任。正因为我们理解他们的失落，所以富国银行每天都在聆听客户的心声，并竭尽所能帮助他们解决金融问题。我们正在为全国的社区贡献力量，并积极帮助居民从当地的困境中解脱出来。除此之外，我们还在华盛顿与监管层讨论已经提交的金融服务产业改革建议。因为我们想参与到经过深思熟虑的变革中去，和政府一起为客户、企业做正确的事情。

我们没有将客户的信赖视为理所当然。我们必须每天保持和客户的沟通并替客户把事情办好，这样才能赢得他们的信赖。以下是我们的努力方向。

帮助我们的按揭客户

首先，在对美国人的重要性、财务安全的关联性上，任何一项金融产品都比不上家庭按揭贷款。别的金融服务公司在意识到这一业务的高成本和高风险后纷纷退却，富国银行却不是这样。因为 2/3 的美国人办有按揭业务，他们大多为住宅做按揭。我们出现在按揭市场，不仅是为满足客户的按揭需求，也为满足他们所有与按揭相关的金融需求。我们相信，富国银行有合适的金融产品提供给按揭客户，有合适的承保条款以确保他们的贷款不会产生问题。由此，富国银行可以保证 92% 的按揭客户能正常支付还款，仅有不足 2% 的业主自住房屋按揭客户因贷款逾期丧失了抵押品赎回权利。

我们正在采取积极而有效的措施，帮助客户避免丧失抵押品赎回权。从 2009 年年初到 2011 年年末，我们做了以下几件事情：

• 完成了超过 72.8 万项有效审查或按揭修改，相当于每天 665 项、每小时 28 项的工作量，来帮助陷入窘迫境地的业主保住他们的房子；

• 帮助超过 520 万个房屋业主取得低息贷款，购买房子或为按揭进行再融资；

• 提供超过 41 亿美元资金用于按揭贷款的本金减值。如果对于消费者

和企业来说，这是最佳解决方案，那富国银行就做减值处理。

仅在 2011 年，我们就举办了 33 场"保房"专题研讨会。在会上，我们和来自全国各地的几千名按揭客户面对面交流，现场为客户提供了救济。尽管我们不能帮助每一位拖欠贷款的按揭客户，但我们仍为取得进步感到骄傲，期望帮助更多的客户。

帮助小型企业成长

其次，小型企业被视为美国就业增长的引擎，因此备受瞩目。作为全国领先的小型企业贷款银行，我们一直在增加对小型企业的放款，为值得信赖的借款人审批贷款。2011 年，富国银行对小型企业新增授信额度达到 139 亿美元，较上年增长 8%，连续三年成为美国小型企业管理局①排行第一的美元放贷者。

富国银行的五大战略重点

无论何时、何地、何种方式，只要客户需要，就为客户提供服务，帮助客户实现财务成功，这是富国银行一切工作的根本所在。我们的成功源于对这些原则的遵守，依赖于对以下五大战略重点的专注执行。这五大战略重点包括：

• 客户至上；

- 增加收入；

- 减少开支；

- 践行富国银行的愿景与价值观；

- 联结社区与股东。

1. 客户至上

"在我们所做的一切事情当中，客户觉得是对的，才是有价值的。"

——摘自《富国银行的愿景和价值观》

客户利益高于一切，我们致力帮助他们取得财务成功。他们成功了，我们才会成功。我们永远不把马车置于马的前面。

比如，美联银行融入富国银行的过程。大多数公司兼并时，做的第一件事常常是急匆匆地更换标识和员工名片，但我们不这样做。我们花了三年时间将美联银行与富国银行融为一体，确保我们的兼并对客户来说是对的，这点很重要。在那三年中，我们花费了 49 万个小时培训 3.5 万名零售银行员工，致力帮助客户更顺畅自然地适应这种转变。我们对员工的指导原则一以贯之：客户总是处在我们所做一切事情及一切决定的中心。

当你考虑到富国银行现有的体量和规模时，这个原则就显得尤其重要。仅在社区银行，我们一年接触的人和企业至少有 50 亿次。任何一次与客户的交往都是相当重要的。因为这给了我们一年数 10 亿次机会去充当客户的"英雄"，将客户需求置于第一位，确保我们做正确的事情。富国银行不可能永远完美，在一年数 10 亿次的接触中，也没有哪家公司能做到完美无瑕。

然而，聪明的公司懂得从错误中学习。在一个错误出现后，我们能及时承认错误，为所犯错误真诚致歉，并迅速改正，努力确保不会再出现类似问题。

今天，我们有 7/10 的支票账户是在线账户。我们正在想方设法使在线体验更佳。今年我们发布了一个叫作"富国协助"的新网站，帮助面临财务困难而出现支付延期的客户。在过去一年，我们期望有超过 10 万客户访问这个网址。在那里，客户能够找到为他们服务的产品专家，不再需要访问不同的富国银行网址，私密又便利。"富国协助"网站的组织就是要反映客户是如何看待我们的服务的，正如"同一个富国"提供许多金融服务和产品那样：按揭贷款、房屋净值贷款、信用卡、学生贷款、个人贷款、信用证。"富国协助"能帮助客户快速而谨慎地处理贷款逾期账户，也减少了我们的贷款催收工作量。

同时，我们会把企业客户的全球需求置于首位。去年，我们在世界活力之都——上海设立了分支机构。这家分支机构将发挥重要作用，支持越来越多的富国银行客户到中国开展业务，也支持越来越多的中国公司到美国发展业务。这只是我们继续发展国际业务、拓展产品和服务范围，以更好地服务客户的途径之一。

2. 增加收入

"我们不能控制经济、利率、市场以及世界事务。我们专注于我们所能控制的，专注于长期来说能够持续发展的：我们的核心业绩，我们的收入增长。"

——摘自《富国银行的愿景和价值观》

当我们将客户放在首位并帮助他们取得财务成功时，就强化了我们与客户之间的关系，提高了客户忠诚度，赢得了客户信赖。只有这样，客户才会带给我们更多的生意，才能让我们为员工创造更多的机会，让我们能赚得更多的钱以支撑企业的运作，富国银行的利润和股东回报也随之得到增长。

2011 年，富国银行一级普通股权益增长 17%，达到 138 亿美元。在美国资产规模最大的四家银行中，富国银行是增长最快、增幅最大的一家。

我们在包括社区银行、财富管理、经纪业务和退休金管理、消费信贷和批发银行（含商业银行）等诸多业务领域内都实现了营业收入增长。尽管如此，受制于偏低的利率水平、变化的监管规则和不景气的经济，2011 年，我们的总收入下降了。只要我们坚守愿景，通过自身有机增长，以及对新客户的有序吸收，我们对未来的营业收入增长仍充满信心。

在存量客户开发方面，富国银行还蕴藏着巨大潜力。2011 年，富国银行零售业务的交叉销售达到平均每个零售客户持有 5.92 个产品的新纪录，较 2010 年第四季度的 5.7 个有了进一步提升。在西部市场，这一数据是 6.29 个，东部为 5.43 个，而最高地区达到 7.38 个。毫无疑问，我们还有巨大的交叉销售空间和机会，即使我们对每位零售客户交叉销售的产品达到 8 个，依然有增长的空间。我们相信，一般的美国家庭至少要用到 14～16 种不同的金融产品。

在公司银行业务方面，我们一边和老客户加强关系，一边和新客户发展关系。2011 年，这个重要部门的贷款增长了 8%。连续 17 个月，公司银行业务都保持增长趋势。

2011 年，我们还买入了风险较低、回报较高的商业证券组合，包括约

40 亿美元的美国商业房地产贷款，还进行了一系列收购以扩展我们的产品线。我们和中型企业、大型企业、政府和世界范围内的各类机构有超过 2.8 万个业务关系，为它们提供财富管理、投资银行以及跨国金融等领域的服务。

我们在财富管理、经纪业务和退休金管理部门看到了巨大的成长机会。在我们的家庭客户中，仅有 1/10 和富国银行有投资关系，而他们拥有的可投资资产近 2 万亿美元之多。这意味着，这些客户中只要有 5% 的客户购买交叉销售的产品，我们就能产生 6 亿美元的年收入。富国银行有超过 1.5 万名财务顾问在为这些客户工作，他们渴望赢得客户的所有业务。如果你是一位富国银行的客户，有可投资的资产，我们期待能马上和你交谈。

收入的增加也源于富国银行团队的精诚服务，帮助客户成功。在亚利桑那州的斯科特斯戴尔，我们的财务顾问和私人银行家协助一位客户开了一张 100 万美元的信用卡，以满足他的企业短期资金需求。客户对整个服务过程感到非常满意，之后又开了两个其他业务的账户。当他决定扩大业务时，同一个团队协助他办理了 350 万美元的贷款。当我们让客户感到愉快并且帮助他们获得财务成功时，了不起的事情就发生了。

无独有偶，在圣弗朗西斯科的密逊地区，有许多低收入的移民妇女在大街上售卖家常食品以贴补家用。为了帮助这些妇女扩大生意，一个叫作"拉科西纳厨房"的非营利企业孵化器在 2005 年成立。富国银行提供了一项 50 万美元的约当权益贷款（即 EQ2 项目贷款，低于市场利率），使其得以启动。在"拉科西纳厨房"成长起来后，我们帮助其办理了另一项 50 万美元的贷款，之后又增加了 30 万美元贷款。"拉科西纳厨房"现在被认为是推动低收入和移民妇女创业并使其能纳入正式经济体系的一种国家模式。它由几个妇女持股的企业组成，产生了 200 万美元的年收入，为社区创造了就业机会。

3. 减少开支

> "我们正在把成本管理锻造成为竞争优势，就像我们的员工、交叉销售、我们坚实的资金头寸、我们强有力的资产负债表以及信贷纪律。"
>
> ——摘自《富国银行的愿景和价值观》

我们使命光荣，责任重大。运用股东资本，使其达至最大效率，取得最佳效果，只有这样我们才能够给股东带来稳定的长期回报。这意味着我们要把成本控制好，不能为了削减成本而削减成本，而应确保我们所做的一切事情都尽可能地简单高效。我们只能把钱花在对客户真正有利的事情以及能帮助企业增加收入的事情上。富国银行不仅要把事情做正确，还要去做正确的事情，我们需要削减成本，但不能偷工减料、投机取巧。

在覆盖全公司范围的新成本预算中，我们始终希望通过简化流程和取消不必要的开支提高成本优势和反应速度。此项工作正在两条阵线上推进着。

第一，我们正在识别跨公司的机会，移除子公司之间沟通的复杂性，然后更多地从全局视野看待我们的工作价值。

第二，每一个单项业务部门都要认真审视自身是怎样工作的。例如，我们已经识别出技术、人力资源和市场营销的职能分别在不同领域带来的低效和不便，所以我们把这些部门归在一起以便更有效率地服务整个公司。为了更好地服务客户，我们把两个相互分割的汽车金融部门合并了起来。我们简化了财富管理的区域架构，从 12 个区域减为 7 个区域运作。2011 年，我们的业务部门缩减了高达 29% 的高成本地区的临时性资源和承包商。

减少开支还能帮助我们达到其他目标。在与美联银行兼并的融合过程中，我们将许多零售银行的招牌更换为能耗更低的"绿色"标识，为公司和股东节省了一大笔钱。从东海岸到西海岸，我们安装了 7000 个 LED 标识，能源消耗和维护成本预计能省下 150 万美元。

作为目前新成本预算的一部分，我们计划在 2012 年第四季度将季度非利息支出减少到 110 亿美元。这意味着，从 2011 年第二季度开始，我们需要减少的季度非利息支出为 15 亿美元，减幅为 12%。我们正在通向目标的正确道路上。

4. 践行富国银行的愿景和价值观

"我们的成功之道：同一个愿景。共享、践行价值观，正确理解且行之有效的企业文化，经历时间考验的商业模式……最重要的是优秀的人才。"

——摘自《富国银行的愿景和价值观》

富国银行所践行的愿景与价值观，是与信任、个体责任、共同工作、勇于认错、坚持为客户做正确的事等信条联系在一起的。不管你是柜员、客户经理、程序员，还是高层领导，只要你加入了富国，就必须践行我们的价值观。

富国银行重视员工、客户与社区的多样性，并从中学习如何尊重与保持这种多样性。在业务实践中，我们鼓励多样性，从而促进一种包容并尊重差异氛围的形成。这给我们提供了多样化的视角，用以响应员工、客户和社区的需求。在富国银行，已经有约 2.8 万名员工，较去年增加了 33%，参与了九人互助小组。这是根据公司多个客户部门及业务策略进行的组团。我们致力践行富国银行的多样性，让富国银行代表不同群体的特点和利益。我很荣幸地担任公司多样性委员会主席，为我们的进步承担责任。

我们制作了《富国银行的愿景和价值观》小册子，所有员工人手一册，它是最鲜活的企业文化读本。我们鼓励所有的职员和领导把这本小册子作为日常工作的指引。在客户服务、团队合作、社区服务、回报股东等方面，它都是我们行动的金科玉律。您可以在富国银行网站 wellsfargo.com 上"关于富国"部分读到我们的愿景与价值，您可以仔细查阅我们目前做得怎样。您也可以在 2012 年 2 月 13 日发行的《福布斯》杂志上了解到愿景与价值在富国银行扮演的重要作用（在福布斯网站 forbes.com 2012 年 1 月 25 日版可以搜索到），文章标题是"富国银行是怎样炼成的"。

5. 联结社区和股东

"我们的责任不仅是保护客户资产，我们还担负着推动经济长期繁荣、改善每一位国民生活质量的责任。我们的成功取决于他们的成功。"

——摘自《富国银行的愿景和价值观》

160 年来，富国银行一直在为客户生活与工作的社区做贡献。在这些社区，我们的团队知道怎样做到与众不同。他们密切联系客户，记住客户的名字；他们知道如何帮助客户获得财务成功，并且在他们生活困难时给予帮助。2011 年夏天，巴斯乔普（人口：7200 人）是干旱、酷热，以及森林火灾严重肆虐的社区之一。当地的 12 个富国银行职员中，就有 10 个不得不离开沙地中的家，到庇护所、教堂居住或者和朋友、家人住在一起。尽管如此，他们仍然坚持来上班，以便服务客户。当我们从社区外部调派银行员工去提供支援时，他们说："我们了解客户，他们不仅是客户，还是我们的朋友和邻居，我们不想离开。"我相信，在我们业务辐射到的每一个社区，能在我们的团队中找到类似奉献的例子。

由于 2012 年的收益再创新高，富国银行得以在捐赠非营利组织和义工志愿服务方面有非凡表现。富国银行向 2.5 万个非营利组织捐献了 2.135 亿美元，《财富》杂志将我们列为美国企业 500 强中捐款的第 23 名，《慈善》杂志则将富国银行列为公司捐款第三名。我们的职员创造了一项公司纪录，合计捐赠了 6390 万美元给遍布全国的非营利组织，其中 4160 万美元经由我们的年度社区支持运动捐出，较上年增长 16%。虽然我们仅是全美第十二大型企业雇主，但我们的认捐金额已连续第九年实现两位数增长。2010 年，富国银行第二次被全球联合劝募协会认定为全美捐款第一名，我们的员工也创造了志愿服务的公司纪录，在社会事务的义务工时上的投入从 2010 年的 130 万小时增加到 2011 年的 150 万小时。这些突出成就从何而来？我们遵循了在富国银行 160 年历史上行之有效的准则：当地人决定当地事，因为他们最了解自己的社区。

我们支持了许多地方的环保活动，并对此非常自豪。鉴于我们对贯彻环境责任的建筑设计、建造与运作方面的贡献，美国绿色建筑理事会颁予富国银行 2011 年"先导奖"。我们在客户服务上也取得了具有里程碑意义的进步：所有从自动柜员机（ATMs）存入的存款现在都是不带封套的，在节省纸张和运输成本的同时，为客户提供了便利。我们的员工也积极参与其中。

我们有 65 个"绿色"团队，较上年增长 30%。这些志愿者帮助富国银行在工作场所和社区保护资源、减少浪费，最终提高环保意识。

我们正采取相关援助措施，帮助在经济危机中受到沉重打击的社区客户恢复元气。2011 年，富国银行捐资 1880 万美元用于处理拍卖不掉的抵押资产，捐资 2320 万美元用于组织建造和改造居民保障房屋。富国银行房屋基金动员了超过 9800 名志愿者，投入超过 7 万个小时，在中低收入社区建造或翻新超过 550 个家庭住宅。

富国银行还以缴税的方式支持社区和经济。过去 10 年，富国银行和美联银行一共向联邦和州政府缴纳了超过 330 亿美元的公司所得税，在 2011 年，我们就缴纳了近 40 亿美元。同年，公司还分担了与就业相关的税、财产税和其他税合计超过 20 亿美元。与其他纳税公司和个人一样，公司基于课税收入的缴税额每年都有所变动。过去三年，富国银行课税收入受到经济下行和兼并重组的严重影响。富国银行一直以自己的企业公民身份为荣，以担负联邦、州和当地责任为荣，竭尽全力为客户所在社区提供支持。

新的董事会成员

今年我们欢迎两位新董事：赵小兰和费德里奥·潘纳。赵女士是美国前劳工部长，是总统内阁成员中的首位亚裔美籍女性，2011 年 7 月 1 日有效当选。她任职董事会财务与公司责任委员会。

费德里奥·潘纳是维斯塔尔资本合伙人公司高级顾问，是美国前运输部长和能源部长，2011 年 11 月 1 日有效当选。他任职董事会审计与检查委

员会，他的当选使董事增至 16 席。

小兰和费德里奥带来了他们杰出职业生涯的丰富经验，我们欢迎他们，以更好地满足我们的客户、社区和股东的需求。

机遇空前，愿景光明

在完成与美联银行的并购后，公司规模和业务范围都空前扩大，为客户、社区和国家提供服务的能力也获得了前所未有的提升。我们在产品服务、营收增长、盈利能力和股东回报上的机会非常巨大。富国银行之所以能一如既往地抓住这些机会，主要依赖于我们对企业愿景与价值观的践行。正是这一力量，使我们能持续地创新和投资，帮助客户取得财务成功。我们前景光明，我们充满信心，我们豪情满怀！每一天早晨，我们都迫不及待地想跳上"马车"②前往公司上班，为客户服务。

我们感谢所有的利益相关者，包括员工、客户、社区和股东，感谢他们对富国银行的信赖。由于诸位对富国银行的厚望，我们更要去聆听、引导、服务和创新。

直面挑战，使命光荣！

董事会主席、总裁兼首席执行官　约翰·斯坦普

我们的业绩

表 7-1 富国银行 2010 ～ 2011 年的业绩

	2011	2010	百分比变动
年度数据			
富国银行净利润	$15,869	$12,362	28%
富国银行适用于普通股的净利润	15,025	11,632	29
摊薄后每股收益	2.82	2.21	28
盈利能力比率			
富国银行净利润对平均总资产的比率（ROA）	1.25%	1.01%	24
富国银行适用于普通股净利润对富国银行普通股股东权益的比率（ROE）	11.93	10.33	15
效益比率	61.0	59.2	3
总收入	$80,948	$85,210	（5）
税前拨备前利润	31,555	34,754	（9）
每股股息	0.48	0.20	140
发行在外的普通股平均数	5,278.1	5,226.8	1
发行在外的普通股摊薄后平均数	5,323.4	5,263.1	1
平均贷款	$757,144	$770,601	（2）
平均资产	1,270,265	1,226,938	4
平均核心存款	826,735	772,021	7
平均零售核心存款	595,851	572,881	4
净息差	3.94%	4.26%	（8）
年末数据			
可出售证券	$222,613	$172,654	29
贷款	769,631	757,267	2
贷款损失准备	19,372	23,022	（16）
商誉	25,115	24,770	1
资产	1,313,867	1,258,128	4
核心存款	872,629	798,192	9
富国银行股东权益	140,241	126,408	11
总股权	141,687	127,993	11
一级资本（核心资本）	118,952	109,353	4
总资本	148,469	147,142	1

续表

	2011	2010	百分比变动
资本比率			
总股本对资产比率	10.78%	10.16%	6
风险性资本			
一级资本比率	11.33	11.16	2
一级杠杆比率	9.03	9.19	（2）
一级普通股比率	9.46	8.30	14
每股账面价值	$24.64	$22.49	10
职员人数（在岗、全时）	264,200	272,200	（3）

（除了每股账面价值、职员人数和比率外，均为百万美元，括号内数字为负值）

注：
1. 效益比率是非利息支出除以总收入（净利息收入和非利息收入）。
2. 税前拨备前利润（PTPP）是在较少非息支出条件下的总收入。管理层相信这项指标是一个有用的财务测算工具，因为它可以让投资者和其他评估公司通过一个信贷循环产生资本以覆盖信贷损失的能力。
3. 核心存款是无息存款、附息支票、储蓄单、一定市场利率、其他储蓄以及一定的外汇存款（欧元现金管理账户余额）。
4. 零售核心存款是总核心存款减掉批发银行核心存款和零售按揭托管的存款。

注释

①Small Business Administration，简称SBA，于1958年被美国国会确定为"永久性联邦机构"。作为美国联邦政府专门设立的向中小型企业提供资金支持、技术援助、政府采购、紧急救助、市场开拓（特别是国际市场）等全方位、专业化服务的机构，其总部设在华盛顿，在美国十大城市设有分局，分局下设100多个地方机构。该局为中小型企业贷款融资提供一定的信用担保。
②富国银行前身是一家以马车运输为主的快递公司，在富国银行的文稿中多次出现"马车"比喻，显示了富国银行的文化传承。

2013 年

"在富国银行，我们相信集体的力量，这是关于我们自己和我们所有的，而不是任何个体和任何个体所有的。富国银行把成功定义为团队的成功，而非个人的成功。"

2013 年：在富国银行，每一次沟通都是重要的

　　银行家艾比·沃德和明尼苏达州圣保罗市一家小型企业——金色收获食品商店老板舒熊的一场对话，最终转变成了富国银行的一次融资支持，帮助舒熊对他的商店进行重新设计和装修。

　　与客户的对话是一个开端，因为它们往往会带来更多的东西，一个更深层次的关系、一个伟大的主意、一个解决问题的方法，这些东西往往就在我们与客户建立关系的过程中发生。沃德向舒熊推荐了财务管理和设备融资服务，满足了他的需求。

　　这样的关系是富国银行的工作主题，因为它帮助我们的客户获得了财务上的成功。

　　今天，富国银行不仅为美国 1/3 的家庭提供金融服务，还为个人和企业提供各种金融服务。通过散布于全国的 9097 个商店，我们与客户做深入交流。如今，富国银行的资产在美国银行业中排名第四，我们之所以能走到这一步，是我们始终相信人际关系的重要性。

　　这一切都源于最简单的沟通。

致我们的所有者：

每天早晨，富国银行员工的工作都从沟通开始，我们讨论如何为客户提供最好的服务，帮助他们在财务上获得成功。

在富国银行，类似这样的沟通文化已经传承超过 160 年。可以这样说，沟通是富国银行成功的基石。今天，美国 1/3 的家庭接受我们的服务，每 500 名就业人口中就有 1 名是富国银行的员工。光是我们的社区银行，每年就要处理 55 亿笔业务，这使得我们每分钟都有 1 万次机会成为客户的"英雄"。

2012 年，通过关注客户需求，提供优质服务，富国银行携手利益相关者又一次刷新了业绩纪录。

2012 年，持续的财务成功

2012 年，富国银行实现净利润 189 亿美元，较 2011 年增长 19%，我们的利润连续 4 年再创新高，这充分体现了富国银行多元化商业模式的优势。不管经营形势多么严峻，我们始终关注收入增长、成本控制和风险管理，它们给我们带来了丰厚回报。尽管经济复苏的道路并不平坦，偏低利率水平也在不断挤压利润空间，但富国银行的核心存款和核心贷款再上新台阶，收入水平不断提高。我们的主要业务板块收入增长再创新高：社区银行业务增长 15%，批发银行业务增长 11%，经纪业务和企业年金业务增长 4%。

2012 年，富国银行在小型企业贷款、房产抵押贷款、汽车贷款与助学贷款等对客户生活和经济活力意义重大的领域表现卓越。通过全国最广泛的网点体系、约 1.2 万台 ATM、24 小时客户热线和行业领先的网上银行、移动银行，我们为客户的金融资产提供安全、理想的管理场所，同时为他们提供高效便捷的服务。

重要的是，我们成功地实施了交叉销售的经营策略，在巩固客户关系上发挥了行业领头羊的作用。成功的道理很简单：我们越了解客户，就越能提供他们想要的产品和服务。2012 年，每位客户持有富国银行的产品数量再创新高，截至 2012 年第四季度，平均每位零售客户持有 6 个以上的富国银行产品，每位公司银行业务客户持有接近 7 个，接受财富管理、经纪人和养老金服务的客户所持有的富国银行产品数则超过 10 个。

存款和贷款的增长表现同样不俗。自 2008 年与美联银行的并购算起，富国银行的存款增长 2210 亿美元，核心贷款增长 310 亿美元。平心而论，没有比这更能证明客户对富国银行的信任，更能证明富国银行的成长是多么独一无二。

2012 年，富国银行继续为股东创造价值。我们的资产回报率达到 1.41%，资本回报率达到 12.95%，全年的每股收益增长至 19%。2012 年，我们向股东回报了更多的股本，例行季度分红增长 83%，达到每股 0.22 美元，此外还回购了 1.19 亿股普通股票。2013 年 1 月 22 日，我们将分红比例提高到 14%，达到每股 0.25 美元。2012 年，我们的资本市值（富国银行的股票价格乘以已发行股数量）达到 1800 亿美元，在行业中处于领军地位。

富国银行的全年收入结构中，利息收入和非利息收入配比均衡。这个均衡结构体现了我们商业模式的核心优势，确保富国银行在不断变化的利率环境中持续发展。2012 年，富国银行的净利息收入增长 4.67 亿美元，达到 432 亿元，增长比率达到 1%。这个成绩的取得来之不易，因为低利率给我们的利

润造成了压力，我们只能在巨额存款的基础上向客户推介更多的产品和服务。

同时，我们信贷损失为90亿美元，较2011年的113亿美元减少了23亿美元，损失率下降20%。

我们的资本充足率也在提高。2012年，富国银行核心资本达到1091亿美元，较上年的951亿美元增长了15%，根据巴塞尔协议的要求，富国银行的资本充足率达到10.12%即可。

推动经济转型

历经了去年"从餐桌到会议桌"的多轮讨论之后，我们听到了经济好转的消息。同时，我们也注意到，对国家经济的诸多担忧和疑虑仍然影响着普通客户的行为。低利率的确给许多家庭的财务收支平衡提供了空前利好，美国经济的发展也呈现出一些亮点（比如说能源业）。但整体上，客户仍然对不温不火的经济复苏、政治僵局、预算压力和加税的利空消息持谨慎态度。所以，虽然我们对2013年的经济发展持乐观态度，但经历2012年的动荡后，我们还不敢掉以轻心。

支持小型企业

没有什么比对小型企业的扶持更能体现出富国银行的社会责任感了！2012年，富国银行向美国小型企业（小型企业的认定标准首要一条是收入少于 2000 万美元）增加了 160 亿美元的授信额度，较 2011 年增长 30%。这个增长反映了我们继续成为小型企业管理局专项贷款领导者的决心。2012年，富国银行连续第四年领跑小型企业管理局专项贷款，贷款金额达到 12.4 亿美元。

2012 年，虽然批准利率有所提高，但实际应用利率仍处于低位，这在经济复苏阶段是常见现象。我们仍在努力为中小型企业主服务，不管这些企业主是在波涛汹涌的经济中淡然处之的商海老手，还是初出茅庐的准备冒险一搏的青年新锐。2012年，我们的中小型企业支票账户较去年同期净增3.7%，业务直接贷款单位则主要致力满足年销售额不足 200 万美元的小型企业的信贷需求，通过提供包括信用卡、信用证和贷款产品在内的"解决方案"，我们在小型企业业务领域获得超过 50% 的增长。

支持房地产业复苏

在房地产贷款方面，我们早期的反弹预期得到了印证。我们一直相信，一套自己的房子，是所有客户的感情寄托；买一套房子，也是许多客户准备做出或者已经做出的最重要的财务决策。所以在 2012 年，富国银行对房地产贷款都持乐观态度。同时，在经济复苏的迹象尚不明显，很多银行从房产市场抽身而出的时候，我们大举挺进。由此，我们为将近 1/3 的美国家庭办理了房产抵押，向 1/6 的家庭发放了贷款。

为什么我们如此看好房地产？因为我们看到，整个美国的房产库存和价格都在改善。我们也知道，最优质的贷款是应在经济衰退之后发放，而不是在此之前，最佳的入市时机则是客户资产负债情况改善后，重新进入市场之时。2012 年，我们信心满满地办理了 200 万笔房产抵押，以 5000 亿美元总额的贷款帮助客户购买房产或拿到低利率融资。

我们看到，抵押贷款业务仍然有巨大的增长空间，抵押贷款再融资的方式，仍是数以百万计的客户通过卖掉旧房子去换新房子的主要途径。这对整个经济都是利好，因为从近些年的经验来看，房地产都是每次经济复苏的重要推动因素。

从 2009 ～ 2012 年，富国银行推动房地产复苏的举措有：

• 为 470 多万房产抵押进行再融资，大都执行史上最低利率，累计发放 280 万笔贷款支持客户购房；

• 受理 84.1 万笔诉讼和调整抵押贷款政策，采用适用的贷款条款，给客户提供第二次机会，帮助他们妥善应对丧失抵押赎回权的问题；

• 为客户减免 60 亿美元的贷款本金，包括那些能够按期还款的客户；

• 主持或者参与了 1100 个"保家"行动和研讨会，与超过 4 万名按揭客户进行面对面的交流。

富国银行的五大战略重点

富国银行经受了 2008 年经济危机的洗礼，跻身为一家更强大的公司。通过与美联银行的并购，我们获得更丰富的地理优势、更多元的收入渠道、更庞大的客户服务团队，这些都提升了富国银行的品牌价值。作为一家新合并的联合公司，我们平稳地度过了 2008 年的金融风暴，并开始制订更为长远的管理战略。我们在机会最大的领域扩大投资，但如果这个机会有悖于帮助客户获得财务成功的愿景，我们就会舍弃这个机会，并且提醒同事统一行动的步调。同时，我们会积极正确地引导员工、客户和投资者与富国银行的长远利益保持一致。

如今，来自原富国银行和原美联银行的两个团队，已经真正融合成"同一个富国"团队，对客户的服务承诺有了一致的认识。我们对客户服务好，自然就能赚到钱。这就是我们"从不把马车放到马前面"的原因。

和去年一样，富国银行在 2013 年继续关注以下五大战略重点：

- 客户至上；
- 增加收入；
- 减少支出；
- 践行富国银行的愿景和价值观；
- 联结社区和利益相关者。

1. 客户至上

许多公司都说要把客户放在首位，实际上做起来却是另外一回事。虽然很多事情我们都无法控制，但我们还是能够控制每天怎么样为客户提供服务。这是我们永恒的焦点。

首先，关注一下客户在银行行为习惯的转变。2012 年，2300 多万名客户使用在线服务并和我们保持高频互动，其中有 9 万多名是移动端客户。即便科技给客户带来了诸多便利，绝大多数的客户还是要到钢筋水泥建成的物理网点，才能与我们进行面对面的交流，从而开立银行账户，建立银行关系。这就是为什么我们要去投资建设这样一个广泛的网点体系，确保居民集中区和小型企业园区中，平均每隔 2.5 千米就能找到富国银行的物理网点或 ATM 机具。

我们也准备为手机、平板电脑和计算机开放更多的接口，帮助客户以各种方式随时随地地办理银行业务。2012 年，我们为"富国移动存款"开发了新功能，为资金转进转出扩展了新服务，为苹果电脑开发了新的富国银行应用工具。2012 年，富国银行的零售客户通过移动网络完成了 300 亿美元的支付结算。早在 2007 年，富国银行就成为美国第一家为投资银行客户和公司银行客户提供移动银行服务的金融机构。我们不断创新，与客户互动，去设计和开发新的应用功能，安装在移动设备上。2012 年，我们在 ATM 机具上交易产生的电子单据就达到 100 万张，这具有里程碑式的意义。我们也在为柜员交易提供电子单据的服务选项。科技甚至还对我们客户的慈善事业贡献了力量，他们通过富国银行的 ATM，成功向美国红十字会汇款 100 多万美元，用于桑迪飓风的救灾行动。

2. 增加收入

一旦我们把客户放在首位，收入增长的大门就会为我们打开。在富国银行，我们没有把经济危机当作停滞脚步的借口。不管形势如何变化，我们都自视为一家成长型企业，并将收入作为检验目标的最佳标准。我们有两条增加收入的主要途径：提高贷款利息收入和服务手续费收入。

2012 年，我们的收入增长 6%，达到 861 亿美元，主要的增长点是非利息收入（可以设想一下利率回归正常后我们的创收能力）。我们的资本市场业务、房地产业务、公司金融业务、抵押贷款业务、资产基础贷款业务、企业信托业务和国际业务等都实现了两位数以上的收入增长。

我们的社区银行业务实现增收 26 亿美元，达到 534 亿美元，净利润增加 14 亿美元，达到 105 亿美元。部分收入增加源于按揭贷款的收入增加和超出平均水平的股权收益，另外包括教育金融服务和代理业务收入的增加，它们分别增长了 2% 和 4%。

我们的公司银行业务全年实现增收 25 亿美元，达到 241 亿美元，全年净利润增长约 8 亿美元，达到 78 亿美元，这一增长数据包括并购业务和存贷款规模的增长。另一项引人注目的增长包括资本融资、商业银行业务、商业地产业务和公司金融业务。举例来说，受益于资本市场的利好和持续加强的交叉销售，来自投资银行客户和公司银行客户的经纪业务收入较上年增长 30%。2012 年，我们在全球的金融机构业务（为美国客户在国际上做生意和外国客户在美国做生意提供服务）净利息收入和交叉销售的相关收入增加，推动了我们国际集团的收入增长，较上年增长 15%，而我们的公司银行业务团队，也正在庆祝连续保持 10 个季度的贷款正增长。

2012 年，受益于强劲的经济管理账户手续费收入增长态势，我们的财富管理、经纪业务和企业年金服务板块录得的收入达到 122 亿美元，净利润达到 13 亿美元，财富管理的客户资产达到 1.4 万亿美元，较上年增长 7%，其中经纪管理账户资产增长 20%，日均存款增长 6%，延续了交叉销售的传奇。到 2012 年，平均每个财富管理客户持有的富国银行产品数超过 10 个。

2013 年的收入增长前景如何？我们没有设立公共收入目标，而是着眼于持续增长，通过延伸业务链条，赢得更多业务和市场份额，并对更多的客户和商业模型进行有价值的收购。

3. 减少支出

在富国银行，我们不相信增长和节约互不相容，这就是为什么我们会始终坚持开源节流。我们要实现体现客户价值的产品和服务的有效增长。

这个原则表述体现为"效益指标"，它反映我们每赚到一美元耗费了多少成本。2012 年，富国银行的效益指标是 58.5%，在行业四大巨头中处于最低水平。这意味着我们每赚到 1 美元就需要用掉 58.5 美分的成本。然而，我们不会为了达到目标就简单地削减费用，而是会在精明地控制开支和机会成本之间把握平衡。所以，我们在看到机会的地方增加人手，在看到对客户没有价值的地方缩减流程。

自 2008 年以来，我们削减了 150 万平方米的物业面积，这相当于 6 幢帝国大厦，其中有 42 万平方米的物业面积削减是在我们收入增长的 2012 年进行的。我们通过提高空间的使用率和生产率来减少公司的物业面积。

4. 践行富国银行的愿景和价值观

客户至上、增加收入、减少支出是很多公司共同的目标。能够取得什么样的效果，最终反映的是一家公司的文化。我们意识到，只有文化才能把我们融合成一个团队。所以，我们对领导层的评价，坚持文化行为和经营业绩并重的方式。在富国银行，我们相信集体的力量，这是关于我们自己和我们所有的，而不是任何个体和任何个体所有的。富国银行把成功定义为团队的成功，而非个人的成功。在这种氛围的熏陶下，富国银行员工的平均工龄可达 28 年。

我们的文化记述在《富国银行的愿景和价值观》里，这是一本 41 页的小册子，系统地阐述了公司战略、价值观和使命。去年，在对这本有 19 年历史的小册子进行更新后，我们让 26.5 万名员工人手一册，并把它的公众版发到富国银行的官网上。一些员工很喜欢它，而更多的员工遵照公司的愿景和价值观解决实际问题。这本小册子被广泛使用，因为它提炼出富国银行文化的精髓：我们现在是什么，未来会怎样？如何让富国银行成为全球性的伟大型企业？

去年，我们发起了一项新的文化宣导活动，给公司的愿景和价值观注入了新的活力。这个活动名为"沟通"，展现了和客户的沟通会怎样影响他们的生活。实践证明，每一次沟通都能够改善我们与客户的关系。年报里讲述的这些故事证明：通过认真倾听客户意见，深化客户关系，我们才得以推动客户的财务成功。在富国银行，践行我们的愿景和价值观是我们与客户间建立信任、自拔于流俗的重要途径。

5. 联结社区与利益相关者

我们的员工通过个人捐赠、志愿服务和对各类灾害的快速反应，展现出我们对所服务的社区的全力支持，也使富国银行在各地市场上能卓然挺立、与众不同。

去年，桑迪飓风肆虐美国西北部，富国银行很多当地员工在全城断电并且自己家也受到了风暴侵害的情况下，依然踊跃投身社区的重建工作。在新泽西，有一个员工开车一个小时赶去网点开门营业，都顾不上回家盘点自己家里的损失；另一个员工从家里腾出来地方，收留了 20 名受灾者；还有一名零售客户经理帮助一家当地的企业修理损坏的地板。富国银行还向桑迪飓风救灾行动捐赠 100 万美元。

2012 年，当那些遭受住房危机沉重打击的城市社区的领导告诉富国银

行的员工，很多社区居民仍无法支付首付款，导致他们无法重新回到房地产市场去购买他们的第一套房产时，富国银行联合住房非营利机构"美国邻居工程"创建了"邻里提升计划"。

"邻里提升计划"是我们资助的几个项目之一，旨在通过合理手段帮助20个美国房地产市场中的社区居民保住房产权。还有一个类似项目叫作"城市提升"，通过与美国司法部达成协议，由富国银行提供1.7亿美元的首付款援助、购房金融教育等支持举措帮助社区居民。这一项目发起的前12个月，就帮助了所在社区至少1600人度过了止赎危机，成功买房。

社区解决方案是富国银行爱心事业的核心。虽然在《财富》杂志关于美国"企业五百强"的评选中，富国银行仅仅排名第26位，但在2012年的《慈善事业》美国"最有爱心企业"评选中，富国银行名列第四。这个排名依据的是2011年的情况，2012年预计排名会进一步提高，因为该年富国银行向社区和慈善事业捐赠了3.16亿美元，较2011年增长48%。此外，富国银行员工为约2.8万个非营利机构奉献150万个小时的志愿服务，捐赠7900万美元，较2011年增长了23%，创下新纪录。

"财政悬崖"和信心

美国巨额预算赤字的问题是过去一年中绕不开的焦点话题，2012年最后几个月主导美国政策议论核心的也是这个问题：对这个国家的巨额预算赤字，我们应该做些什么？ 2012年年末，美国不仅欠下了大约16.4万亿美元的债务，还行驶在"债务增长的高速路"上，预计2013年，总体债务将超过 20 万亿美元。我相信，每个人都会认为自己的债务确实多了一点。

一谈到 1 万亿美元这么大的数额，就难让一个人回过神来。那我把 20 万亿美元国债和日用消费品相比，你们就知道它大致是个什么概念了。比如家庭抵押贷款，我会看到这样一幅图景：美国现有 5000 万座房屋办理了抵押贷款，平均每个房主欠了 20 万美元的抵押贷款。如果我们把国家债务平分给每个房主，迄今他们的抵押贷款将从 20 万美元迅速增长到大约 53 万美元，未来 4 年里还将超过 60 万美元。这就是美国不能每支出 1 美元就借 40 美分的原因，这种模式是无法持久的。债务规模关系重大，我们担心的是，或早或晚，光是债务利息就将挤占那些对所有美国人至关重要的项目资源。因此，我强烈呼吁，政策制定者应该回到财政赤字的长期解决方案的讨论上来。

在今年的最后几个小时，总统和国会达成一致意见，出台了短期的解决方案，但推迟了设置债务上限、自动减支和进行中的联邦政府资金方面等重要决定。虽然许多人提出了解决这些财政问题的长期计划，但最终相关方案都没有被通过。

关于短期问题的辩论在不断进行中，但我们真正需要的是在长期问题上取得进展。除非我们的国家行进在财政可持续发展的康庄大道上，否则企业和消费者将保持谨慎，就业机会难免受损。我们不能继续财政"月度主题"主导的政策议程，这将引发市场的不确定性和信心缺失，这是一个希望永葆繁荣的强大而增长迅猛的经济体所必须摒弃的。要使所有船只扬帆远航，通向成功的航道，我们认为必须做到以下几点：

• 把国家置入财政可持续发展的道路上。这将给贸易伙伴、债权人以信心，最重要的是，给消费者和企业主信心，因为这些人在为国家创造就业

和投资。

• 更新和简化我们过时的税法。美国的税收政策应促进经济增长。

• 重新评估监管责任。当我会见或大或小的公司的领导，听到的故事都是监管负担和"繁文缛节"妨碍他们做生意、雇用工人等。我赞成健全监管、公平执法、按游戏规则办事以及监管机构有权要求那些违规者承担责任。然而，过度监管也带来了意想不到的后果，比如增加信贷成本或妨碍经济复苏等。

• 推动美国发展。我们所在这个国家幸运地具备了这些巨大的优势：丰富的自然资源（特别是能源）、最好的法治、创新精神和企业家文化、最好的高等学校、世界上最好的农业和制造业，以及我们生产所需的一切，我们的政策就应该推动这些优势的发挥。

• 移民政策改革。作为一个联合体，我们国家一直走在前进的道路上。国家的团结比分裂更有利。我在华盛顿听到了政界对这个话题的讨论后，更加深受鼓舞。

美国精神一如既往的强大。我们看到民选官员通力协作，依靠明智的政策和策略应对财政、税收、贸易、法规和移民问题，支持国家发展，对此美国人民将会更有信心。

感谢

2012 年 4 月，麦基·J. 麦克唐纳退出了董事会，他为我们公司服务了18 年。麦基曾经在我们合并前的两个公司的董事会工作，开始是在 1994 年美国第一联合银行，后来是在美联银行。在富国银行，我们受益于他的务实的态度、卓越的直觉和在多个市场和消费者导向企业里积累的丰富经验。这使得麦基为我们公司的成长和改变贡献了超出期望的力量。我们感谢他长期服务富国银行以及他所做出的贡献，我们希望他一切都好。

我们欢迎"瑞克"——霍华德·理查森于 1 月 1 日成为我们的新董事。瑞克是已退休的普华永道会计师事务所的有限责任合伙人，他在领导、审计和业务顾问等众多职位上积累了三十多年的经验，他的加盟将让我们深感荣幸，并受益匪浅。目前，他任职于富国银行董事会的审计和考试委员会。

我们也要感谢富国银行所有的利益相关者，包括员工、客户、社区和股东。你们对富国银行的信任和支持，激励着我们积极愉悦地为客户提供每一次服务。

由于我们的共同努力，数以百万计的客户比一年前更富裕，全国各地的社区比一年前更繁荣。此外，很多中小型企业都得到了其成长需要的金融支持和指导，由于房地产市场的复苏，美国的经济也开始重焕活力。

对于富国银行的客户、员工、社区和股东来说，2012 年又是一年好光景。最终，所有这一切都归结于我们认真倾听利益相关者的需求，并以优秀的执行力帮助他们获得成功。

这就是为什么我们期待更多地与您交流。

董事会主席、总裁兼首席执行官　约翰·斯坦普

我们的业绩

表 8-1　富国银行 2011 ～ 2012 年的业绩

	2012	2011	百分比变动
年度数据			
富国净利润	$18,897	$15,869	19
富国适用于普通股的净利润	17,999	15,025	20
摊薄后每股收益	3.36	2.82	19
盈利能力比率			
富国净利润对平均总资产的比率（ROA）	1.41%	1.25%	13
盈利能力比率			
富国适用于普通股净利润对富国普通股股东权益的比率（ROE）	12.95	11.93	9
效益比率	58.5	61.0	（4）
总收入	$86,086	$80,948	6
税前拨备前利润	35,688	31,555	13
每股股息	0.88	0.48	83
发行在外的普通股平均数	5,287.6	5,278.1	-
发行在外的普通股摊薄后平均数	5,351.5	5,323.4	1
日均贷款	$775,224	$757,144	2
日均资产	1,341,635	1,270,265	6
日均核心存款	893,937	826,735	8
日均零售核心存款	629,320	595,851	6
净息差	3.76%	3.94%	（5）
年末数据			
可售证券	$235,199	$222,613	6
贷款	799,574	769,631	4
贷款损失准备	17,060	19,372	（12）
商誉	25,637	25,115	2
资产	1,422,968	1,313,867	8
核心存款	945,749	872,629	8
富国股东权益	157,554	140,241	12
总股权	158,911	141,687	12
一级资本（核心资本）	126,607	113,952	11
总资本	157,588	148,469	6

续表

	2012	2011	百分比变动
资本比率			
总股本对资产比率	11.17%	10.78%	4
风险性资本			
一级资本比率	11.75	11.33	4
总资本比率	14.63	14.76	（1）
一级杠杆比率	9.47	9.03	5
一级普通股比率	10.12	9.46	7
普通股	5,266.3	5,262.6	—
每股账面价值	$27.64	$24.64	12
职员人数（在岗、全时）	269,200	264,200	2

（除了每股账面价值、职员人数和比率外，均为百万美元，括号内数字为负值）

注：

1. 效益比率是非利息支出除以总收入（净利息收入和非利息收入）。

2. 税前拨备前利润（PTPP）是在较少非息支出条件下的总收入。管理层相信这项指标是一个有用的财务测算工具，因为它可以让投资者和其他评估公司通过一个信贷循环产生资本以覆盖信贷损失的能力。

3. 核心存款是无息存款、附息支票、储蓄单、一定市场利率、其他储蓄以及一定的外汇存款（欧元现金管理账户余额）。

4. 零售核心存款是总核心存款减掉批发银行核心存款和零售按揭托管的存款。

2014 年

"在这些年的成长过程中，作为一家银行，我们始终没有丢掉根本、失去重心——无论何时、何地，以何种方式，富国银行都要为客户提供最佳的产品和服务。"

2014 年：正确的人、正确的市场和正确的商业模式

什么是实体经济？实体经济就是首次购房者打算买房，就是会计人员经常去办理存钱，就是兽医看到他的业务在增长，也可以是一家大公司，如美国最大的种植企业或供应商之一的某个家族企业，获得了更多的融资机会。

富国银行的员工麦蒂·韦伯，具有农业学科的教育背景，他天天与福勒包装有限公司这样的企业并肩工作，参与他们的产品生产和服务，为他们提供从授信额度到财务管理的广泛服务。福勒包装有限公司的合伙人丹尼斯·帕拉格林说："富国银行做到了。他们理解我们的世界，理解我们的具体需求和挑战。"富国银行展现了它致力农业发展的承诺，它有足够的人员和能力来做正确的事情；对韦伯和所有富国银行人而言，这意味着与客户建立深度关系，理解和服务客户的需要，并帮助他们获得财务上的成功。

致我们的所有者：

对我们来说，2013 年又是一个丰收年。感谢我们员工无私的奉献、共同努力，并朝着共同的目标——"满足客户的金融需求，帮助他们获得财务成功"前进。

这一年，我们专注于服务客户并取得了显著的成效。2013 年，富国银行连续 5 年经营效益再攀新高。我们是美国盈利能力最强的银行，也是世界上资本市值最高的银行。

我们的成就取得并非偶然，它来自：

• 正确的人——团队齐心协力满足客户的金融需求；

• 在正确的市场开展业务——不管是国内还是国外；

• 使用正确的商业模式——在众多的经济和利率环境中，根据不同的机会、规模和地缘因素使用不同的业务工具。

我们深刻理解并全力支持我们在客户的生活和各地的社区中发挥的至关重要的作用。虽然美国经济正在复苏，但这个复苏是缓慢、不均衡的，许多人还在努力寻找工作，艰难创业或拮据生活。

我们相信，对于包括富国银行在内的美国银行业来说，眼下正处在通过发展实体经济来提供新的工作机会、支持业务增长并改善个体经济状况的最好时机。在我们看来，这意味着保证存款安全、贷款稳当公平，帮助大学生支付学费，帮助客户做好财务规划，提供生意启动资金，投资社区，等等。这也意味着作为合作伙伴，我们要通过提供支票账户、汽车贷款、财富管理和投行服务，帮助客户树立信心。

在这些年的成长过程中，作为一家银行，我们始终没有丢掉根本、失去重心——无论何时、何地，以何种方式，富国银行都要为客户提供最佳的产品和服务。即使发展触角已延伸至全球，我们也没有丢掉赖以发展的根本，那就是做大众金融服务的提供者。我们的根和愿景，为富国银行的持续发展奠定了基础。

经营业绩

2013 年，我们再续辉煌。年度净利润达到 219 亿美元，较 2012 年增长 16%，摊薄后每股收益增长 16%，达到 3.89 美元。年收入（含利息收入和非利息收入）达到 838 亿美元，体现了我们多元化业务模式强劲的生命力。主要业务板块净利润再创新高：社区银行增长 21%，公司银行业务增长 5%，富国财富管理、经纪人和企业年金业务增长 29%。

作为经济复苏的迹象之一，我们的存贷款业务不断增长。2013 年贷款总额达到 8285 亿美元，较 2012 年增长 3%，贷款增长拓展了收入渠道，包括商业贷款、抵押贷款、信用卡、汽车贷款等。存款总额达到 1.1 万亿美元，较上一年增长 8%，刷新了历史纪录。

信贷质量不断提升。2013 年，信贷损失下降到 45 亿美元，较 2012 年的 90 亿美元下降了一半。2013 年第四季度，贷款核销比例下降为 0.47%，较 2012 年第四季度的 1.05% 有大幅改善，处于近年来历史最低水平。我们的资本状况良好，始终保持在监管标准之上。截至 2013 年年底，我们的一级资本（核心资本）达到 1235 亿美元，较 2012 年增长 13%，根据《巴塞尔协议Ⅲ》的资本规则，我们的核心资本率达到 10.82%。我们原来预计，核心资本充足率只须达到 9.76%。

我们为股东提高了价值回报。我们全年资产收益率达到 1.51%，较 2012 年提高了 10 个基点，全年的资本收益率达到 13.87%，较 2012 年提高了 92 个基点。2013 年，通过分红和股票回购，我们为股东提供了 114 亿美元的收益。季度分红每股 0.3 美元，较 2012 年提高 36%，我们回购了 12400 万股普通股。更值得高兴的是，2013 年富国银行的股价增长了 33%。

我们为 2013 年取得的成绩感到非常自豪，因为成绩的取得体现了富国银行是怎样用心服务客户的。我们知道，通向未来的路还很长，坚守对客户和社区的服务承诺仍然任重而道远。

立足实体经济，支持个人和公司发展

尽管经济复苏仍面临艰巨的挑战，但我们会尽自己所能帮助个人和公司实现财务上的成功。我们通过各种途径支持实体经济发展，比如帮助人们购买新房子、为他们的创业计划提供资金、帮助客户规划退休生活等。

1. 帮助客户圆购房之梦，保住他们的房产

房产是经济的基石，是区域发展的基础。对于大多数人来说，房屋产权是他们最大、最重要的资产。富国银行是美国最大的房产贷款提供者，见证了房产对改善一个家庭或一个社区的重大意义。对此，我们深感自豪。

2013 年，富国银行为 150 万客户提供融资支持，帮助客户购买房子或者为已有抵押贷款减轻还款负担。购买一套房子通常会增加其他方面的开

支，比如购买新家具、新电器以及装修等，这些不仅能惠及当地经济，还能增加就业机会。历史经验表明，由于房地产业带来的多重效应，房地产复兴往往会带来经济的全面复兴。

同样重要的是，我们帮助客户保住了他们的房子。富国银行是房产止赎的先驱。从 2009 年开始，我们修订调整了 90.4 万笔住房贷款的合同条款，减免了 77 亿美元的贷款本金。我们还参加了 1200 项"保家"行动，在 107 个办公地点面对面接待了将近 4.5 万名陷入财务困境的房产贷款客户。

另外，通过富国银行"提升"计划，我们对受到本次经济衰退影响的潜在社区购房者提供首付款援助和理财教育，我们向"提升"计划注资 1.9 亿美元。早在 2012 年，我们向 24 个市场内的 5000 多客户提供了（购房）首付款援助。2013 年，我们通过"城市提升"计划扩大了援助范围，向美国 25 个社区的当地非营利组织捐赠了 1140 万美元，用于推动经济复苏和区域发展。

2. 满足各类型企业的需求

我们知道，经济的完全复兴，需要企业发展和增加就业机会。小型企业是每个社区发展的引擎，作为美国小型企业的最大贷款人，我们每天都在帮助小型企业主获取资金，并为他们提供需要的金融服务。

2013 年，富国银行对小型企业（年收入少于 2000 万美元）增加了 189 亿美元的授信额度，较 2012 年增长了 18%。以美元计价，连续 5 年来，富国银行都是美国小型企业管理局贷款的最大提供者，在 2013 联邦财年（2012.10—2013.9），富国银行向小型企业管理局发放贷款达到 14.7 亿美元，较上年增长 18%，创下新纪录。

我们也向大中型企业提供资金支持，推动他们在国内和国际上的发展。2013 年，富国银行的商业和产业贷款日均数达到 1880 亿美元，较 2012 年增长 8%。我们通过遍布全美 50 多个州的经营网络和企业客户携手并进，向他们提供资金管理、保险、资本财务、资产租赁、商业地产等金融服务。在外汇业务方面，我们通过国外的经营网点，包括香港、伦敦、悉尼和多伦多，去满足企业客户的国际化需求，为全世界的金融机构提供服务。

3. 帮助人们规划和准备退休生活

作为退休服务提供者的先驱，富国银行管理着 3410 亿美元的美国个人退休账户资金和 2980 亿美元的机构养老金资产。我们非常了解为未来投资和节约的重要性。

每天都有约 1 万人退休，大家都盼望能够比父母一代和祖父母一代活得更好。然而一系列的调查显示，太多的美国人退休金准备不足，面临储蓄短缺的可能性，这会严重影响经济。实际上，去年秋天开展的"富国银行中产阶级退休调查"显示，接近一半的美国人对养老金储备计划缺乏信心，有 1/3 的美国人担心他们必须工作到 80 岁。

我们相信最好的解决办法是提前做好计划。富国银行是提供个人理财计划指导的领导者。我们的研究表明，那些写下计划的人们对保持退休后的舒适生活更有信心。由此我们一直宣扬计划的好处，并且从 2012 年年底开始向客户提供"我们的退休计划"在线咨询，这个服务是完全免费的。

我们通过"掌上银行"的金融教育课程，帮助人们了解储蓄的重要性，还通过与企业合作来介绍和管理员工退休计划。

4. 经济复兴之路

虽然经济复苏推进缓慢，但我们有很多理由对 2014 年的经济形势感到乐观。美国企业以创新能力闻名于世，这种能力正是提高企业竞争能力和促进经济长远发展的主要驱动力，从生物科技、医疗器械到无线技术、社交网络和云计算等，都是如此。

美国也正在变身为世界能源生产市场和清洁能源的领导者，这会创造新的就业机会并降低对进口的依赖。制造业显现出可持续增长的迹象，农业也呈现出良好的发展态势。我童年时代曾经生活在明尼苏达州一个有 11 个小孩的小农场家庭，我深深怀念这段岁月。我们对富国银行成为全国最大的农业企业贷款人深感自豪。美国的农业生产正在触底反弹：今天，美国的食品出口大于进口，美国人民享用着优惠而安全的食品供应。

相比一年前，美国房地产市场也在渐入佳境。虽然按揭利率提高了，但仍然保持在历史较低水平。传统的购房者正在回归市场，房产市场交易又活跃起来。如果劳动力市场继续保持稳定，购房需求会进一步提升。同时，人口因素也是一大利好，"婴儿潮"一代人正在准备退休，将推动成人社区和退休市场的需求提升。

虽然整体的经济复苏仍需时间，但我们对未来充满信心，对大好机遇充满期待。

我们的战略重点

为了满足客户需求和推动整体经济，我们要继续专注战略重点，它们使我们的 90 多种业务发展的目标保持一致。在共同的愿景和价值观指引下，这些战略要点为我们的员工整合业务条线资源、作为一个团队聚焦客户服务指明了道路。对此，我们将其称为"同一个富国"。

"同一个富国"主要包括六大要点：

客户至上；

增加收入；

减少支出；

践行富国银行的愿景和价值观；

联结社区和利益相关者；

风险管理。

1. 客户至上

在富国银行，我们做任何事情都会把客户放在第一位。服务客户的金融需求，帮助客户取得财务成功，是富国银行事业的基础。我们致力和客户发展长期的合作关系，这就是我们所说的关系业务：我们着眼于满足客户的需求，而不是卖产品。

令我们非常自豪的是：富国银行做到了为 7000 多万名客户提供金融服务，覆盖了美国 1/3 的家庭。平均每个季度，我们向客户提供 3.57 万笔汽车贷款（含续贷）；每个月，我们向客户提供 12.5 万笔购房贷款（含续贷）；每个星期，我们向小型企业提供 3.6 亿美元新的信贷额度，帮助小型企业成长；每一天，我们为客户提供工资统发、存款查询、现金提取等服务。在做好这些正确的事情的同时，我们获得了更多向客户服务的机会。

我们致力在每一次和客户打交道时（不管这种打交道的方式是面对面，

还是通过手机、自动柜员机、网站及移动设备），都能向客户提供有价值创造性的持续体验。客户越来越依赖新兴渠道，希望通过多种方式和我们洽谈业务。举例来说，手机是增长最为迅猛的渠道工具，我们已有超过 1200 万名手机银行客户。同时，很多客户需要到访我们的网点开设账户、办理业务和讨论财务问题。

我们要继续投资升级渠道，为客户提供最有价值的服务。2013 年，我们在 ATM 上增加了一个短信通知的选项，成为首家通过短信和电子邮件发送 ATM 业务信息的银行，这对环境保护大有裨益。我们的官网也正式改版，整体的界面更为友好易用。网点的创新工具提升了客户服务水平。我们还在继续扩大社交媒体的覆盖面：脸书、Youtube、谷歌、领英和推特，以便与主要利益相关者联系和沟通。

不管客户选择哪个渠道，我们的目标是让客户每一次与富国银行的互动，都可以享受超出预期的服务。我们知道，极致的服务体验会提高客户的忠诚度和转介率。

2. 增加收入

收入是衡量服务老客户、吸引新客户的重要标准。我们对客户的服务好，就能赚到钱。我们从不把马车放在马的前面。我们自视为成长企业，在可控、可持续、符合我们风险容忍度的前提下，从广泛的业务产品线中赚钱，这既包括传统的银行业务，也包括资本市场的经纪人业务。

2013 年，多样性的商业模式让我们受益匪浅。当长期利率上升阻碍再融资额度和影响按揭贷款收入时，我们在别的业务收益方面增长迅速，比如资产融资、资产管理、资本市场、商业地产、公司金融、信用卡、零售代理、小型企业信贷和财富管理等。

对客户提供的产品数量是衡量客户满意度的又一个指标。2013 年第四季度，平均每位零售客户持有 6.16 个富国银行产品，比 2012 年第四季度的 6.05 个有所增长。同时，平均每位公司银行业务客户持有 7.1 个富国银行产品，平均每位退休金管理和经纪业务客户持有 10.42 个产品。

2014 年，我们要继续寻求加深客户关系，寻求更多实现收入增长的机会。我们认为，可以从以下两个方向入手努力：一是从我们的高净值客户（存款＋资产投资价值合计在 10 万美元以上）那里获得更多的业务；二是提高信用卡利润率。

我们有 600 万零售客户在其他银行有大量的存款和资产投资，我们准备通过社区银行和经纪业务，向他们提供更多的金融服务。富国银行的理财顾问齐心协力，致力深挖高净值客户的潜在价值。

我们也在继续寻求提高富国银行信用卡产品的零售业务利润占比。2013 年年底，这一业务的利润贡献占比达到 37%，我们有一系列的信用卡发展策略，包括通过与 Visa 和美国运通的合作，扩大对客户的酬谢和激励。

3. 减少支出

减少支出意味着我们的每一分钱都要用于践行企业的愿景和优先事项上。这能确保我们的钱花在该花的地方，开发正确的技术和产品，聚焦我们的客户。良好的成本控制让我们在不损害客户体验、不增加操作风险的前提下，实现既有规模的收益最大化。

我们最直观的标准是效率比例（每一份收入对应的成本数量）。2013 年，我们的效率指标是 58.3%，比 2012 年提高 20 个基点，控制在目标值

（55% ~ 59%）以内。

2013 年，我们减少支出的措施有：需求敏感性业务与人力成本严格挂钩，提高物业利用率。2013 年，我们的整体物业面积缩减 15%，从 1040 万平方米减少到 883 万平方米。以芝加哥为例，40 多个业务中心的 700 多名员工一直分散在几栋商业区建筑物里面，去年，这部分员工全部迁入位于芝加哥商贸中心新的区域总部。

我们也在不影响服务水平的前提下，寻求营业网点空间的高效利用。我们对多达 6200 家营业网点的经营网络感到自豪，它们为客户提供了各种便利和个性化服务。2013 年，我们在东部地区增设更多位于超市之中的"店中店"网点，在西部地区，我们已经铺设了 460 个类似网点。

此外，我们正在试点一种新型的零售网点设计方案，这种新型网点面积为 93 平方米左右，相当于标准网点的 1/3。2013 年，我们在华盛顿的国家事务管理协会周边区域开设了第一家新型网点。这些网点面积较小，但仍然保留了人工服务和完善的技术配备，比如无线互动装置和大屏幕 ATM。我们正在评估这个项目，以决定零售银行整体战略的未来走向。

4. 践行富国银行的愿景和价值观

富国银行的愿景和价值观使我们与众不同。它们奠定了我们的文化基础，明确了我们是一家什么样的银行。通过愿景和价值观引导团队，富国银行相信集体的力量，这是关于我们自己和我们所有的，而不是任何个体和任何个体所有的。所有富国人都被称为"员工"而非"雇员"，因为我们视员工为人力资本，而非应该控制的成本。这就是为什么，富国银行领导会去指导和激励员工共同协作，训练、帮助员工在"同一个富国"的愿景下去达成目标。

我随身携带《富国银行的愿景和价值观》这本小册子，我知道，很多员工未必会这样。实际上，重要的不是这本 41 页的小册子的具体文字，而是在和同事、客户、社区、股东打交道时，怎样把这些文字落到实处。

富国银行的核心价值观之一，是我们对多样性和包容性的承诺。我们引进和留住多样性的员工，服务多样性的客户群体，但我们知道要做的还有很多。

作为公司多样性和包容性理事会的主席，我坚持在业务的各个方面、各个层级推动多样性。由此，我非常高兴地看到富国银行七位女性高管去年被《美国银行家》杂志评为"最有权力的女银行家"。富国银行也被《本质》杂志评为非裔美国人工作的最佳场所。

我们也高度关注怎样服务多样性市场。去年，我们在批发银行业务条线新成立了一家韩国分部，计划在 2020 年以前向由女性创业的公司累计投放 550 亿美元贷款。富国银行在业务上的进展必须贴近我们所服务的客户和文化。我们一个针对亚洲市场的电视广告，也受到了国家广告协会的表彰。

5. 联结社区和利益相关者

富国银行的品牌一直是最重要的资产。它受到两方面的影响：我们做什么以及怎么样联结社区和利益相关者。金融危机后，社会公众对大型银行已经有不良观感，对此我们深刻了解，并继续努力去重建公众信任。在金融业中，过去有一些同行把机构的盈利放在客户的利益之前，这是明显的错误，并直接导致了 2008 年的金融危机。

在美国受经济衰退影响最深的社区，富国银行持续有力地支持经济的发展和复兴。2013 年，富国银行向 1.85 万个非营利机构捐献了 2.755 亿美元。我尤为高兴的是，虽然富国银行并不是规模最大的企业（《财富》杂志美国企业 500 强排名第 25 位），却荣登《慈善事业年志（2013）》"爱心企业"评选的榜首（根据 2012 年的数据）。

每一位富国银行员工都是建立与社区客户和其他利益相关者关系纽带的桥梁。仅在 2013 年，富国银行就向学校、慈善组织和其他非营利机构捐赠了创纪录的 8900 万美元巨款，较 2012 年上升 12%。富国银行的员工也贡献了 169 万个小时做义工，较 2012 年上升了 13%，这些志愿服务的范围从帮助当地学校里的小孩阅读，到向他们社区无家可归的流浪者提供食物。世界联合劝募协会根据我们 2013 年的贡献，评选富国银行为全国"联合劝募活动"的第一名，这已是连续第 5 年获此殊荣。

2013 年，我们欢度了富国房屋基金的 20 周年庆，修建了 5000 套房子，用于支持优惠购房和社区复兴。另外，作为支持老兵计划的一部分，2013 年我们向受伤军人捐献 86 套房子。

富国银行还特别支持社区的环保工作。自 2012 年起，我们提供了 120 亿美元用于发展绿色建筑、风能、太阳能和其他环保项目。作为承诺的一部分，富国银行将在 2020 年以前，提供 300 亿美元环保专项信贷支持。我们也在继续减少公司运转对环境的影响，提高能源使用效率，杜绝浪费。从 2009 年起，客户的 ATM 交易电子化减少了 11 亿美元的纸张消耗，平均每分钟的 ATM 交易收据减少了 475 张。节约的这些纸张连起来大约 7.3 万千米，绕地球接近 3 圈。

6. 风险管理

富国银行的风险生意经营了 160 多年。该风控经验帮助我们从 2008 年的金融危机中很快脱身出来，比很多同业对手的表现更佳。

我们还在追加投资，一部分用于已经很强的传统风险管理实践，一部分用于其他重要领域，比如网络空间安全。由于富国银行一直以来在风险把控上的良好记录，让客户对我们的职业操守和判断能力充满信心。每天，我们努力工作，坚持审慎经营，让客户远离风险，从而提高富国银行的竞争力和市场份额，确保富国银行长期安全、稳健，品牌不坠。

尽管这些年来，富国银行一直在调整变化，但风险管理文化基础始终如一。我们始终信守风险管理的七条核心原则——

（1）关系重心：仅仅在符合效率、效益和谨慎服务客户原则的情况下承担风险；

（2）知晓风险：只有在我们清楚地理解了风险，才去承担风险；

（3）声誉：不参加影响声誉的活动，不从事损害品牌的业务；

（4）风险定价：科学定价，收益覆盖资本消耗；

（5）稳健，风控优先：加快发展的前提是不损害我们的长远目标，不超出我们的风控能力；

（6）运作高效：确保我们的基础设施、系统、流程和合规计划支持我们客户的财务成功；

（7）权责明晰：确保我们的业务一线部门对风险负首要责任，风险管理团队在公司层面提供监督，审计部门就我们的风险管理流程有效性评估和提升提出独立、客观的意见。

致谢

2013 年 4 月，服务富国银行 7 年之久的董事会成员尼古拉斯·摩尔退休，他在担任董事和审计监察委员会主席期间展现了杰出的领导力。

同年 4 月，菲利普也退休了，他在公司董事会工作了 19 年，曾经执掌过多个委员会。2009 年到 2011 年担任首席董事期间，他展现了不寻常的领导力和洞察力，领导富国银行在关键的阶段取得成功。

我们感谢两位长时期的服务和杰出功勋，祝愿他们两位万事如意！

热烈欢迎詹姆斯·奎格利于 2013 年 10 月加入我们的董事会。詹姆斯已从德勤退休，在此之前，他是德勤公司的荣誉 CEO 和合伙人。他超过三十年的董事会领导经验和杰出的审计、财务报告和风险管理专长将对我们大有裨益。对此，我们深感荣幸。

我要感谢所有的利益相关者：董事、员工、客户和股东，在大家共同努力下，我们取得了 2013 年的辉煌业绩。在此，我回想起去年年底我们庆祝与美联银行并购成功五周年时的场景。最让我自豪的是，公司的网络遍布各地，所有的员工都在践行富国银行的愿景和价值观，团结协作，帮助客户实现财务成功。

登高远望，我们对因势而变、服务客户和推动经济复兴充满信心。我们相信在富国银行的团队里有正确的人，能在正确的市场，运用正确的商业模式——一个多样性的、准确定位的商业模式，保障富国银行运转良好，并能经受住各个经济周期的考验。我们对客户、社区和美国的未来信心满怀。

董事会主席、总裁兼首席执行官　约翰·斯坦普

我们的业绩

表 9-1　富国银行 2012 ～ 2013 年的业绩

	2013	2012	百分比变动
年度数据			
富国净利润	$21,878	$18,897	16%
富国适用于普通股的净利润	20,889	17,999	16
摊薄后每股收益	3.89	3.36	16
盈利能力比率			
富国净利润对平均总资产的比率（ROA）	1.51%	1.41%	7
富国适用于普通股净利润对富国普通股股东权益的比率（ROE）	13.87	12.95	7
效益比率	58.8	58.5	－
总收入	$83,780	$86,086	（3）
税前拨备前利润	34,938	35,688	（2）
每股股息	1.15	0.88	31
发行在外的普通股平均数	5,287.8	5,287.6	
发行在外的普通股摊薄后平均数	5,371.2	5,351.5	
日均贷款	$804,992	$775,224	4
日均资产	1,448,805	1,341,635	8
日均核心存款	942,120	893.937	5
日均零售核心存款	669,657	629,320	6
净息差	3.39%	3.76	（10）
年末数据			
投资证券	$264,353	$235,199	12
贷款	825,799	799,574	3
贷款损失准备	14,502	17,060	（15）
商誉	25,637	25,637	－
资产	1,527,015	1,422,968	7
核心存款	980,063	945,749	4
富国股东权益	170,142	157,554	8
总股权	171,008	158,911	8
一级资本（核心资本）	140,735	126,607	11
总资本	176,177	157,588	6
资本比率			
总股本对资产比率	11.20%	11.17%	－

续表

	2013	2012	百分比变动
风险性资本			
一级资本比率	12.33	11.75	5
总资本比率	15.43	14.63	5
一级杠杆比率	9.60	9.47	1
一级普通股比率	10.82	10.12	7
普通股	5,257.2	5,266.3	–
每股账面价值	$29.48	$27.64	7
职员人数（在岗、全时）	264,900	269,200	(2)

（除了每股账面价值、职员人数和比率外，均为百万美元，括号内数字为负值）

注：

1. 效益比率是非利息支出除以总收入（净利息收入和非利息收入）。

2. 税前拨备前利润（PTPP）是在较少非息支出条件下的总收入。管理层相信这项指标是一个有用的财务测算工具，因为它可以让投资者和其他评估公司通过一个信贷循环产生资本以覆盖信贷损失的能力。

3. 核心存款是无息存款、附息支票、储蓄单、一定市场利率、其他储蓄以及一定的外汇存款（欧元现金管理账户余额）。

4. 零售核心存款是总核心存款减掉批发银行核心存款和零售按揭托管的存款。

2015 年

"今天，我把富国银行的企业文化归结为一个词：关系。它凝聚了我们服务的主要利益相关者——客户、社区、投资者和员工的全部激情。"

2015 年：文化至上

  客户关系、团队合作、价值观。这就是富国银行的企业文化。在富国银行，我们寻求和每一位客户建立终生关系。我们每天都在为每一位客户努力工作，因为我们关心他们的财务成功，想和他们一起走过漫长人生的每一步。虽然富国银行成立百余年，但我们还将与客户度过更多漫长的岁月。我们知道自己是谁，知道自己应该做什么。因为，富国银行，文化至上！

致我们的所有者：

我一直坚信，文化是企业成功最核心的因素，文化是组织的灵魂，对企业的长期业绩和持续发展贡献良多。

毋庸置疑，自 1852 年富国银行创立至今，企业文化一直是我们持续关注的焦点。这种文化的传承可以追溯到淘金时代①，当我们还在用马车为信赖我们的客户托运金钱和其他贵重物品时（100 多年前，运输邮件和现金需要长途旅行，行经沙漠、草原和山岭。在美国淘金时代，富国银行及其前身为客户提供了有规律的联络渠道，将未加工的黄金运送到加工地点制成金币），我们就树立起一以贯之的信念："我们所提供的是精心、热诚和基于人性的服务。"

今天，我把富国银行的企业文化归结为一个词：关系。它凝聚了我们服务的主要利益相关者——客户、社区、投资者和员工的全部激情。为了赢得他们的信任，我们努力去做正确的事，在诸如诚实、守信、正直等最高的道德标准指引下开展业务。

文化的建立和培育历时漫长。我的启蒙教育来自明尼苏达州中部一个小镇的农民家庭，那段岁月教会我：最好的收成只会来自日复一日的辛勤播种、培植和浇灌，富国银行也是如此。今天，我们享有的文化来自富国银行的前辈，经过一场内战、两场世界大战、大萧条、大危机的洗礼，这些经历都鲜活地保存在我们的记忆里。经过每一个繁荣与衰退交替的经济周期，我们的先民坚持向前看，留下一个愿景给他们的后来者和继承人。

没有任何文献能比《富国银行的愿景和价值观》更能代表我们的精神，这本小册子初版于 20 年前，讲述的是富国银行的价值观、战略和目标。你可以在富国银行的官网上"关于富国"一栏读到完整版。

虽然我们会定期更新小册子内容，但我们多年前拟定的价值观始终如一："我们致力满足客户的金融需求，帮助其获得财务上的成功。"

这就是"富国人"每天发奋工作服务客户的理由。我们通过 90 多种金融业务，服务了 1/3 的美国家庭，并最终通过帮助客户创造价值而获得回报，而非别的原因。这就是富国银行的价值观："我们永远不把马车放在马的前面"[②]，我们相信文化和业绩如影随形、相互促进。

经营业绩

2014 年，富国银行连续第六年创下经营效益的新纪录，并被评为美国最赚钱的银行，同时是世界上资本市值最高的银行。

2014 年，富国银行的净利润达到 231 亿美元，较 2013 年增长 5%；摊薄后的每股净收益同样增长 5%，达到 4.1 美元。我们的营业收入（包括利息收入和非利息收入）达到 843 亿美元，这反映出我们的多元化商业模式具有强劲的生命力。

业务的迅猛发展源于我们始终坚持以客户为中心，而客户也回馈给我们丰厚的存款回报和更多的金融服务机会。2014 年，我们的存款总额达到创纪录的 1.2 万亿美元，较上年增长 8%。同时，个人和公司贷款增长迅速，贷款总额达到 8626 亿美元，较年初增长 5%，贷款增长带来了各种收入，商业贷款、住宅按揭贷款、信用卡、汽车贷款等，推动净利息收入增长了 2%。我们的非利息收入结构持续改善，信托投资收入、银行卡收费和按揭服务收费等增长十分强劲。

我们的经营业绩体现了对股东利益的坚定保护。在我履职富国银行的33年时间里，2014年是我们信贷质量最好的一年，贷款损失为2.9亿美元，相比2013年的4.5亿美元下降了35%；不良贷款核销占比仅为0.35%，接近历史最低水平，较2013年的0.56%大幅下降。富国银行已经成为世界上市值最大的公司之一。

我们的资本也在不断扩大，一直很好地保持在监管要求之上。2014年，我们的普通股核心资本达到1371亿美元。

2014年，我们的股东依然收益丰厚，ROA达到1.45%，ROE达到13.41%，较好地完成了预期目标。通过分红和配股的方式，我们向股东支付了125亿美元的回报。每股季度分红比率从17%增长到35%，我们向普通股股东配股8700万股。从全年的股价表现来看，股东们可以看到，富国银行的股价上升了21%。

表 10-1　世界上市值最大的十家公司

公司	市值（亿美元）
苹果	6,470
埃克森美孚	3,910
微软	3,830
伯克希尔	3,710
谷歌	3,580
中石油	3,050
强生	2,930
富国银行	2,830
沃尔玛	2,770
中国工商银行	2,710

来源：彭博社，截至2014年11月30日的公司市值。

我们相信文化推动业绩。富国银行 2014 年取得的荣誉称号：被《巴伦周刊》评为"最受尊敬的银行"，被《财富》杂志评为世界大银行中的"最值得敬佩银行"，被《银行家》杂志评为"美国最佳银行"，被《金融品牌》杂志评为"最有价值银行品牌"。然而，如果我们只考虑利润，不相信这些是因为我们为客户做正确的事而获得的，这些荣誉就会变得名不副实。

帮助客户

为客户排忧解难的热情激励着我们的员工。我们欣喜地听到：富国银行的产品和服务帮助客户改善了生活，扩大了生意。即使今天通过数字化和移动手段提高了对几千万客户的服务效率，我们仍然致力为客户提供人性化的服务。

从支票账户、借记卡到储蓄产品，再到富国银行的财富管理服务，我们帮助客户管理他们的日常财务。我们还帮助国家发展实体经济，帮助普通家庭购买首套房或者第一辆新车。我们给企业客户做生意提供资金，不管资金多少，生意丰歉。我们还帮助客户计划和安排退休生活。这些都是我们的核心目标。自 2014 年起，我们通过《富国故事》（一本刊载在富国银行官网的在线杂志）和大家分享我们服务客户、社区的点点滴滴。

有一个故事尤其让我们感动：经济衰退前，密西西比州的萨姆和凯莉·泰勒计划买一套房子，不久之后，凯莉因病无法继续工作，家庭收入陡降，财务危机开始了。幸运的是，我们立即修改了泰勒的按揭贷款条款，一笔从 2009 年开始的 100 多万美元的按揭贷款，让他避免陷入丧失抵押品赎回权的悲惨境地。

当客户不能按期还款时，我们的按揭贷款服务团队尽最大努力去帮助他们保留房屋产权。在过去 6 年里，富国银行帮助许许多多像泰勒这样的家庭减免超过 840 万美元的按揭贷款本金。

"我能够说的是'太棒了'"，萨姆·泰勒告诉我们，"恩戈瑞（富国银行家庭按揭贷款专家）不仅帮我们调整了申请，保全了房子，还向我们展现了最专业、最热情的服务态度。"

我们在商业贷款客户那里也听到了"太棒了"的赞美。2014 年，我们在小型企业贷款方面增加了 180 亿美元的授信额度。根据社区再投资法案的政府数据，富国银行连续 12 年雄踞美国小型企业贷款投放总量的榜首。另外，我们还启动了"富国小型企业工程"，这个工程旨在帮助小型企业贷款业务调集资源、提供指导和配套支持，包括在 2018 年年底前增加 1000 亿美元小型企业贷款的目标。

我们对贷款给爱达荷州博伊西的大卫·杜若夫这样的企业家感到自豪。现在说来，富国银行和大卫建立关系的时间不长。大卫有次在家里装一个书架，劣质的螺柱仪让他感到非常沮丧，于是他决定运用自己的电气工程技术生产精度更高的螺柱仪。很快，富兰克林传感器被研制出来了。但对于像大卫这样的小型初创企业主来说，光靠家庭的积蓄去采购原料组织生产是非常困难的。富国银行的菲利普·克勒夫列和美国小型企业管理局一起帮助大卫解决了信贷额度的问题。5 年后，大卫的公司发展壮大，他在当地社区招聘了 45 名员工，产品畅销国内外。

有时候，我们服务的小公司会发展壮大，就像弗米尔集团——爱荷华州一个成立已有 66 年之久的工农业配件公司。富国银行的客户经理马克·康威和弗米尔合作 25 年之久，帮助这家最开始只生产一种产品的家族式作坊，发展成为一家生产 150 多种产品，员工人数达到 3000 人的全球性企业。

我们的公司业务部门致力帮助像弗米尔这样的企业满足全球化需要。我们的业务遍布 36 个国家，可以开展外汇交易、财务顾问、资产租赁和投行业务等多样化的业务。我们的公司业务随着客户需求的增长和扩大不断发展壮大，因此我们已成为中型企业的最大贷款人、最大的房地产贷款银行和最大的银团贷款提供者之一。

依靠员工

富国银行最大的竞争优势来自我们的团队，这也是在富国银行的文化习惯里，我们把所有富国人称为"员工"，而不是"雇员"的原因。我们相信，所有的富国员工是值得投资的资源，而不是必须去控制的人力成本。我们提供有竞争力的薪资和福利，去吸引和留住最优秀的人才。对于合格的人才，我们提供包括可负担的保健选项、学费报销、适合的相关教育慈善捐赠、工作／生活平衡课程、对员工子女的奖学金项目、可自由支配的利润分享计划。我们还注重训练和培养我们的人才。去年，富国银行员工接受了总价750 万美元的培训课程。在加速发展的同时，我们一直都重视员工的职业生涯规划。

每一年，我们都会对员工进行调查，了解员工的核心需求。事实证明，越是员工感兴趣的，越是和富国银行的文化、价值观和愿景紧密相连。2014 年，根据盖洛普公司的三方调查，富国银行员工的满意度达到了 84.4%，比上一年的 83.2% 进一步提升。富国银行是盖洛普最佳雇主奖的获得者，这是盖洛普组织颁发的，用以褒扬世界上最有吸引力和创造力的公司的奖项。

我们的员工高度重视团队协作。他们希望在一起工作，通过业务协作，以一个整体来帮助客户取得财务的成功。或者说，我们的愿景和价值观是："我们和客户的关系就像我们内部的关系一样，都是牢不可破的。"

这就是为什么，在富国银行的文化中，我们习惯说，这是关于我们自己和我们所有的，而不是任何个体和任何个体所有的。团队的核心就是每一位团队成员，对我们来说，结果和过程同样重要。

这里有一个团队协作的例子。基思·希利是富国银行在加利福尼亚州南部的一名财务顾问，最近，在向一位与富国银行已经有 60 年业务来往的客户提供咨询时，她了解到这位客户有商业银行业务需求。于是，希利得到了公司业务专家迈克·法默和财富管理专家温迪·布罗尔的直接支持。因为，这名客户需要为他的家庭和公司合伙人寻求继承计划方面的专业指导。

没有这样的团队协作，客户在想要满足生活或者商务方面的金融需求时，就必须和无数个金融机构打交道。对客户来说，这往往意味着无尽的麻烦；对我们来说，如果让客户陷入困境，也就错失了自己的业务机会。因此，只有通过团队协作，我们才能够解决这个问题。富国银行的愿景和价值观是这样表述的："当我们的客户需要另一个金融产品时，我们必须成为第一个提供者。"

联结社区

为了给我们的客户提供增值服务，我们的员工把服务延伸到了客户工作和生活所在的社区。2014 年，富国银行的员工自发捐赠了 9770 万美元给学校、慈善组织和宗教组织等非营利性机构，这个数字比 2013 年增长了 10% 以上，而且是连续 12 年保持正增长。全球联合劝募协会连续 6 年（2009—2014）把富国银行评定为全美第一的"联合之路"企业。相对于我们在慈善事务上的名列前茅，富国银行目前仅排在美国《财富》500 强企业的第 29 位。对此，我深感自豪。

2014 年，富国银行员工充当义工的时间超过 174 万小时，他们把这些时间用于给学生上课、为无家可归者提供食物、帮助人们修建房子和居所，或者服务于非营利机构的董事会。我们的员工认识到，他们的努力能够帮助很多人。富国银行倡导员工投身于慈善事业和志愿服务，我们希望员工勿以善小而不为。

富国银行也在努力成为一家有责任感的企业。2014 年，富国银行捐助了 2.81 亿美元给 1.71 万个社区非营利机构，这一金额比 2013 年增长了 2%。这些组织帮助我们的邻居解决最迫切的需要，推动了经济发展和复兴。我非常自豪的是，在现金捐赠方面，2012 年，我们是最大的慈善企业。2013 年我们排名第二，2014 年的排名则还要晚些时候才能发布。

我们也在努力肩负起责任，应对经济、社会和环境的挑战，包括那些希望进入或者回归银行服务的困难客户，我们对他们提供低成本的查询和汇款服务，以及有担保的信用卡、贷款等产品。我们的"掌上银行"课程提供广泛、免费、简便易学的金融教育资源，指导他们怎样去编制家庭预算、购买汽车、节约开支、支付大学费用和投资等。现在，富国银行向军人、老年人、

小型企业主、年轻人提供"掌上银行"的课程。自 2003 年以来，我们赠送"掌上银行"的 CD 给世界各地的学校和组织，直接用户已接近 50 万名。

在前文中，我已经提到富国银行如何帮助经济困难的人们去保住他们的房子。与此同时，我们还通过多种方式帮助中低收入阶层购买房产。最让我感到骄傲的是我们的"提升"计划，这个计划针对那些在大衰退中遭受重创的社区潜在购房者，为他们提供理财教育和首付款援助。自 2012 年以来，我们已经投入 2.3 亿美元用于"提升"计划，帮助 32 个社区的 8500 个家庭购买了房子。2014 年，我们还通过"富国住房基金会重点市场计划"，向 54 个当地的非营利组织捐赠了 600 万美元，用于帮助那些深陷窘境的社区居民渡过难关、恢复元气。为了表达对那些对美国有功之将的敬意，过去两年里，我们还对 200 多个老兵家庭减免了抵押贷款本息。

同时，富国银行在围绕可持续发展所做的环保项目上取得了不少进展。自 2012 年起，富国银行安排了 370 亿美元支持环保项目，包括清洁技术、可再生能源、绿色建筑、有机农业和替代交通工具等。2014 年，我们重点推进了"富国创新孵化器"的发展，这是一项历时 5 年、耗资 1000 万美元的帮助初创企业研发环境技术的专项基金。

想要了解更多我们的社区实践，请您登录富国银行官网，找到"关于富国"一栏，阅读我们的企业社会责任报告。

脚踏实地，一往无前

当一个公司着眼长远发展，科学的文化是必不可少的，它使员工与企业使命保持一致。在富国银行，我们坚持"六大战略重点"的平衡统一。我们每天都要牢记这六大重点，因为这六大战略重点促使我们集中优势资源在未来发展上，推动我们续写金融危机前的辉煌篇章。

以下是富国银行的六大战略重点。

1. 客户至上

我们的业务发展立足于我们始终关注客户。我们提供产品和服务以满足客户需求，通过密集而便利的银行渠道来提升服务品质、密切客户关系、提供专业指导。

2. 增加收入

收入是衡量我们客户满意度的标准。我们服务得好，我们就赚得多。我们从 90 多种业务中取得收入，这为我们提供了多元的收入渠道。

3. 控制成本

我们着眼于高效运作，通过全面管理资源和严格坚持"好钢用在刀刃上"的原则——投资客户和利益相关者最关心的事物。2014 年，我们全年的效率指标（费用／收入）是 58.1%，在我们的目标值 55% ～ 59% 之内，在同等的大银行中处于领先水平。

4. 践行富国银行的愿景和价值观

我们用愿景和价值观指导员工的工作与生活，通过我们的行动来证明我们是一家什么样的银行。

5. 联结社区和利益相关者

我们相信，我们的成功与主要利益相关者的成功是密不可分的。这些利益相关者包括客户、社区、投资人和员工。我们每天都小心地维护好这种关系。

6. 风险管理

强大的风险管理能力是我们获得长远成功的基石，所以我们将在这个领域持续地加大投入。

在深刻领悟了这些战略重点后，我们能够投入更多的人才和资源到富国银行未来发展的四大领域：创造极致的客户体验，打造数字化企业，使多样化和包容精神成为企业基因的一部分，在风险管理和运营管理中持续领先。

超出期望的客户体验

我经常被问，富国银行的竞争对手在哪些方面给我们的压力最大。我的答案是：不仅是银行业，只要是那些把客户放在第一位，对和客户发展个人关系有着巨大激情的公司，我们都心怀敬畏。这些公司重新定义了客户体验的概念，给客户提供了超出期望的服务体验。他们迫使我们加倍努力，去确保富国银行在金融服务竞赛中不被淘汰出局。这意味着，我们在客户金融生活的每个时点上，都要能提供给客户情感上和技术上的便利。

富国银行平均每分钟处理超过 2 万笔客户的交易，比如开设账户、在线支付，我们相信，在客户与我们接触的每个时刻，无论现在还是未来，富国银行带给客户的都是愉快的记忆。只有这样，才能保证客户会一直和我们合作。

在这方面，我们的工作指导原则正如我们的口号所强调的那样："和你在一起，我们可以走得更远。"⑨这意味着，我们要和客户一起工作，帮助他们实现财务成功的愿景，通过维系客户关系、提供业务指导，帮助客户创造新的生活。为了赢得这样一份成功，我们愿意付出超额的努力。这需要我们的员工养成一种重视团队协作、积极主动、用心服务的正确的思维方式。不管我们是直接服务客户，还是支持那些直接服务于客户的同事，我们所做的一切，都是为了客户。

在这里，成功还意味着接受客户的反馈，把它当作一个礼物。如果我们接受这个礼物，我们一定会取得进步。2014 年，客户的反馈指导我们提高了信用卡业务上的服务水平。这就包括与美国运通提升富国银行信用卡奖励项目的灵活性，并推出两款新的信用卡产品——全时通和全球通。依靠商业客户的反馈，我们为"富国移动 CEO"（对商业客户的移动服务项目）产品增添了新的功能，帮助商务卡客户轻松浏览、下载发票图片，报销（因公）付现费用。

数字化企业

数字化对渠道建设意义重大，这体现在我们的官方网站、移动银行体验上，也体现在我们的网点、ATM 和电话银行的创新服务上。我们是最早为 Apple Pay 提供便利移动支付选项的银行之一，我们还准备为移动客户开发更多的支付选项，因为在支付领域，我们已经有超过 1400 万个活跃客户，这代表着我们需要努力跟上这部分客户的步伐。

我们也借助科技的力量来提升网点的服务体验，当然，我们依然重视

人与人之间面对面的服务。我们这样做是因为客户仍然把物理网点视为渠道选择的重要考虑因素。实际上，在过去 6 个月里，有超过 75% 的客户造访过我们的物理网点。此外，有很多客户同时使用 3 个以上的银行服务渠道，这也给了我们联结数字化服务和网点服务的巨大机会。我们的目标是为客户提供全渠道的服务体验。

客户如果想了解新产品，可以通过我们的网站和移动应用轻松地预约专家。我们也通过电话来为有需要的客户提供新的关于存款方面的知识及信息，而不再使用寄送纸质资料的方式。同时，客户也可以自主选择是否以电子邮件和短信代替银行柜员及 ATM 交易所需的纸质单据。

我们继续以多样化的方式来减少纸张的使用。举例来说，2014 年，富国银行的网点在无纸化办公方面获得了显著成效。现在，我们有 4500 多家网点在存款、取款、支付和其他柜台交易方面都做到了全程电子化。客户办理大多数业务只需要点触屏幕，而不需要填写任何纸质表格。柜员使用高效的扫描仪办理支票存款，减少了纸质的操作流程。我们计划在 2015 年交付使用的电子交易系统具有更快的运行速度，能帮助客户更快捷地提取存款，能减少运输和操作成本。显而易见，新科技的应用，对银行和银行的客户来说，都是一件好事。

我们也在尝试更好地发挥全能行员和 ATM 自助服务体验的协同效应。在我们的试点网点中，客户能直接通过 ATM 进行交易，但如果他们需要更多的帮助，或者说有特殊交易需要批准，一名携带平板电脑的全能行员将给予各种必需的指导，帮助客户完成交易。这种辅助服务选项，能使网点在不需要个人服务的前提下，提供最好的数字化体验。

在此基础上，我们在 2014 年启动了"富国创业加速器"，用于投资那些在支付、存款和欺诈监测等领域从事技术开发的新公司。这个加速器的股权投资额度从 50 万美元到 500 万美元，每半年组织一次申报。我们希望，富国银行投资的这些极具前景的创新技术，有一天能够服务于我们的客户。

让多样性和包容精神成为我们基因的一部分

美国的人种和文化多样性正变得越来越突出。美国统计署指出，到 2043 年，美国将不再是一个多数族裔为主和单一宗教信仰占主导地位的国家。这正是富国银行在社区工作的员工要体现多样性的原因。只有这样，我们才能更好地理解客户的核心需求，更好地服务于我们的客户。

实际上，富国银行付出了很大的努力，从多方面入手，培育企业的多样性和包容精神。我本人也主持成立了多样性和包容性理事会，亲身感受到多样性文化带来的优势，尊重员工的多元化视角，并在这种良好的企业文化中，产生更多的创造力和创新精神。

富国银行的多样性努力是从高层开始的。我们有这个行业多样性特征最为明显的董事会构成：15 位董事中，妇女及有色人种达到 10 个。董事会还通过"多样性积分卡"，要求每位董事主动推动富国的多样性转变。

我们还向员工提供极具多样性和包容性的培训机会，通过支持"员工网络"，来帮助员工获得专业能力和领导能力的培训，获得资深顾问的指导和更多的社区参与机会。

具体来说，我们在这方面的成就包括：6 名女性高管当选 2014 年美国银行家中的"最有权力女性"，富国银行获评为非异性恋者的最佳工作场所，

在"人民权利运动"评选中获得满分——我们连续 12 年获得这一殊荣。此外，我们还位列多样性公司评选——老兵最佳雇主排行榜的第 8 名；《西班牙企业》最佳多样性公司排行榜第 9 名；《拉丁风格》拉美人最佳雇主排行榜第 18 名。

在风险管理和运营管理中持续领先

富国银行在风险管理方面一直是比较强的，尤其是在信用风险方面。我们的目标是夯实富国银行的管理基础，为全球所有的金融机构设置优秀的风险管理标准。我们要把扎实的风险管理实践和原则融入文化的各个层面。

我们相信：为了延续成功，满足主要利益相关者更高的期待，我们必须在不同业务的风险管理上都表现出高水平，这包括信用风险、利率风险、市场风险、流动性风险、操作风险、声誉风险和网络安全风险。我们投入巨资去巩固我们的基础设施和系统，保护客户的信息和资产安全。

当然，这并不意味着我们在努力回避风险。实际上，银行所从事的就是管理风险的行当。但我们要尽可能审慎，只有在充分了解风险和尽可能避免利润损失的前提下，才去承担风险。

我们通过三种途径来管理风险：业务一线对风险负首要的责任，充当第一道防线；风险管理团队自主判断风险，充当第二道防线；独立的审计团队最后审核，充当我们的第三道防线。

最重要的是，我们的员工都明白，当他们看到某些行为会使公司陷入巨大风险，或者与公司的文化不符时，他们有义务举手反对，并共同承担责任。在薪酬激励方面，我们也竭力确保所有的薪酬与风险管理目标保持一致。

董事会新成员

2015 年 1 月 1 日，我们欢迎伊丽莎白·杜克加入我们的董事会。她过去是美联储的成员，有着 30 多年的银行风险管理经验。她给我们带来了杰出的专业知识、领导力和丰富的风险管理经验。她负责董事会风险委员会。

最后，感谢 26.5 万名员工为我们 2014 年巨大成就所做出的杰出贡献。他们给富国银行的文化赋予了血肉。如果只让我为团队和客户做一项工作，我选择当好我们文化的守护者。这个工作不会，也不应该随这封信的结束而结束，2015 年，我们将继续培育和投资以客户为中心的企业文化，这个文化将指引我们走向成功，走向未来。

在富国银行，文化至上！

董事会主席、总裁兼首席执行官　　约翰·斯坦普

我们的业绩

表 10-2　富国银行 2013 ～ 2014 年的业绩

	2014	2013	百分比变动
年度数据			
富国银行净利润	$23,057	$21,878	5
富国银行适用于普通股的净利润	21,821	20,889	4
摊薄后每股收益	4.10	3.89	5
盈利能力比率			
富国银行净利润对平均总资产的比率（ROA）[1]	1.45%	1.51%	（4）
富国银行适用于普通股净利润对富国银行普通股股东权益的比率（ROE）	13.41	13.87	（3）
效益比率	58.1	58.3	－
总收入	$84,347	$83,780	1
税前拨备前利润	35,310	34,938	1
每股股息	1.35	1.15	17
发行在外的普通股平均数	5,237.2	5,287.3	（1）
发行在外的普通股摊薄后平均数	5,324.4	5,371.2	（1）
日均贷款	$834,432	$802,670	4
平均资产	1,593,349	1,445,983	10
平均核心存款	1,003,631	942,120	7
平均零售核心存款	701,829	669,657	5
净息差	3.11%	3.40%	（9）
年末数据			
投资证券	312,925	264,353	18
贷款	862,551	822,286	5
贷款损失准备	12,319	14,502	（15）
商誉	25,705	25,637	－
资产	1,687,155	1,523,502	11
核心存款	1,054,348	980,063	8
富国银行股东权益	184,394	170,142	8
总股权	185,262	171,008	8
一级资本（核心资本）	154,666	140,735	10
总资本	192,940	176,177	10
资本比率			
总股本对资产比率	10.98%	11.22%	（2）

续表

	2014	2013	百分比变动
风险性资本			
一级资本比率	12.45	12.33	1
总资本比率	15.53	15.43	1
一级杠杆比率	9.45	9.60	(2)
一级普通股比率	11.04	10.82	2
普通股	5,170.3	5,257.2	(2)
每股账面价值	$32.19	$29.48	9
职员人数（在岗、全时）	264,500	264,900	(3)

（除了每股账面价值、职员人数和比率外，均为百万美元，括号内数字为负值）

注：

1. 效益比率是非利息支出除以总收入（净利息收入和非利息收入）。

2. 税前拨备前利润（PTPP）是在较少非息支出条件下的总收入。管理层相信这项指标是一个有用的财务测算工具，因为它可以让投资者和其他评估公司通过一个信贷循环产生资本以覆盖信贷损失的能力。

3. 核心存款是无息存款、附息支票、储蓄单、一定市场利率、其他储蓄以及一定的外汇存款（欧元现金管理账户余额）。

4. 零售核心存款是总核心存款减掉批发银行核心存款和零售按揭托管的存款。

注释

①即 19 世纪中期美国淘金热潮汹涌的历史时期，富国银行成立前后适逢其盛，在商业模式、文化积淀上受其影响深远。

②这是富国银行人耳熟能详的一句口头禅。这句话的来历源于早期富国银行使用马车为客户运送重要物品，反映了富国银行对历史传统和文化底蕴的尊重和敬意。

③富国银行名称的来历既与两位创始人 Henry Wells 和 Willian Fargo 有关，也是"和你在一起，我们会走得更远（Together we'll go far）"的省略语。

2016 年

"我们一再强调，'关系'是富国银行的
文化核心。虽然品牌荣誉感也非常重要，但
我们最引以为豪的还是客户对我们的信任，
信任是建立关系的必备条件。"

2016 年：赢得终生合作关系

富国银行的历史可以追溯到 19 世纪中期，距今已有 164 年，这是我们区别于其他企业的独到之处。至今，我们仍然沿用创始时的品牌，继续传承创始时的业务，这在整个美国企业界中都是非常少见的。时至今日，富国银行的总部还在旧金山蒙哥马利街 420 号——164 年前，富国银行正式开业的地方。

如果您对富国银行的历史感兴趣，可以参观我们分布在美国各地的 11 家历史博物馆。然而，我要说明的是，我们最宝贵的历史资产并不是文档，也不是文物，甚至不是我们的马车，而是我们数以百万计的"关系"，包括与客户的关系、与团队的关系、与社区的关系以及与股东的关系。这些"关系"历经数代人的悉心维护，薪火相传、一脉相承。可以说，是"关系"决定着富国银行的未来。

致我们的所有者：

我们的愿景是"我们要满足客户所有的金融需求，帮助他们实现财务成功"。赢得终生的合作关系，随时随地为客户服务是我们实现愿景的基础。当我们帮助一名学生开立其人生中的第一个支票账户，帮助一个年轻的家庭购买房子，帮助一个企业扩展业务，或者帮助一位老人进行退休金管理时，我们都会站在客户的角度，向他们提供合适的产品和服务。我们相信，赢得客户业务的最佳途径是倾听和理解他们的需求。

下面分享比尔摩庄园（Biltmore House）①的案例，来说明我们是如何为客户服务的。比尔摩庄园于 1895 年由乔治·范德比尔特在北卡罗来纳州蓝岭山脉修筑而成，是美国现存最美丽的古宅和最受欢迎的旅游景点。20 世纪初，在富国银行的帮助下，范德比尔特家族沿美国东海岸拓展运输业务，并由此与富国银行形成了长期合作关系。通过倾听范德比尔特公司的意见，富国与他们共同协作，为他们提供贷款和金融服务，帮助这家企业成长。今天，比尔摩庄园每年吸引了超过 140 万的游客来此游玩，其设施不仅包括客栈和酒店，还逐渐发展为集餐厅、零售商店、酒厂和零售品牌产品于一体的大型农庄和太阳能农场，并成为美国知名的综合度假胜地。

帮助像比尔摩庄园这样的客户，并赢得忠诚的客户关系，是我们的业务核心。我们的业务范围覆盖了美国大部分家庭和企业，1/3 的美国家庭与我们建立合作关系，我们是美国最大的住房贷款发放者，超出美国其他企业，我们对此深感荣幸。数据显示，我们还是美国最大的中小型企业贷款发放者，还通过遍布 36 个国家的办事机构为跨国企业提供国际融资服务。

我们在各个细分市场保持领先地位，这一点至关重要，因为它反映了我们在客户服务能力方面的强弱程度。我们的客户包括个人、家庭、小型企业和大集团，它们都是实体经济的重要组成部分。我们没有把客户对富国银行的信任视为理所当然，我们恪守推动美国发展的神圣使命，始终致力服务好客户，管理好业务，始终将效率和效益有机地结合在一起。只有如此，富国银行才能不断成长，持续成功。正如我们经常强调的那样：我们永远不会把马车放在马的前面。

财务业绩

2015 年，尽管受到低利率环境以及全球金融动荡的不利影响，我们仍坚持聚焦客户，采用多元化的商业模式，严格执行风控纪律，确保再次取得优异的经营业绩。

2015 年，富国银行实现 861 亿美元业绩收入，较 2014 年增长 2%。富国银行拥有由 90 多种业务组成的净利息收入和非息收入组合，这种商业模式久经考验，使我们在不断变化的经济环境下能够获得可持续的经营业绩。

2015 年，富国银行的净利息收入达到 229 亿美元，摊薄后普通股每股收益达到 4.12 美元，较 2014 年增长 0.02 美元。与此同时，富国银行资产回报率达到 1.31%，资本回报率达到 12.60%。

受客户拓展和经济复苏的驱动，富国银行 2015 年年底存款总额再创新高，达到 1.2 万亿美元，较上年增长 5%；贷款总额达到 9166 亿美元，较 2014 年增长 6%，成为美国最大的贷款银行。我们在商业贷款、按揭贷款、信用卡和汽车消费贷等方面执行严格的信贷纪律和定价政策。

在我服务富国银行的 34 年里，富国银行的信贷质量一直保持优良水平。2015 年，富国银行的贷款损失为 29 亿美元，较 2014 年增长 2%，略有反弹，但净核销比率从 2004 年的 0.35% 降至 0.33%，接近历史最低水平。

2015 年，我们继续充实富国银行的资产负债表。截至年底，我们的资本充足率和资产流动性都保持在高标准的充足水平上。富国银行资本总额达到 1939 亿美元，一级资本达到 1424 亿美元，一级资本充足率达到 10.77%。

良好的经营业绩和强大的财务实力为获取更大的股东回报创造了条件。2015 年，我们通过分配股息和净股权回购，向股东提供了 126 亿美元的丰厚回报。连续 5 个季度，我们的股东回报超过上年同期。我们的季度股息分配率增长 7%，达到每股 0.375 美元，并在净值基础上回购了 7820 万股。2015 年年底，富国银行再次蝉联全球市值最高银行。

过去一年，我们继续在提升公司效率和未来再投资价值的道路上不懈努力。2015 年我们节省了 23% 的差旅费，从 2009 年起至今，我们总共减少 186 万平方米的物业面积，但我们在创新、风险管理、网络安全等方面持续扩大投资。

富国银行经营能力持续提升的另一个表现是我们在战略并购推动增长上表现良好。我们很高兴地向大家宣布，我们正在达成对通用金融的商业流通金融、卖方融资平台以及该公司其他金融业务的收购。当交易完成时，富国银行预计将增加 310 亿美元的资产，我们的团队将新纳入 2900 名原通用金融的员工。2015 年第二季度，我们完成了对通用电气资本集团商业地产贷款投资组合的交易，其中包括将近 115 亿美元的贷款购买和其他相关融资。2016 年 1 月 1 日，我们又收购了通用电气轨道车服务，包括轨道车融资、租赁和车队管理业务。

这些收购项目将推动业务发展，并为拓展我们与客户的关系提供更多的机会。良好的财务表现和客户聚焦使我们在 2015 年赢得更多的外部关注。如在 2015 年《巴伦周刊》的"世界 100 家最受尊敬公司"的排名中，富国银行位居第七，连续四年位居该排行榜中银行业首位。《欧洲货币》杂志在其 2015 年"卓越奖"评选中，授予富国银行"美国最佳银行"荣誉称号。《银行家》杂志则授予富国银行"美国最佳银行"和"全球最佳银行"荣誉称号。

表 11-1　世界上市值最高的公司排名

公司	市值（十亿美元）
苹果	587
Alphabet[②]	528
微软	443
伯克希尔·哈撒韦[③]	325
埃克森美孚[④]	325
亚马逊	317
Facebook	296
通用电气	294
强生	284
富国银行	277
摩根大通	243
中国工商银行	243

资料来源：彭博社，除有特别注明外，均为美国公司，按 2015 年 12 月 31 日的市值计算。

"我们一再强调，'关系'是富国银行的文化核心。虽然品牌荣誉度也非常重要，但我们最引以为豪的还是客户对我们的信任，信任是建立关系的必备条件。"《富国银行的愿景和价值观》是我们 20 多年前首印的一本小册子，没有其他文献比它更能诠释我们"关系为基、聚焦客户"的企业文化。

赢得与客户的关系

通过遵循一些简单的原则，我们努力让每一个"关系"——不管是新"关系"还是老"关系"，都变成了持久的"关系"。我们把客户放在第一位，把他们当作尊贵的客人。我们帮助客户实现资产增值，致力让客户满意，为实现他们的利益最大化而努力。简而言之，我们与客户站在一起。

当我们严格遵循这些原则时，我们就获得信任并赢得跨越几代人之间的长久关系。正如客户最初对富国银行的信任一样，他们在 19 世纪开始就使用我们的驿车运输贵重物品，今天则将他们的金融需求托付给我们。

赫斯特家族就是这样的客户之一。我们和赫斯特的合作关系已有 100 多年的时间。身为一名矿业开发企业家，乔治·赫斯特从 19 世纪 90 年代开始使用富国银行的驿站马车和快递运输服务，为美国铸币厂运送金银。他的妻子菲比是一个活跃的投资者和慈善家，一直支持和信赖富国银行的投资和信托业务。多年来，随着赫斯特家族从最初的一家矿业公司和一家报纸，成长为今天世界顶级的私人媒体和信息公司，其业务范围已扩展到 150 多个国家，旗下企业已发展到 360 多家，我们与他们的关系也随之不断扩展。我们很荣幸能为赫斯特家族提供帮助，使之成长为一个大型集团，今天我们之间的关系仍然牢固而紧密。富国银行财富和投资管理部门负责满足赫斯特家族的个人金融需求，批发银行部门为赫斯特企业提供如信贷、财务管理、债券资本市场、信托和投资银行等公司金融服务。

富国银行能获得与客户深度持久关系的关键，不仅在于我们了解客户，还包括理解他们如何定义财务成功。我们真心期望客户成功，富国银行的各个条线努力工作的目的，就是不断给客户提供他们所需要的产品和服务，并帮助他们实现成功。

我们高度重视小型企业金融服务，非常认可小型企业在当地社区和整个经济中的重要作用。2015 年，富国银行与美国约 300 万小型企业主保持合作关系，无论是贷款发放笔数还是贷款额度，我们在美国都是领先的。富国银行小型企业工程倡议启动于 2014 年，为小型企业主提供资源、指导和服务，我们计划在 2018 年前新增 1000 亿美元小型企业贷款，目前该计划的进展超出预期。

与小型企业客户保持关系最有意义的是与客户共同成长并帮助他们实现长期成功。富国银行与德舒特啤酒厂的关系就是一个范例。1998 年，我们向企业家加里·菲什提供创业贷款，帮助他在俄勒冈州本德市开了一个啤酒吧。他的工艺啤酒很快大行其道。直至今天，加里的公司已经发展到 472 人的规模，员工持股达到 7.9%。我们为德舒特啤酒厂的每一步发展都提供了综合服务，包括资金支持、现金管理、财务建议和辅助服务。现在，作为富国银行的公司银行客户之一，德舒特公司的啤酒畅销 28 个州，成为美国十大工艺啤酒之一，它的广告语"原产俄勒冈州本德市"也变得家喻户晓。"我们从一开始就一直得到富国银行的支持，"加里说，"是富国银行给了我们第一笔贷款，使我们的事业得以起步。"

巩固团队关系

富国银行是一个关系导向型公司，巩固团队关系与发展客户关系同等重要。光凭产品和技术不足以履行我们向客户的承诺，只有我们的员工才能做到这一点。我们的员工训练有素、务实能干，我认为他们比其他银行的员工更有活力。

以特里·斯塔普为例。特里是富国银行在印第安纳州韦恩堡的一名网点经理，她在我们公司工作超过40年。特里是位经验丰富的团队领导，她的热情感染着身边的每一个人。她常对她的团队说："我们很开心，我们是一个家庭！"特里深刻认识到赢得与客户关系的重要性。鉴于社区客群的多样性，特里要求团队成员在欢迎客户时使用三种语言（英语、缅甸语和西班牙语）。为此，她在团队建设中积极招募那些来自缅甸、越南和西班牙裔移民中的新成员。

我们一直坚信，员工是富国银行最宝贵的资源，我们希望与他们长久地走下去。为此，我们加大了人力资本的投资，向他们提供有竞争力的薪酬、专业培训和发展空间、领导力培养机会和可负担的福利项目（卫生保健选项、工作与生活平衡计划、与业绩挂钩的养老保险、学费报销、可自由支配的利润分享计划等）。

无论岗位区别、地位高低，我们希望所有的员工都能践行我们的愿景和价值观，为这个愿景和价值观分担一份责任。正如《富国银行的愿景和价值观》所言，富国银行所定义的领导力，就是建立、分享和沟通我们的愿景以及激励、引导他人理解和接受我们为实现愿景所做的努力。

鉴于富国银行的成功取决于每个团队成员，每年我们都要通过调查、倾听去了解员工在想些什么。这点非常重要，因为员工对公司的感情越深厚，他们就越有可能培育持久的客户关系。2015年，我们员工的整体"敬业度"继续提升，在5分制中得分4.25，较2014年的得分（4.22分）进一步提高。盖洛普公司负责组织我们的年度调查，他们在2014年和2015年连续授予富国银行"盖洛普伟大工作场所奖"，这个奖项是用来褒奖世界上最有凝聚力和创造力的企业。

这些认可和奖励反映出：我们的员工关爱文化推动着我们的客户关系和团队关系不断向前。这种文化的核心在于我们公司全体一起努力，用我们的心，而不单是头脑，去维护和赢得与客户的关系。

最近有一封客户来信，让我充分感受到了"关系改变生活"的力量。五年前，这个客户会定期到俄勒冈州波特兰的一个银行网点提取工资。渐渐地，他与网点经理鲁维姆•克鲁茨克夫熟识了。鲁维姆意识到这位客户需要开设一个银行的安全性账户，但是他的信用记录存在瑕疵。于是鲁维姆先帮客户开立了一个机会支票账户，这是富国银行专门为信贷记录存在问题的一类客户开立的账户。后来，这位客户逐渐改善了他的信用记录，伴随着他的业务增长，他相继开办了常规账户、信用卡、房屋抵押贷款等，并提高了银行对他的信用额度。他写信告诉我："我的进步归功于鲁维姆的支持……我在富国银行找到了真正被关爱的感觉。"

当灾难发生时，我们也坚定地和客户站在一起。如 2015 年休斯顿地区发生特大洪灾，在死难者哀悼日，富国银行当场捐赠了 27.5 万美元用于救灾工作；我们的员工还成立了一个专门救灾的特别反应工作小组，一周 6 天，每天工作 10 个小时以上，向客户提供现金和抵押贷款援助、保险索赔处理等服务，并启动了经济纾困计划。我们也向其他发生灾难性事件的地区提供资金支持和救灾服务，如美国西部以及阿拉斯加的火灾、南卡罗来纳州的洪灾和尼泊尔的地震等。

赢得与社区的关系

在富国银行，我们通过创建一个积极、持久的联系，赢得了与社区的长期合作关系。我们是一个面向大众的银行，承诺通过积极运营、扩大业务实践、提供就业机会、发展慈善事业和增加社区参与度，发展好社区。

富国银行的员工积极向非营利组织以及他们青睐的机构提供志愿者劳动或捐献金钱。2015 年，富国银行员工自愿向非营利组织和学校提供 180 万小时的志愿者服务并捐赠 9880 万美元。连续七年，全球联合之路（United Way Worldwide）®将富国列为在美国工作场所捐赠运动中贡献最大的企业。

除了员工个人的慷慨捐款，富国银行也捐赠了大量的现金。在过去的五年（2011～2015）中，富国银行共捐赠了 14 亿美元以推动社区振兴、支持慈善组织和推动当地经济增长。

我们积极关注富国银行所在社区的环境，积极参与他们的活动。下面就是一些例子。

组织关系：我们致力满足社区内的各种客户需求。富国银行曾郑重承诺过支持那些已经退役或者仍在服役的军人们。自 2012 年以来，我们捐赠了超过 6600 万美元，用于支持非营利组织，向他们提供教育、职业培训和直接的财产援助等，包括向受伤的退伍军人和他们的家庭捐赠了 300 多套房子。我们雇佣了超过 8000 位退伍军人，有望在未来聘请更多。

此外，为振兴社区，富国也与非营利组织携手合作，如富国与城市经济发展协会（MEDA）保持了长期的合作关系。1971 年，富国银行与其他商业领袖在明尼阿波利斯市共同创立城市经济发展协会，这个协会的宗旨是为了支持少数族裔投资兴业、创办企业，为他们提供平等的经济发展机会。

自创立以来，城市经济发展协会为 19000 多名企业家提供了帮助，并协助其中的近 500 家企业成功启动创业计划。H&B 电梯是城市经济发展协会的一个成员，也是我们在明尼阿波利斯新办公楼的一个建筑分包商。它由一个非裔美国人创办，主营建筑电梯内饰设计和制造业务。

我们很高兴能与像 H&B 电梯这样的多样性供应商一起工作，为此我们设置了一个合作目标，即向多样性小型厂商的采购支出应占到我们年度采购预算的至少 10%。2015 年我们超过了这一目标。

经济：我们专注于在服务水平低下的社区加强个人金融知识培训和提供学习机会。通过掌上银行项目，我们继续向军人、老年人、小型企业主和青年提供免费的财务教育课程，该项目我们已经坚持 13 年。住房安全和可持续建设一直是社区的关键需求。从 1993 年富国银行房屋基金创立以来，我们的员工提供超过 470 万小时的义工服务，帮助修建和修复近 5600 套家庭住房。我们与美国各地的"仁爱之家"®分支机构也有着长期的合作关系。

此外，自 2012 年以来，我们提供了超过 2.78 亿美元的首付支持或其他金融援助，帮助 39 个社区的 10725 户家庭拥有了他们自己的房子。我们也通过推动全美西班牙裔房地产专业人士协会的西班牙财富项目，为更多的西班牙裔购房者提供支持。为了推动这个项目，富国银行住房按揭部门推出了一个计划，该计划通过在多样化社区广设网点、推荐工作机会、提供产品和项目、支持住房所有权的多样性发展，在未来 10 年内向西班牙裔购房者提供 1250 亿美元的抵押贷款。

环境：我们在努力推进低碳经济，减少气候变化带来的不利影响。我们的"环境解决方案，社区专项援助五年计划"于 2012 年启动，这个计划向超过 250 个非营利组织提供了超过 980 万美元的资助，旨在促进美国各地社区加强对话沟通和提升环境可持续性。

我们通过减少浪费和使用可再生能源，努力使内部运作更有效率。富国银行旗下 418 家银行网点以及其他一些办公区域（共计超过 186 万平方米的办公面积）获得了"能源和环境设计领导者标准"（LEED）⑦认证。美国绿色建筑委员会也认可我们的努力，于 2015 年授予我们"金融行业绿色建筑领导者"的荣誉称号。

想要了解更多关于我们社区工作的信息，可以参阅富国银行企业社会责任报告。您可以在富国银行的官网 wellsfargo.com 下"关于富国银行（About Wells Fargo）"一栏查阅到这份报告。

强化与股东的关系

我们致力通过创造长期的辉煌业绩，建立与股东的长期关系，并获得他们的信任。

我们相信，通过向投资者展示我们的长期优势，包括基础产品的市场领导地位，多样化和结构均衡的收入来源，严格的风险纪律，有经验的管理团队和一致的文化，我们就能够持续维持股东关系的稳定。

我们的竞争优势和优异的财务表现为我们提供比往年更多的股东回报创造了条件。我前面提到，在 2015 年我们通过普通股股息分配和净股票回购向股东提供了 126 亿美元的投资回报。

在过去 5 年和 10 年（截至 2015 年 12 月 31 日）里，我们始终坚守对股东的长期承诺，富国银行的股东整体回报在银行业中处于领先地位。

表 11-2　股东总回报（年化）

	5 年	等级	10 年	等级
富国银行	14.7%	1	8.5%	1
美国银行	5.4%	11	-7.6%	10
BB&T	10.5%	6	2.7%	5
第一资本	12.4%	2	-0.4%	6
花旗集团	2.0%	12	-18.6%	12
五三银行	9.2%	8	-3.5%	8
摩根大通	12.1%	4	7.9%	2
KeyCorp 公司	10.3%	7	-6.3%	9
PNC 金融服务集团	11.9%	5	7.1%	3
美国地方银行	7.9%	10	-9.5%	11
美国太阳信托银行公司	9.1%	9	-3.0%	7
美国合众银行	12.1%	3	6.6%	4
标准普尔 500 指数	12.5%	–	7.3%	–
纳斯达克银行指数（BKX）KBW	9.1%	–	-1.0%	–

资料来源：彭博社，包括股价增值和股利再投资增值，截至 2015 年 12 月 31 日。

积极为未来做准备

我们对过去能与客户保持密切的关系倍感自豪，但是我们不能止步于过去的成功和拘泥于过去的成功模式。世界正在迅速改变，我们要在坚持"以客户为中心"的前提下不断推进创新。除了之前提到的六个战略重点，我们还要抓住四个新的关键驱动因素，这些因素对我们未来的成功至关重要。

1. 创建超出期望的客户体验

客户体验是富国银行"关爱文化"的焦点，关爱文化体现为如何对待客户和同事。我们的同事每天都要用积极的态度对待客户。这种心态对我们的成功至关重要，以至于我想说我们"聘请的是态度，训练的是天资"。

卓越的客户体验也源于乐观进取的心态。我们不断改进服务客户的方法，一旦有更好的方法，我们一定会第一时间为客户找到。如 2015 年"打造更好的银行开户步骤"项目，我们为零售银行客户优化了开户程序。这个项目为客户提供了如何节省服务收费的信息，解释了在众多类型的提示信息中如何选择和设置，以及其他关键资源。所有这些附加服务都在开设账户的一小时内提供。

我们要让客户意识到，选择富国银行便会得到不断提升的服务。这意味着我们要与客户保持清晰的沟通，如及时发送账户交易的信息提醒等。我们提供免费的退休评估和在线教育资源，如"智能信贷中心"和"我的钱图"——这是一个通过简单易懂的图表帮助客户跟踪支出、预算、储蓄情况的在线工具。我们希望通过这些工具，解决客户关心的问题，从而尽我们所能去帮助他们实现财务成功。

2. 数字化企业

我们继续在企业内推广新的技术产品和适用渠道。我们的客户对富国银行的短信和电子邮件提醒，Apple Pay 和 Android Pay 这样的支付解决方案，以及企业客户和零售客户的生物识别身份验证业务试点（预计今年迟些时候正式推出）反响热烈。我们在 2015 年推出的"您的贷款追踪者（YourLoanTrackerSM）"服务，允许我们的客户使用台式电脑、智能手机或平板电脑，通过我们的"家庭金融"程序实时监控贷款的状态。

我们尽量小心地应用这些创新技术，以避免各渠道区隔开来。创新的价值应在于技术的一致性和连贯性。这意味着我们所有的分销渠道（网点、电话银行、自动取款机、网银、手机银行）要一起协作，紧密联结我们的产品，为客户创造价值。

在 2015 年，富国银行从现有的团队中抽取一部分员工组成一个跨职能的创新团队，去探索金融服务技术创新的前沿。创新的关键领域包括研究和开发、支付策略、设计和交付以及分析。

3. 让多样性和包容精神成为我们 DNA 的一部分

作为一家面向普罗大众的平民银行，我们员工构成的多样性至关重要，因为员工构成的多样性对应了社区的多样性，这样我们就能更好地理解和满足客户的多样性需求。富国银行以多样性著称，从董事会到管理层，再到直接面对客户的一线员工等各层级都体现了多样性。富国银行的员工以美国人为主体，其中女性占到 57%，少数族裔占到 41%。我们的四个主要业务条线部门中有两个由女性执掌，我们的董事人员结构在整个金融行业中也最具多样性（44% 的女性和 31% 的少数人种族裔）。

我们的宗旨是尊重和服务所有客户，包括残障客户。我们尤其关注利用技术来消除可达性障碍。我们是第一家为视力受损客户提供 ATM 自助语音服务的银行，这些自动取款机会使用英语和西班牙语进行播报。我们还提供盲文的信用卡和借记卡。

很多专门监控多样性和包容性的外部组织认可了我们的努力，对此我感到很高兴。在《多样性企业》组织的评选中，富国银行获评为同性恋员工首选雇主榜第一名、退伍军人首选雇主榜第七名、最具多样性总体排名第十一名；《拉丁风格》评定富国银行为拉丁裔最佳雇主榜第八名。另外，在 2016 年的"公司平等指数"评分中我们得了满分，"公司平等指数"反映公司如何看待 LGBT®群体。在这一点上，富国银行连续 13 年获得了满分。

4. 领先的风险管理水平和卓越的运营能力

有效的风险管理实践帮助我们更好地服务客户，维护和提升市场地位，维护富国银行的安全、稳健和良好的声誉。我们认为，信任是任何有价值的"关系"的核心。在富国银行，每一位员工都对风险管理承担责任。

保护客户的资产并提供经济保障是富国银行风险文化的核心原则。我们将继续在风险管理和信息安全方面加大投资，以此实现我们保护客户信息和资产安全的目标，为达成这个目标，我们加固了基础设施和技术系统，设立金融行业风险管理持续领先的全球标准。

卓越的运营管理水平是我们愿景和价值观的一部分，更是我们为股东创造价值的关键驱动因素。富国旗下的每一个公司都努力将运营管理能力提升至卓越，它们持续优化业务结构，提升客户体验，消除风险隐患并提高运营效率。

结束语

如果忽略董事会成员的努力工作，我们的年度报告将会不完整。他们的知识、经验和领导力是富国银行成功的必要条件。我想感谢朱迪·朗思达德，她将在今年4月的年度股东大会上正式退休。朱迪于1998年加入我们的董事会，她一直是一位杰出的董事。我们感谢她的贡献和辛勤付出。

在富国银行继续前进的过程中，我们将继续聚焦赢得和构建终生的"关系"。这是我们过去164年一直在做的工作，也是我们文化的核心。

我由衷感谢富国银行的26.5万名员工，他们表现出了极强的服务能力。

他们专注于创建和维护与客户的关系，始终把客户的利益放在首位；感谢客户给我们机会去满足他们的金融需求；感谢我们的社区合作伙伴，我们会一起致力改善社区；感谢我们的股东，因为他们始终信任并持续投资富国银行。

谢谢您给了我们获得和培养"关系"的机会，这是富国银行过去和未来成功的核心。

董事长兼首席执行官　约翰·斯坦普

我们的业绩

表 11-3 富国银行 2014 ～ 2015 年的业绩

	2015	2014	百分比变动
年度数据			
富国银行净利润	$22,894	$23,057	（1）
富国银行适用于普通股的净利润	21,470	21,821	（2）
摊薄后每股收益	4.12	4.10	－
盈利能力比率			
富国银行净利润对平均总资产的比率（ROA）	1.31%	1.45%	（10）
富国银行适用于普通股净利润对富国银行普通股股东权益的比率（ROE）	12.60	13.41	（6）
效益比率	58.1	58.1	－
总收入	$86,057	$84,347	2
税前拨备前利润	36,083	35,310	2
每股股息	1.475	1.350	9
发行在外的普通股平均数	5,136.5	5,237.2	（2）
发行在外的普通股摊薄后平均数	5,209.8	5,324.4	（2）
日均贷款	$885,432	$834,432	6
日均资产	1,742,919	1,593,349	9
日均存款总额	1,194,073	1,114,144	7
日均储蓄及小型企业银行存款	680,221	639,196	6
净息差	2.95%	3.11%	（5）
年末数据			
投资证券	$347,555	$312,925	11
贷款	916,559	862,551	6
贷款损失准备	11,545	12,319	（6）
商誉	25,529	25,705	（1）
资产	1,787,632	1,687,155	6
存款	1,223,312	1,168,310	5
普通股东权益	172,036	166,433	3

续表

	2015	2014	百分比变动
富国银行股东权益	192,998	184,394	5
总股权	193,891	185,262	5
资本比率			
总股本对资产比率	10.85%	10.98%	（1）
风险性资本			
一级普通股比率	11.07	11.04	—
一级资本比率	12.63	12.45	1
总资本比率	15.45	15.53	（1）
一级杠杆比率	9.37	9.45	（1）
普通股发行数	5,092.1	5,170.3	（2）
每股账面价值	$33.78	$32.19	5
职员人数（在岗、全时）	264,700	264,500	—

（除了每股账面价值、职员人数和比率外，均为百万美元，括号内数字为负值）

注：
1. 效益比率是非利息支出除以总收入（净利息收入和非利息收入）。
2. 税前拨备前利润（PTPP）是在较少非息支出条件下的总收入。管理层相信这项指标是一个有用的财务测算工具，因为它可以让投资者和其他评估公司通过一个信贷循环产生资本以覆盖信贷损失的能力。
3. 平均及储蓄存款和小型企业银行存款是指总存款减去批发银行存款和按揭托管资金。
4. 每股账面价值是普通股股权除以发行在外的普通股数量。

注释

① Biltmore House，号称为美国最大的私人庄园，坐落在美国北卡罗来纳州一个小城市 Asheville。

② 谷歌重组后的"伞形公司"（Umbrella Company）名字，Alphabet 采取控股公司结构，把旗下搜索、YouTube、其他网络子公司与研发投资部门分离开来。

③ 伯克希尔·哈撒韦公司是美国一家世界著名的保险和多元化投资集团，其灵魂人物即股神巴菲特，该公司也是富国银行最大的股东。

④ 埃克森美孚公司是世界最大的非政府石油天然气生产商，总部设在美国得克萨斯州爱文市。

⑤ United Way Worldwide，全球最大的私人支持的非营利性组织，是连接企业与社区，以及开发能够为社区带来长期积极变化且有成功和透明计划的领导者。

⑥ 即 habitat for humanity，一个旨在帮助穷苦的人们建盖属于他们自己的房子的组织（译者注）。

⑦ LEED 是一个评价绿色建筑的工具。宗旨是在设计中有效地减少对环境和住户的负面影响。目的是规范一个完整、准确的绿色建筑概念，防止建筑的滥绿色化（译者注）。

⑧ LGBT 是女同性恋者（Lesbians）、男同性恋者（Gays）、双性恋者（Bisexuals）与跨性别者（Transgender）的英文首字母缩略字（译者注）。

2017 年 ▶

"在虚假账户风波后，我们的董事会和管理层已经进行重大的调整和改组，我坚信风暴之后的富国银行将会更加强大。"

2017 年：我们的承诺

在重建信任时，我们期待第三方机构的支持。为什么呢？我们并不知道所有问题的答案，当我们着力解决问题并希望错误永远不再犯时，我们应该有非常开放的学习态度。包括但不限于为了适应监管要求在所有业务条线调查销售政策时所需要的内容，还包括前面提到的道德水准，以及对我们企业文化的全面诊断。

亲爱的股东们：

自 1852 年以来，富国银行一直致力通过满足客户的金融需求，帮助他们实现财务成功来赢得客户的信任，同时我们始终在诚信方面坚持高标准。这就是我的董事会同事以及我本人对在未经客户申请、甚至在客户不知情的情况下私自开设账户，从而有损客户信任的行为感到非常难过的原因。无论是对于董事会而言，还是对于辛勤工作且坚持高标准道德要求的绝大多数员工而言，这种行为都是不可接受的。

我们采取积极有力的行动来根除这种错误的行为，并补偿了那些利益受损的客户。由此，我们认识到必须对我们的企业文化、管理体系和管理层进行根本性的调整和改进。其中最引人注目的是我们提名蒂姆·斯隆（Tim Sloan）为富国银行的新 CEO，任命玛丽·马克（Mary Mack）为社区银行的负责人。蒂姆和玛丽正在推动富国银行社区银行条线的文化、绩效管理、激励机制和风险报告架构的改革，所有这些都是为了确保那些问题不再发生。这些改变以及所有围绕为客户做正确的事而推出的举措，在随后蒂姆的信中会详细说明。

富国银行的董事会积极介入了管理层的这些改革举措，并采取了进一步的行动来提高我们的监督水平和治理能力。我们修改了规章制度，明确由独立董事担任董事会主席，并通过提名贝特西·杜克（Betsy Duke）担任董事会副主席来提升我们的领导力。我们还持续推进董事会成员结构的新陈代谢，选举了两位杰出的新董事，以接替两位长期任职的资深董事。我们还修改了董事会的组织章程，以加强对团队文化、道德标准报告以及客户投诉等方面的监督。

由独立董事受命开展调查，以确保我们能够找到销售问题的根源，并从中吸取教训，保证未来不再犯这一错误。我们希望在 2017 年股东年会前向公众报告我们的调查结果。

为此，我们开展了一系列重大的补救活动，强化对高管层关于有损富国银行声誉问题的问责。董事会接受了约翰·斯坦普（John Stumpf）的辞呈，他将失去作为董事会主席兼首席执行官的 4100 万美元未行权的退休金。同时董事会要求嘉丽·陶斯特（Carrie Tolstedt）辞去社区银行负责人的职务，并扣除其价值约 1900 万美元的未行权期权。

此外，考虑到这一事件对富国银行 2016 年的的股东利益造成的影响，我们 11 人组成的经营层中在 2016 年 11 月后继续留任的 8 位，包括新任 CEO 蒂姆·斯隆在内，2016 年不会享受现金津贴，并且最高将被扣除其 2014 年递延绩效奖励的 50%，基于 2016 年的目标薪酬和 2017 年 2 月 28 日董事会作出决议时的股价水平，他们总计将损失 3200 万美元。

在虚假账户风波后，我们的董事会和管理层已经进行重大的调整和改组，我希望能够确保与富国银行关系重大的股东不发生重大变化。我们服务于美国三分之一家庭的金融需求，我们始终承诺为股东创造长期价值，提供丰厚回报，通过多样化的商业模式，在各种不同的市场条件下我们都做到这些。然而，毋庸讳言，虚假账户事件已经损害公司声誉和客户信任关系，董事会、管理层以及 26.9 万名团队成员决心重塑声誉、重建信任，我确信这次考验和教训将推动富国银行在未来变得更加强大。

董事会主席　*史蒂芬·桑格*

致我们的所有者：

这是我第一次在年报上向股东写信，作为与您和公司之间进行连续的、常规性沟通的一部分，我很高兴有这么一个机会与您交流我对富国银行的看法，包括我们的成绩、挑战以及围绕重建信任所做的坚定举措。

2016 年 10 月，我很荣幸被董事会聘任为首席执行官，接替约翰·斯坦普带领富国银行走向未来。约翰成功地带领富国银行安然度过了 2008 ~ 2009 年的金融危机，并完成了最大的银行并购。现在，在富国银行 165 年发展史上的关键时刻，我将带领公司继续向前。

首先，我想清楚地表明，富国银行的基础坚若磐石。尽管当前面临许多挑战，但我坚信，我们潜在的业务实力和着眼长远的管理体制将使我们继续受益。就像您将在后文中读到的，我们处在关键的时刻，为了所有的利益相关者，我们将全力以赴。我们郑重地看待团队成员、客户、股东和社区的托付，我们牢记使命，勇于担当。

2016 年，我们遭遇了富国银行历史上最艰难的挑战。因为零售银行条线推行一些不可接受的销售策略，导致销售人员为不知情、未提出申请、不需要开立账户的客户私自开立账户。这些被曝光的行为有悖于富国银行的价值观，同时损害了富国银行的声誉以及富国银行所有利益相关者之间的信任关系。在此，我保证我们会严肃地看待该事件，我也坚信风暴之后的富国银行将变得更加强大。

对于此事的处理，我们的首要任务是重建信任，包括为客户和员工做正确的事，从问题的根源入手解决问题，在未来打造一家更好的银行。我们将加大与所有股东的沟通力度，坦诚交流，使得沟通更加顺畅。

我们开展了全面的追溯和调查工作，以便搞清楚犯错的原因以及在什么地方犯了错。只有从错误中吸取教训，我们才能意识到零售业务部门这些错误的销售政策最终导致的后果。它们损害了客户、员工以及公司的利益。如果我们不能最快地认识错误，就不能迅速地解决好这些问题。

这些错误的行为都是不可接受的，我们必须永远吸取这次教训。要想富国银行恢复在世界上最好的金融机构地位，我们就必须有所行动。

重建信任

为客户和员工做正确的事

我们承诺为所有股东做正确的事情，重建信任关系。这是一项长期性的工作，需要担当、耐心和行动。

对此，我们聘请了第三方机构来调查富国银行的账户开立情况，查找受到影响的客户。我们调查了 9400 万个支票、信用卡和无抵押账户，时间跨度从 2011 年到 2016 年。通过这次调查，我们向 130000 个未经客户授权而开立的账户退还总计 320 万美元的费用。我们同时通过电子邮件、短信和明信片的方式与大约 4000 万零售客户、300 万小型企业客户取得联系，确保那些受到虚假账户事件影响的客户能够联系上我们。为了帮助那些信用记录受到影响的客户，我们调查了那些未经授权开立信用卡客户的信用记录。我们还准备在监管法令的要求之外，进一步扩大调查范围，对 2009 年至 2010 年的账户开立情况进行全面调查。

除此之外，我们也要与团队成员重建信任。这个工作的重心在于沟通的频率和透明性更高。从 2016 年 9 月至 2017 年 1 月，管理层在 40 多个城市举办了 50 场面对面的员工交流活动，数千名员工参加了面对面的交流。同时，数万名员工通过办公邮件以及其他远程沟通工具参加了交流。

不仅如此，我们还努力寻求员工的积极反馈，并把他们的反馈意见落到实处，以推动富国银行更好地发展。比如，我们邀请那些以往更多关注自身工作和公司业务的团队成员以第三方机构视角来重新审视公司道德规范标准。他们的意见、建议将在很大程度上影响到这一审视、回顾过程，并将对规范标准的改进产生影响。此外，我们还将定期调查、整理团队成员对公司的感受。2017 年，我们将通过委托独立第三方机构开展全面调查，每一个富国银行的员工都将受邀对企业文化提出意见与建议。

我们重建信任的努力还包括与社区领导者建立长期、持久的沟通与交流关系。我们希望被视为致力振兴社区的非营利组织和可信赖、可依靠的合作伙伴。自 2015 年 9 月以来，我们一直与非营利组织保持例行性的会见，通报我们在重建信任方面采取的具体举措。

此外，我们还加强了与联邦、州政府以及当地事务中的民选官员和监管部门的交流，回答他们的提问，听取他们的反馈意见。我们认真解决政府机构、地方官员及其代表的美国公众所关心的问题，并承诺重新获得他们的信任。

最后，我们还努力向投资者披露更多的信息，使他们能够更加轻松地了解虚假账户事件对业务的影响以及采取的应对措施。举例来说，从 2016 年 10 月起，我们开始提供零售客户活跃度的月度最新动态。2017 年 5 月，我们将举办一个非例行性的投资者日活动，向投资者提供更多的信息，这些信息包括为客户提供更好的服务以及为打造更加强大的富国银行所做出的改变和努力。

尽管诸事丛杂，但我们的焦点是坚守核心长远价值——尊重和珍惜客户、员工、股东以及社区伙伴。

解决问题

在重建信任时，我们期待第三方机构的支持。为什么呢？我们并不知道所有问题的答案，当我们着力解决问题并希望错误永远不再犯时，我们应该有非常开放的学习态度。包括但不限于为了适应监管要求在所有业务条线调查销售政策时所需要的内容，还包括前面提到的道德水准，以及对我们企业文化的全面诊断。

在社区银行板块，我们对高层进行了调整。玛丽·马克承担了领导责任。此前，她已经做出决定性的修正，包括在 2016 年 10 月 1 日取消了一线员工的产品销售指标，旨在确保零售客户经理不至于将自己的利益放在客户的利益之前。我们还引入了一套神秘的销售课程，并加强了与客户的交流和互动，包括开立新的支票账户和储蓄账户时自动向客户发送电子邮件确认、在客户提交信用卡申请时向客户寄信。

2017 年 1 月，在一家卓越的人力资源开发咨询公司的帮助下，我们推出了一个针对零售客户经理的新激励计划。这个计划的重心在于强调团队意识而不是个人英雄主义，更加重视监督控制。这个计划的基础是更好地向客户展示富国银行的价值观并提供高质量服务。虽然以上只是零售银行条线改革的一个方面，但我们相信它对服务质量的提升具有深远的影响。

打造一家更好的银行

重建信任的举措还包括提高公司的治理水平，聚焦于为客户提供最好的服务和最好的保护，今天，明天直到永远。

2016 年年初，我们在集团风险部门成立了诚信与伦理监督办公室（Office of Ethics, Oversight and Integrity），确保团队成员在工作中遵循富国银行的愿景和价值观，使员工和客户权益得到保护，倾听员

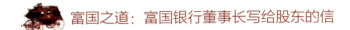

工对工作中不断增加的诚信问题的看法并采取行动。这个办公室整合了原有全球道德与诚信、销售监督、内部调查和投诉监督等部门的职责。此外，这个办公室还将为全公司管理者提供额外培训，因为我们希望他们在团队成员问题不断增加过程中能够采用有效且适当的方式进行处理。

有效的风险管理保护并将使所有股东获益。2016 年，我们付出巨大努力对公司风险管理体系进行重新评估。最终做出几项重大变革，包括将商业企业条线绝大多数风险管理成员调整到公司金融条线，使其工作角色更加清晰，提升了工作的延续性和协调性并加强监督。

此外，我们在全公司范围内启动了员工队伍的大集中与重组，涵盖金融业务、市场营销、信息交流、人力资源与合规等团队。这一解放人力资源行为是公司核心的优先级战略，不仅使员工更加有效、协调地配合，还提高员工服务的稳定性、有效性。

同时，我们更关注创新，成立了新的商业体，支付、远程虚拟解决与创新部门（Payments, Virtual Solutions and Innovation）。由埃维德·穆贾得拜（Avid Modjtabai）领导。这个团队主要是为客户研发新一代支付和基于网络的数字服务系统，使得客户可以在任何时间、地点以任何方式获取银行服务，我们非常荣幸能够有机会以高科技形式搭建一个银行与客户之间独一无二的服务渠道。

财务报告

尽管 2016 年面临诸多挑战，公司仍然为股东献上了不俗的经营业绩。受益于一个均衡的净利息收入与非息收入的结构，富国银行 2016 年收入达到 883 亿美元，较上年增长了 3%。净利润为 219 亿美元，摊薄后每股收益为 3.99 美元。

在 2016 年低利率环境、经济增长低迷、全球市场动荡（包括油价的戏剧性下跌）等重重挑战下，我们能获此佳绩实属不易。这得益于团队成员的众志成城，得益于多元化商业模式的红利，也得益于严格的风险管理。实际上，2015 年第四季度，富国银行连续第十七个季度净利润达到 50 亿美元以上——美国仅有两家公司做到这一点。

我们长远价值创造的核心基石——存款、贷款和资本，在 2016 年持续增长，截至 2016 年年底，全行存款总额达到 13000 亿美元，较上年增长 7%；全行贷款总额达到 9676 亿美元，较上年增长 6%。贷款总额在美国银行业中位居第一。

受益于商业不动产、消费者不动产的良好表现和住宅地产价值的持续提高，富国银行的资产质量继续保持在优良水平。2016 年，富国银行不良贷款余额达到 9.98 亿美元，较上年增长 9%，信用损失达到 35 亿美元，较 2015 年增长 22%。这主要是由于我们在石油、天然气行业的资产出现了重大损失。尽管如此，2016 年我们的净核销比率仅为 0.37%，与 2015 年的 0.33% 相比波动幅度不大，保持在历史低位。

从资本的角度看，2016 年年底富国银行的所有者权益达到 2005 亿美元，一级资本总额达到 1464 亿美元，一级资本充足率达到 10.77%，显著高于 9% 的监管门槛要求。

我们始终坚持提高运营效率，2016 年取得了新的进展。我们通过集约经营、流程优化、杜绝浪费和控制不合理开支，将节约下来的成本用于扩大对稳定发展有益的再投资，包括加大业务创新、加强风险管理以及持续投资科技和网络安全技术。

公司最新进展

尽管 2016 年面对诸多挑战，但我们的团队成员继续致力服务于满足客户的金融需求。这既源于我们对客户的坚定承诺，也源于他们对富国银行的不离不弃。三分之一的美国家庭享受富国银行提供的金融服务。

我们的客户

我们的客户信赖富国银行包括移动渠道、电子渠道和网点设施在内的全渠道运营体系，信赖富国银行的养老金融服务，信赖富国银行对大小型企业的融资服务和财务指导，信赖富国银行的金融服务推动这些公司在美国本土和海外发展。

他们在富国的帮助下成功拥有了自己的住宅，"您的首套房按揭（yourFirst Mortgage SM）"是富国银行 2016 年推出的产品，旨在帮助中低端收入阶层购买房产。该产品是一款长期固定利率，且最低利率低至 3% 的信贷产品。"您的首套房按揭"帮助 18000 人圆了购房梦，2016 年光是这款产品共计发放了约 39 亿美元按揭贷款。

通过数字化账号管理和支付工具，我们帮助客户随时随地管理他们的财务生活。举例来说，我们自主开发了基于安卓支付工具的富国银行钱包，2015 年已正式推出。在 2016 年，富国银行的客户可通过重新设计、安全的网页了解其金融资产信息。在这个春天，我们将在 13000 台 ATM 实施免卡交易服务，为客户提供更多便利。客户可以通过手机 APP 上生成的 8 位数密码，不需要持卡即可在 ATM 上完成交易。

作为美国最大的小型企业贷款发放者[①]，我们深知：对于小型企业主而言高效快捷地获得资金意义重大，因此我们开启了"富国银行小型企业信贷中心项目（Wells Fargo Works for Small Business® Business Credit Center）"。这个项目为小型企业主提供工具和资源，帮助他们更加方便快捷地办理信贷业务。小型企业信贷中心致力帮助小型企业主获得资金和更多的财务选择，缩短申请流程，优化信贷管理。"我们的生意计划工具（Our Business Plan Tool）"是一个帮助小型企业主经营的免费线上的有效工具，2015 年中期推出以来已经有 14000 个签约客户。

我们通过内部开发的技术来满足客户更快、更便利的贷款选项需求。我们开发了一款针对小微企业短期贷款需求的在线贷款产品，名为"FastFlex®"，这款产品审批效率更高。它一般是在贷款申请的第二天放款，能够帮助小型企业更快地获得贷款。

富国银行还通过开展"信贷辅导计划（Credit Coaching Program）"帮助企业客户更好地了解信贷知识。这个项目向那些贷款申请被拒的小型企业客户提供个别化的指导，帮助小型企业主了解信贷审批决策是怎样做出的，主要考量哪些因素。从 2015 年 3 月推出该项目以来，富国银行信贷专家已经接到 17000 个信贷咨询电话。

一旦小型企业客户成长升级为大型企业客户、中等市场客户或者集团客户，我们将提供无缝连接的服务升级。我们为不同行业的客户提供定制化的服务，包括健康、科技、媒体、通讯等。此外，我们与中等市场客户群体有着独有的合作关系，为他们提供定制的产品和服务，包括专门的信贷产品和授信额度等，基于此，我们是服务美国中等市场的最大银行。

富国银行的财富管理客户正受益于应用程序接口（API），这个渠道为客户提供一揽子的即时支付服务。举例来说，我们的商业客户现在能够通过使用万事达卡支付（MasterCard Send®）安全快捷地为他们在美国的客户办理支付业务，由此，我们的客户具备数字支付、实时到账的支付能力，包括保险索赔、折扣返现、电子支付、退税和社保都可以直接支付给他们的客户。

感谢我们的投资机构、金融分析师和财务顾问为客户提供具有洞察力的建议。这些建议源于研究机构每个月发布的 100 多份调研材料和研究报告，这些研究聚焦的主题有：投资策略、经理人调查、另类投资®以及投资组合管理等。

面对 7000 万客户，富国银行承诺为多样性的客户提供服务。举例来说，我们向现役军人和退伍老兵提供专门服务，帮助他们购买房子。再比如，针对讲西班牙语的客户，我们提供西班牙语的沟通工具，包括双语在线服务、西班牙语文本、西班牙语会计财务报表、西班牙语客服中心以及在全国各地的富国银行分支机构中都配备有能讲西班牙语的银行员工。此外，富国银行开发一个名为"掌上银行"的关于讲授现金管理基本知识的免费在线课程，自 2003 年推出以来，已有约 114 万访问量。

总之，我们对客户的承诺一如既往、坚若磐石。

我们的社区

富国银行长期坚持的一个信念就是：我们所在的社区建设得好，我们的业务才会发展好。2016 年，我们继续成为美国最大的现金捐赠企业之一，共计向 14900 家非营利机构捐赠了 2.81 亿美元。我们同时出台了一个统一、全行性的企业社会责任战略，对我们的社区影响积极而深远。我们设立了雄心勃勃的五年目标，准备在欠发达社区营造多样性和社会包容性氛围，创造更多的经济机会。以下是我们三个方面的目标和成就。

营造多样性和包容性氛围。要让每个人，包括我们的客户、团队成员、供应商和社区居民，受到广泛尊重并拥有走向成功的机会。

作为推进多样性和包容性努力的一部分，我们已经承诺在 2020 年以前为重要的社会需求提供 1 亿美元捐赠，这些项目包括通过教育和培训等为多样性领导者提供支持。

从 2013 年以来，富国银行已经向非营利机构捐赠了超过 2500 万美元，帮助残障人士取得成功。这些非营利机构包括国家残疾人协会、全国盲人联合会、残疾人权利教育保护基金。2016 年，我们还向美国奖学金机构捐赠了 100 万美元，设立了一个专门面向残疾人的奖学金项目，帮助他们获得未来职业生涯发展所必需的教育和培训资源。

我们还通过向我们经营所在地社区以多样性采购的方式支持地方经济发展。我们计划将 15% 的年度采购预算用于多样性采购，决心在 2020 年之前达到上述目标，目前我们正为之努力。正是凭着业务多样性发展（包括对亚裔美国人旗下业务的支持）所形成的积极影响，美国泛亚商会教育基金会（U.S. Pan Asian American Chamber of Commerce Education Foundation）授予富国银行"时代企业（Corporation of the Decade）"的称号。

创造更多的经济机会。我们计划在未来 5 年内提供 5 亿美元的捐助，捐助项目聚焦于实现欠发达社区的财务自立和扩展经济机会。

在过去 6 年里，富国银行在主要分类标准上，如贷款给非裔美国人、亚裔美国人、西班牙裔美国人、美国原住民、中低收入阶层贷款人、中低收入社区居民，家庭贷款金额超过其他所有的银行。2016 年，我们对"邻里互助（NeighborhoodLIFT）"项目投资 5000 万美元对房主购房提供帮助。受惠于这个项目，我们向中低收入阶层提供购房培训和首付援助等附加服务。从 2012 年开始，我们已向超过 48 个社区的 12900 名房主投资 3.27 亿美元。在这段时间内，我们还向 50 个州的退役老兵捐赠了超过 300 套房产，

价值超过 5000 万美元。

此外，2017 年我们计划与国家城市联盟（National Urban League）、国家不动产经纪人协会（National Association of Real Estate Brokers）以及其他机构合作，改变非裔社区购房率低的落后现状。在未来十年内我们将向大约 25 万新房主提供 600 亿美元的专项新增住房贷款，同时提供 1500 万美元用于推动金融知识教育和咨询。在未来 5 年内，富国银行的整体目标是向少数族裔发放 1500 亿美元的按揭贷款，向中低收入阶层发放 700 亿美元的按揭贷款。

通过富国银行小型企业工程多样性社区资本（Wells Fargo Works for Small Business® Diverse Community Capital）项目，我们寻求向多种经营的小型企业提供帮助，从 2015 年 11 月以来，这个项目已向 30 多个社区发展金融机构（CDFLS）提供了 3800 万美元的捐助和借贷资金。通过与社区发展金融机构合作，我们提供资金和技术援助帮助企业成长。我们的目标是在 2018 年以前提供 7500 万美元的资金帮助。

推动国家向低碳经济和更健康的环境转型。为了回应日益热烈的环境关切，2016 年，我们向再生能源、清洁科技、绿色建筑设计、有机农业以及其他绿色产业提供了 176 亿美元的资金资助。我们的计划是从 2016 年到 2020 年，向非营利机构、大学以及其他机构提供 6500 万美元的捐赠，推动清洁科技发展，使社区和谐与环保理念深入人心。

我记得富国银行第一座节能型绿色建筑建成于 2008 年，今天，我们所有建筑的设计及装修都已经有一套标准化的操作手册，从建造、装修、运营及维护的所有环节都要求采用更健康、更节能的方案。我们现在有 521 家分行和其他形式的网点（约占我们自有和租赁物业面积的 21%）已经通过 LEED 认证。为进一步凸显对绿色能源的关注，我们计划在 2017 年年底之前所有分支机构 100% 采购再生能源，并将在 2020 年前签署使用新能源和绿色能源的新协议。

保护大自然也是一个热点问题。从 2008 年以来，我们已经减少了 52% 的水资源利用，节约了 28 亿加仑的水和 2800 万美元的效能成本。

我们的团队成员

我们的团队成员信守关于重建富国信任与尊严的承诺，以富国银行为荣。他们为客户提供优质的服务，为公司创造巨大的价值。

通过提供有竞争力的薪酬待遇，富国银行继续向员工表达对他们的重视，这些薪酬福利包括家庭成员意外补助、培训补助、退休补助、利润分享计划、健康保险以及其他福利。我们引以为豪的是美国本土 99% 的团队成员能够享有全部的富国银行福利，每年每人平均可以分享到 1.2 万美元的福利。包括员工的受抚养人和受赡养者在内，共计 51.5 万人享有保健福利。在美国以外的 40 多个国家，我们提供相似的有竞争力的福利计划。

为了弄明白团队成员最关心什么，怎样才能满足他们的需求，我们认真听取团队成员的意见。作为薪酬回顾程序的一部分，2017 年 1 月，富国银行提高了员工每小时最低工资标准，超出国家最低薪酬标准的 86%。

富国银行文化的一大核心就是致力多样性和包容性，确保每个员工都有在富国银行实现成功的平等机会。通过多样性和包容战略，我们决心扩大团队成员的成长机会。这有助于我们充分发挥各个层面的创造力和创新精神，使我们能够更好更快地回应美国本土乃至全球各地客户的需求和关切。

关于多样性的承诺从董事会成员到富国全行上下随处可见，富国银行女性员工占比 56%，有色人种员工占比达 42%，但我们还有很多工作要做，一是支持建立具有多样性和包容性团队成员网络，同时在区域内、当地社

区组织建立多样性与包容性理事会。我们同时提供特殊领袖才能培训项目，以及招聘、训练、自我激励开发项目，这些都有助于我们实现多样性和包容性目标。同时，我们聘请资深专家采用多样性评分卡按季度对项目进展情况进行评估。

富国银行有一个重要的目标——在 2020 年雇佣共计 20000 名退役老兵，目前还只有 8500 名退役老兵在富国银行工作。为了达成这个目标，我们参与了 850 场面向退役老兵的专场招聘会，推出了老兵职业转型项目（Veteran Employment Transition Program）。这个项目目前主要用于挑选和雇佣那些在富国银行安保部门实习的退役老兵。我们准备在 2017 年将这个项目扩展到其他业务条线。

外部组织对我们围绕员工多样性所做出的努力深表认可。富国银行在拉丁风格股份公司针对拉美人的最佳雇主 50 强（LATINA Style Inc.'s Top 50 Best Companies for Latinas）的评选中排名第 13 位，同时入围 2016 年最具多样性公司 50 强，排名第 12 位。与此同时，纽交所治理服务部门（New York Stock Exchange Governance Services）授予我们 2016 年"最具多样性董事会（Best Board Diversity）"荣誉称号，用于表彰富国银行董事会构成的多样性以及由此在全行推动形成深入人心的多样性文化。

富国银行的团队成员是建设社区的中坚力量，他们的工作推动了我们企业社会责任项目开展的丰富多彩。每一年，我们的社区建设活动都要向当地的非营利组织和教育机构捐赠数以百万美元计的资金。2016 年活动期间，我们的团队成员共计捐赠 9880 万美元。过去八年里，"全球联合之路"（United Way Worldwide）每年都把富国银行评定为美国最大的企业员工公益捐赠群体。我们的团队成员不仅捐赠金钱，而且奉献时间，2016 年富国银行员工充当义工的时间累计超过 173 万小时。

此外，我们的团队成员还围绕大学服务做文章。这个项目开始于2014年，迄今已经帮助低收入家庭开设了 300 个大学储蓄账户。在圣路易斯极端贫困地区的六个学校，富国银行的专家团队帮助困难家庭开立账户，教他们学习储蓄的基本知识。为每个账户提供最高可达 250 美元的储蓄奖励资金，每存入 1 美元都可以得到相应奖励。迄今这些账户里已经存有超过 85630 美元用于他们子女上大学。

每一天，富国银行 26.9 万名团队成员都在服务我们的客户和社区过程中信守承诺、全心付出，对此我倍感自豪。

我们的股东

我们清楚对公司的投资人负有责任和承诺。我们保证凝心聚气管理好公司，为投资人实现长期股东价值的最大化。我们致力创造可持续的业绩，不论世事如何变化都为股东带来一流回报。我们相信通过坚守信中提到的基本原则——多元化、以客户为中心的商业模式，保守的风险纪律和稳健的资产负债表，能够实现上述目标。

作为首席执行官，我认为这个承诺不仅写在纸上，还体现在我们努力管理公司和日常工作的每个决定。如果我们持续地按照有利于推动公司长远成功的方式来做出选择、分配资本，我们就能在未来的日子里实现富国银行持久的成功。

2016 年，我们花费了 125 亿美元用于普通股分红和股份的净回购。我们的季度普通股红利增长了 1%，达到每股 0.38 美元，净股息支付率达到 61%，在我们的年度目标范围之内。我们连续第三年减少了摊薄后普通股平均数量，较 2015 年年底减少了 1.0150 亿股，我们 10 年里的年均股东回报

率达到 7.33%，在同业中位居第二。

展望未来，我们将继续公开透明公司的信息。举例来说，在处理虚假账户事件过程中，我们逐月发布有价值的信息，帮助投资者了解客户行为的情况。对于您的建议和意见，我们在第一时间进行回应，并自觉增加和提炼相关内容。这种不间断的沟通是非常重要的，我们不能辜负了您对公司的信任。

小结

我们的团队成员正在以前所未有的良好状态开展各项工作，把客户作为一切工作的中心，我们倾听、学习并采取一切必要的举措来推动公司发展。任务依然艰巨，但我们仍将全力以赴，相信我们一定能够取得成功。

我们的董事们有着丰富的经验和专业知识，对于指引我们应对 2016 年的挑战意义重大，我感谢他们对富国银行的全心付出。我要特别感谢董事会主席史蒂芬·桑格和副主席贝特西·杜克在过去一年里的杰出领导。我要感谢伊莱恩·赵从 2011 年以来的贡献，在接受美国交通部长的提名后，她于 2017 年 1 月辞去富国银行董事职务。我们祝愿她在新的岗位上大展宏图。

我同时要感谢您在 2016 年富国银行负重前行时不离不弃，我们承诺面向我们的客户和企业未来做出具有重要意义的转变。我对富国银行的发展方向很有信心，我们一定能够使富国银行发展得更好更强大。

首席执行官兼总裁　蒂姆·斯隆

我们的业绩

表 12-1　富国银行 2015 ～ 2016 年的业绩

	2016	2015	百分比变动
年度数据			
富国银行净利润	$21,938	$22,894	（4）
富国银行适用于普通股的净利润	20,373	21,470	（5）
摊薄后每股收益	3.99	4.12	（3）
盈利能力比率			
富国银行净利润对平均总资产的比率（ROA）	1.16%	1.31%	（11）
富国银行适用于普通股净利润对富国银行普通股股东权益的比率（ROE）	11.49	12.60	（9）
有形普通股权益回报率	13.85	15.17	（9）
效益比率	59.3	58.1	2
总收入	$88,267	$86,057	3
税前拨备前利润	35,890	36,083	（1）
每股股息	1.515	1.475	3
发行在外的普通股平均数	5,052.8	5,136.5	（2）
发行在外的普通股摊薄后平均数	5,108.3	5,209.8	（2）
日均贷款	$949,960	$885,432	7
日均资产	1,885,441	1,742,919	8
日均存款总额	1,250,566	1,194,073	5
日均储蓄及小型企业银行存款	732,620	680,221	8
净息差	2.86%	2.95	（3）
年末数据			
投资证券	$407,947	$347,555	17
贷款	967,604	916,559	6
贷款损失准备	11,419	11,545	（1）
商誉	26,693	25,529	5
资产	1,930,115	1,787,632	8

续表

	2016	2015	百分比变动
存款	1,306,079	1,223,312	7
普通股东权益	176,469	172,036	3
富国银行股东权益	199,581	192,998	3
总股权	200,497	193,891	3
有形普通股	146,737	143,337	2
资本比率			
总股本对资产比率	10.39%	10.85%	(4)
风险性资本			
一级普通股比率	11.13	11.07	1
一级资本比率	12.82	12.63	2
总资本比率	16.04	15.45	4
一级杠杆比率	8.95	9.37	(4)
普通股发行数	5,016.1	5,092.1	(1)
每股账面价值	$35.18	$33.78	4
每股普通股有形账面价值	29.25	28.15	4
职员人数（在岗、全时）	269,100	264,700	2

（除了每股账面价值、职员人数和比率外，均为百万美元，括号内数字为负值）

注：
1. 效益比率是非利息支出除以总收入（净利息收入和非利息收入）。
2. 税前拨备前利润（PTPP）是在较少非息支出条件下的总收入。管理层相信这项指标是一个有用的财务测算工具，因为它可以让投资者和其他评估公司通过一个信贷循环产生资本以覆盖信贷损失的能力。
3. 储蓄存款和小型企业银行存款是指总存款减去批发银行存款和按揭托管资金。
4. 每股账面价值是普通股股权除以发行在外的普通股数量。

注释

①单户贷款金额在 100 万美元以下，数据源自 CRA。

② FastFlex 贷款产品于 2016 年上半年推出，仅提供给在富国银行开通商业账户一年以上的用户，贷款期限为一年。提供的贷款额度为 10000 到 35000 美元，年利率在 13.99% 到 22.99% 之间，最快可实现次日放贷。贷款人仅需要支付 195 美元的开户费，所有贷款费用会按照期限折合，每周自动从账户中扣除。用户可以通过网络或者电话申请该业务。

③万事达卡的 MasterCard Send 平台推出个人支付服务，帮助商家及非营利机构向消费者汇款，且无须担心是否拥有银行账户，也不受地理位置的限制。几乎任何美国借记卡账户，包括非万事达卡，都可以进行转账付款。万事达公司表示他们的系统远远优于其他封闭或限制支付额度的系统。

④ Alternative Investment："另类投资"，也译为"替代投资""非主流投资"。另类投资是指在股票、债券及期货等公开交易平台之外的投资方式，包括私募股权 (Private Equity)、风险投资 (Venture Capital)、地产、矿业、杠杆并购 (Leveraged Buyout)、基金的基金 (Fund of Funds) 等投资品种。由于不在公共交易平台上运作另类投资的一个重大特点便是缺少流动性，一个项目从购入到套现通常需要几年的时间，于是另类投资基金一般设有 5 或 10 年的锁定期，中途赎回很困难。

2018 年

"我们要用好人、用对人，共同重建利益相关者的信任，并打造一家更强大的银行。我相信，我们的明天将会更好。"

2018 年：重建信任

　　在过去的一年里，经常有人问我："蒂姆，你为什么这么乐观？"我的回答是："我怎么可能不呢？"富国银行是一家实力雄厚、拥有166年历史的公司。在历史上，我们已经克服许多困难。我们有一个坚实的基础，我们是一家伟大的公司，并拥有一支杰出的团队。

各位亲爱的股东：

我很荣幸成为富国银行的董事长。富国银行有着悠久的成功历史，目前正处在一个关键的时刻，我们将坚持从挑战中学习，变得更好、更强大、更加以客户为中心。

要实现这些目标，我们必须积极拥抱变革。我们的首席执行官蒂姆·斯隆（Tim Sloan）一直在不遗余力地推动这些变革，以推动富国银行实现六大目标——即富国银行要成为客户服务和咨询、团队建设、创新、风险管理、企业公民责任和股东价值的金融服务标杆。接下来蒂姆在致股东的信中会汇报他的变革计划。我想强调的是董事会围绕加强富国银行的治理和监督而采取行动。这样的行动将帮助富国银行满足与美联储在 2018 年 2 月 2 日达成的同意令①的要求。

董事会认识到，我们必须继续加强和优化内部监督和风险管理。董事会将致力满足监管机构的期望，保护和服务股东、客户、团队成员和社区的利益。为了做到这一点，近几个月来，我们对董事会的结构进行了重大调整，重组了几个董事会委员会，修改了委员会章程，并与富国银行高级管理层合作，以改进面向董事会的报告和分析机制。这些行动是通过严格的自我审查来实现的。独立董事们对富国银行的零售银行销售业务进行了全面、独立的调查，并得出了重要结论。此外，董事会对其自身的有效性进行了深思熟虑的自我评价，该项工作由德普律师事务所（Debevoise & Plimpton LLP）高级合伙人、美国证券交易委员会（Securities and Exchange Commission）前主席玛丽·乔·怀特（Mary Jo White）牵头完成。

富国银行所做的许多改变也体现了对"公司长期投资者参与计划"所

收到一部分反馈的回应。在我当选为董事长之后，我会见了许多股东，讨论公司的进展，并听取他们的意见。我们成立了一个利益相关者咨询委员会，收集众多利益相关者的观点，包括对与公司当前和未来相关的发展问题的见解。这个委员会共有 7 名成员，全部由行外人士担任，分别来自那些专注于银行消费者权益保护、公平贷款、环境、人权、公民权利和公司治理的团体。蒂姆和我于 2017 年 12 月开始与这个团队会面。在告知我们如何回应利益相关者和评估工作进展方面，委员会的意见已经被证明是非常有价值的，我期待在未来进一步广泛沟通。

董事会组成和能力建设

在 2017 年的年会上，富国银行股东向董事会发出了明确的信息[②]。董事会收到了这一信息，作为回应的一部分，我们采取了行动来重组董事会，包括选出 4 名新的独立董事，并宣布 3 名长期在职董事如期在 2017 年年底退休。总的来说，富国银行选出了 6 位新的独立董事——Celeste Clark, Theodore Craver, Maria Morris, Karen Peetz, Juan Pujadas 和 Ronald Sargent，同时有 5 位董事在 2017 年退休。正如我们在 2018 年 2 月宣布的那样，为了推动董事会继任计划的进程，预计在 2018 年股东年会和 2018 年年底前还将有 3 名董事退休。作为董事会重组过程的一部分，我们非常小心地将董事会的"新鲜血液"与现有董事的经验进行合理的平衡，同时对董事会及其委员会有序地实现角色和职责的交接。

我们的新董事带来了广泛的影响，提升了金融服务、风险管理、技术、人力资本管理、财务和会计、企业责任和监管事项等方面的履职能力。在整个转型过程中，董事会也一直保持着对多样性的关注。我为富国银行在2017年选出的6位新董事感到自豪。

风险监控

认识到有效的风险管理可以保护和惠及所有利益相关者，董事会已经做出一些重要的改变，从而使风险得到正确的识别、评估和管控。这些工作主要分为两类：董事会委员会组成和监督职责的改变以及对报告机制的改进。

委员会组成和监督职责

我们重组了风险委员会，以扩大视野，增加分析解决问题的新视角和专业知识。退休了的纽约梅隆银行（Bank of New York Mellon）原行长卡伦·佩茨（Karen Peetz）被任命为风险委员会主席；退休了的普华永道原负责人（Pujadas）于2017年加入该委员会；而退休了的大都会人寿（MetLife）前高管玛丽亚·莫里斯（Maria Morris）也在2018年年初加入。富国银行被归类为具有系统重要性的金融机构（SIFIs），这三位"大佬"的加盟，帮助我们适应监管部门对SIFIs的要求。此外，美国空军退役少将、曾在网络司令部服役的苏珊·沃特林诺特（Suzanne Vautrinot）也加入了风险委员会，帮助我们管理网络风险。

公司章程修订内容主要包括：（1）风险委员会加强对公司合规、业务、技术、信息安全和金融犯罪风险计划的监督；（2）审计及审查委员会负责监督管理财务报告、公司独立审计师及审计、审查委员会其他审计相关活动。我们还扩大了人力资源委员会的监督职责，包括人力资本管理和文化等。

报告机制和监督

通过吸取富国银行在销售实践的调查中获得的重要教训，我们已经对防止风险问题失控，并及时报告董事会的工作机制进行了重大改进。富国银行聘请第三方机构对全行进行全面独立的业务调查和风险审查。在此基础上，一旦发现问题，我们就要狠挖根源，厘清责任，并及时健全机制防漏补缺，当然最重要的是及时评估和纠正对客户的伤害。董事会已经明确，一旦问题得到确认，他们应该迅速报告董事会和监管机构。

与此同时，通过公司的行为管理办公室，我们加强了对包括销售实践风险在内的风险监控。为加强内部审查、行为规范、道德监督和投诉处理，行为管理办公室将定期向风险委员会报告相关工作，并就人力相关事项向人力资源委员会报告。此外，董事会每年听取行为管理办公室至少两次汇报。

为了适应章程修改后更广泛的职责要求，人力资源委员会将审查队伍建设方面的相关报告事项，包括领导力计划、培训开发、薪酬福利、文化、公司的道德规范和商业行为准则的报告。该委员会继续监督富国银行的激励约束计划，其范围在 2017 年扩大，包括更广泛的团队成员和激励计划。

我们将继续在 2018 年做出改变，以进一步提高董事会在执行公司监督和管控方面的有效性，与美联储的同意令保持一致。

财务业绩

在重构风险管理体制的同时，我们始终关注公司的财务业绩。对于公司 2017 年的财务表现，我用一个词来概括：坚实。我们本来完全可以做到盈利更多，然而，考虑到不当销售行为和其他问题带来的声誉挑战，以及数额巨大的法律和监管费用，能够保持盈利能力和股本回报率在同行中排名靠前，我们认为富国银行的表现还算不错。当然，我们都知道我们本来可以做得更好。

强化风险管控的许多工作正在进行，这将会使客户受益，并将导致整体运营费用减少。我们预计在创新方面的投资将会带来收入增长和成本降低。此外，一个有计划有步骤的管理效能提升项目正在进行，通过简化程序和系统，将节省大量成本并显著提高效率。

2017 年，我们的资本水平依然强劲，通过普通股股利和股票回购，我们向股东提供了 145 亿美元的收益回报，比 2016 年增长了 16%。我们始终相信，通过多元化的商业模式、全国性的特许经营、对创新的持续投资及对前面提到的六个目标的承诺，我们将为富国银行的投资者创造长期价值。

致谢

2017 年年底，三位长期任职的董事史蒂夫·桑格 (Stephen Sanger)、辛西娅·米利根 (Cynthia Milligan) 和苏珊·斯文森 (Susan Swenson) 退出了董事会。我代表董事会感谢史蒂夫在担任董事长期间所付出的不懈努力。史蒂夫以巨大的勇气和决心，带领我们推进了艰难的改革。同时感谢辛西娅和苏珊为董事会乃至整个公司做出的巨大贡献，她们两人共计为富国银行董事会服务了 44 年，体现了富国银行对坚持董事会性别多样性承诺的一以贯之，并对未来的领导人以指引。

对于股东，感谢你们对公司的持续投资。我们很清楚对富国银行的投资者负有责任。我们相信首席执行官所具有的乐观主义精神和领导能力，加上我们所做的业务和文化上的变革，将使 2018 年成为我们重建信任、打造卓越银行的一个关键节点。

我们非常重视并感谢您的投资。

董事会主席　*伊丽莎白·杜克*

致我们的所有者：

2017 年是富国银行的转型之年。这一年我们取得了长足的进步，在未来几个月里我们将再接再厉并达到目标。

我们的首要任务仍然是与客户、团队成员、社区、监管机构以及股东重建信任。我们已经做出重大的改变，及时识别并解决问题，确保这些问题不会重犯。我们依旧努力让客户满意，建立更好的银行，并取得了显著的效果。我们的转变根植于我们的愿景，即满足客户的金融需求，并帮助他们获得财务上的成功。虽然我们还有更多工作要做，但我向你们保证，我和运营委员会将全力以赴。此外，我们非常认真地对待我们在 2018 年 2 月与美联储达成的同意令，我们将加倍努力，尽早满足要求。

为了回应全行上下的意见和建议，我们在 2017 年年底做了一个精简版的《愿景、目标和价值观》，取代之前的文化手册。这本精简版的小册子介绍了公司的指导原则和目标，同时明确地表达了我们共同努力建设最好的富国银行所奉行的坚定信念：

• 对愿景一以贯之——帮助客户实现财务成功。

• 五个价值观，阐明了什么对我们最重要，怎样为客户做正确的事，团队成员是竞争优势，遵守道德规范，坚持多样性和包容以及展示领导力。

• 六个目标：在客户服务和咨询、团队建设、创新、风险管理、企业公民以及股东价值六个方面成为金融服务行业的标杆。

运营委员会将确保我们的愿景、目标和价值观融入我们所做的每一件事和每一个决定，并推动超过 26 万名团队成员将其落地生根。

2017 年，富国银行的运营委员会增加了两位新的高管人员。2017 年 3 月，艾伦·帕克（Allen Parker）加入富国银行担任总法律顾问，此前吉姆·斯特罗瑟（Jim Strother）宣布退休。艾伦的职业生涯非常出色，他是美国银行法和金融法领域的重要权威人物，后来又在克拉瓦斯律师事务所（Cravath）、斯恩·穆尔律师事务所（Swaine & Moore）担任合伙人。我们从他的经验和建议中受益匪浅。2017 年 7 月，当戴维·卡罗尔（David Carroll）退休时，乔恩·韦斯（Jon Weiss）成为财富和投资管理部门的负责人。乔恩曾经是富国银行证券公司的负责人，他在资本市场、咨询和投资银行等方面有非常丰富的金融服务专业知识，将推动富国银行向客户提供行业领先的投资建议和服务。

我们所做的另一项改变是在玛丽·马克的领导下进行的，全面巩固社区银行和消费信贷方面的市场领导地位。这一变化将支持客户战略，对此我们通过识别每个客户群体的不同需求，并跨越业务线和产品来提供出色的客户体验。2018 年 1 月，首席风险官迈克·洛克林（Mike Loughlin）宣布他打算在公司工作 36 年后的今天光荣退休。我要感谢吉姆、大卫和迈克的领导力，并感谢他们多年来对富国银行的巨大贡献。我感谢董事会的支持，感谢史蒂夫·桑格和伊丽莎白·杜克在过去一年里的坚强领导。凭借丰富经验和积极参与，史蒂夫和贝特西⑧在努力重建信任和成长的过程中发挥着不可或缺的作用。正如贝特西在她的信中所描述的那样，董事会经历了重大的变革，包括增加新成员、优化董事会结构、充实委员会、加强监督、完善报告制度。

我们的行动

建立一个更好的富国银行的第一步是采取行动应对挑战。我们已经找

到正确方向，采取行动纠正错误，并确保此类问题不再发生。2018年2月2日，我们与美联储（Federal Reserve）达成了一项同意令。根据同意令相关条款的要求，富国银行将在60天内向美联储提交方案，详细说明我们已经完成的和将要推进的行动，进一步加强董事会的治理监督和加强银行的合规管理，防范操作风险。在美联储批准方案后，富国银行将与独立的第三方合作，在2018年9月30日之前完成方案执行的全面审查和验收。

在第三方完成审查并经美联储认可之前，富国银行必须在2017年12月31日之前控制资产总额不再扩张。幸运的是，富国银行的资产负债表提供了在资产限额内灵活管理的弹性，以免对客户服务造成严重影响。

同意令没有新的额外要求，而是与先前问题有关，实际上在解决这些问题方面我们已经取得重大进展。美联储认可我们的进展，我们也承认还有更多工作要做。就像处理其他监管事宜一样，我们非常认真地对待同意令，相信我们有能力满足这些要求，同时继续满足客户的金融需求。

在2016年9月与监管机构达成不当销售的解决方案后，富国银行做出了很大的改变。比如，废除对一线零售客户经理的产品销售目标考核；实施一项新的激励薪酬方案，重点是客户体验、加强监督和控制，科学处理团队与个人的关系；集中人力资源、财务等企业管理的关键职能；加强风险控制和合规管理。

富国银行还建立了一个行为管理办公室，旨在集中推动监管道德准则（包括内部道德准则）的落实和执行，以及优化内部调查、投诉和销售实践监督工作机制。我们简化并优化了社区银行的管理结构，以便把注意力和资源放在重要的事情上。比如，客户的个性化需求，团队成员的工作体验，业务重点。这种新结构更有效地加强了风险管理，同时使社区银行的管理团队更接近客户和一线员工。

富国银行社区银行条线的其他变化，包括当客户打开任何新个人或小型企业支票账户、储蓄账户或信用卡，都会收到短信通知。我们还实施了一个强大的"神秘顾客"计划，包括一年 15000 ～ 18000 次的神秘顾客访问。一年来，针对零售分支销售和服务活动，我们独立的内部社区银行风险管理团队完成了 450 项未宣布的风险评估，以确保客户只收到他们要求的产品和服务。

对于受不当销售行为而遭受经济损失的客户，我们会提供应有的补偿。我们通过广泛的第三方账户审查，对潜在未经授权的账户产生费用或财务损失的客户进行赔偿。我们做了大量的工作，并与客户直接合作，通过富国银行的投诉流程和免费的调解服务来解决问题。我们正处于完成一项 1.42 亿美元的集体诉讼和调解所需行动的最后阶段。

作为转型的一部分，我们对富国银行提供的产品以及用来完成工作的内部程序进行彻底的审查。一旦发现可疑的地方，我们马上着手解决。例如，我们对汽车贷款业务做了根本性的整改，并赔偿那些可能因与担保保险政策相关的问题而遭受经济损失的客户。这些保险是通过第三方供应商的名义购买的，银行无法确定客户是否保留了相关的保险凭证，因此处理起来有一定的复杂性。

我们正在努力联系 2013 年 9 月 16 日至 2017 年 2 月 28 日所有的家庭贷款客户。这些客户为换取较低的固定贷款利率支付费用，但他们认为不应该支付这些费用。2017 年 3 月，富国银行通过建立一个集中的审查小组，纠正不当的管理程序。

我对富国银行 2017 年以来所采取的行动感到高兴，我相信富国银行能

够解决美联储同意令提到的问题，同时继续为客户服务，支持团队成员，并帮助当地社区。我们还有很多工作要做，我们要用好人、用对人，共同重建利益相关者的信任，并打造一家更强大的银行。

我可以毫无保留地说，今天的富国银行比一年前要好，我相信我们的明天将会更好。

财务报告

富国银行 2017 年的财务业绩体现了多元化经营模式的优越性，也体现了银行转型过程中所取得的进步。我们再次为股东们奉上表现稳健的财务报告。2017 年，富国银行的净利润为 222 亿美元，摊薄后每股收益约合 4.10 美元，较 2016 年分别增长 1% 和 3%。收入从 2016 年的 883 亿美元增长到 2017 年的 884 亿美元，实现 4% 的净利息收入增长，可惜为非利息收入的减少所抵消。

富国银行的业绩得益于美国经济的整体向好和自身严格的信用风险管理。富国银行仍然是美国贷款最多的银行，贷款余额达到 9568 亿美元。净坏账率为 0.31%，仍处于历史低位。存款时期数增长了 4%，达到创纪录的 1.3 万亿美元。

财富和投资管理部门管理的客户资产达到创纪录的 1.9 万亿美元。借记卡发卡量较 2016 年增长了 6%，而通用消费信用卡敞口增长了 6%。受益于收购GE资本以及与批发银行业务的有效合作，2017 年富国资本金融（Wells Fargo Capital Finance）创下了新融资纪录。

富国银行继续享有强劲的流动性和资本充足率。2017 年，富国银行的总股本为 2081 亿美元，普通股一级资本为 1540 亿美元，一级资本比率为 11.98%，远高于 9% 的监管要求和 10% 的富国银行内部目标。

围绕建设更好、更强的富国银行目标，我们将通过节约成本和开发更有效的流程来实现 40 亿美元的开支削减目标。这项由首席财务官约翰·斯鲁斯贝里（John Shrewsberry）负责的工作几乎影响到公司的每一个层面。我们希望采取一系列措施厉行节约，包括集中运营和优化管理、严格控制专业服务和第三方费用、爱惜公司财产、减少差旅开支等。

到 2018 年年底前，第一个 20 亿美元的节余将被重新投入到一系列项目的改进，包括那些正在推进或不断升级的合规、技术、风险管理、网络安全和数据项目。预计到 2019 年年底，第二个 20 亿美元的节余将用于提高利润。

数据现代化是富国银行提高效率的一个重要手段。它包含减少内部平台和数据库管理的数量。我们将多个业务渠道的单客户数据整合到一起，并基于聚合信息的利用改进防欺诈检测。除了做到更加精简和高效，数据现代化还可以提高将创新产品和服务推进市场的速度。最后，我们利用数据和技术帮助客户更好地管理他们的财务，这将使我们能够建立和发展更多的长期客户关系。

转型举措

聚焦于以上的转型举措，我们已经建立前面提到的六个长期目标，富

国银行可以有效地整合以上六个目标。我们相信，随着时间的推移，富国银行不仅会继续成为行业标杆，还会在客户服务和顾问咨询、团队建设、创新、风险管理、企业公民和股东价值等方面取得不俗的表现。

1. 客户服务和顾问咨询

不管我们的客户是一个人、一个家庭、一个小公司、一个成长型企业、一个公共机构还是一个全球性的公司，我们都要先了解客户和了解他们的财务目标，再有针对性地提供支持，帮助他们在财务上获得成功。我们希望提供一流的服务和指导，帮助他们实现目标。在客户财务生活的每一阶段，我们都要为客户提供建议和服务，而富国银行多元化的商业模式使之成为可能。以明尼苏达州圣保罗（St. Paul）的帕姆（Pam）和拉里·霍尔（Larry Hall）为例，他们在三十年前创立了一家名为"物流规划服务（LPS）"的公司，该公司为不同地点之间的货物运输提供便利。帕姆原本只是在富国银行开立了一个支票账户，在推动 LPS 公司发展壮大的过程中成为了富国银行的商业客户。这些年来，霍尔也因此向富国银行寻求建议、融资和其他金融服务，帮助他们的生意获得成功。去年春天，霍尔决定出售他们的业务，现在他们已经由富国银行的商业客户转变为与富国银行旗下的财富管理公司合作，进入他们下一阶段的生活。霍尔的故事体现了我们追求的服务境界——始终关注客户的具体需求，并与之建立长期的关系来支持他们成长。这种客户关系是富国银行的经营特色和魅力所在。

富国银行社区银行与客户和团队成员重建信任的一个重要项目是"积极改变（Change for the Better）"，这是一个寻求重塑和优化富国银行经营模式的新框架。"积极改变"包括新系统、新流程和不同阶段引入的新工具。我们已经投入超过 30 万小时的培训来实施第一阶段的改革。在很多改进中，"积极改变"使团队成员能够更好地与客户讨论财务目标，并在现场为客户解决问题。我们还增加了分支机构的数字产品，银行员工和客户都可以从速度、便利性和整合的财务信息中获益。在 2017 年 9 月开始的第一阶段的项目推进中，我们已经收到客户和团队成员的积极反馈。

我们也做了一些客户友好型的改变，以帮助客户更好地管理他们的账户。例如，3 月，我们引入了零余额自动警报，现在我们每月发送超过 1800 万个实时警报，提醒客户及时存款或转账补足余额，以免出现账户透支。去年 11 月，我们引入了管理透支的 RewindSM，在最初的两个月里，帮助超过 35 万的直接存款客户避免透支费用。

我们继续拓展中小型企业业务。富国银行正在培训和招聘团队成员，有 11000 多名一线员工已经完成"业务推动计划"培训，扩展针对年收入 200 万到 500 万美元小型企业的专营服务团队。通过富国银行小型企业工程®（Wells Fargo Works for Small Business®），我们将提供广泛的金融资源、专业咨询和综合服务，帮助小型企业实现业务进阶。

今天，wellsfargoworks.com 开发了帮助企业主创建和更新商业计划的新工具。它包括一个"商业信贷中心"，加深企业主对信贷决策机制的理解，从而更容易获得信贷支持；一个新的"营销中心"，帮助解决小型企业主的营销需求。

在佩里·佩洛斯（Perry Pelos）的带领下，富国银行的批发银行团队是美国重大基础设施建设最重要的资金来源提供方之一。通过提供直接贷款和承销债券，富国银行为美国的道路、桥梁、机场、港口、水利设施和下水道系统、非营利性医院、经济适用房、高等教育以及全国范围内的

k-12 学校提供融资服务。举例来说，下水道设施和污水处理关乎民众福祉，2017 年 12 月，富国银行担任主承销商，为迈阿密－戴德县（ Miami-Dade County）提供 9.29 亿美元的融资，帮助其改善供水和排水系统。

在各个业务条线，我们都在认真审视我们提供的建议和服务，并扪心自问："我们怎样才能做得更好？"是通过额外的培训更容易获得的数据，还是全新的客户服务模式？在提升客户服务上，我们每天都在竭尽所能地去做。

2. 团队建设

团队成员是我们最宝贵的资源，也是富国银行的关键竞争优势。没有他们的才华和奉献，我们就无法打造一个更好、更强大的富国银行。富国银行努力打造一个具有多样性和包容性的工作场所，努力创造一种氛围，让每个团队成员都感到被尊重和被信任，都能够积极发声。我们的工作如何完成和完成工作本身一样重要。营造好的团队氛围，不仅使富国银行成为一个好职场，也有助于提升客户服务质量。

在 2017 年，我们广泛征求意见和建议。从公司文化到团队成员对富国银行的整体感受，我们对团队成员进行了大量的调查、评估和交流，我们听取员工的公众发言，也通过其他非正式渠道广泛收集意见。这样我们才能够更好地了解员工的真实想法，把握他们的思想动态。我们的团队已经筛选了数以万计的建议和意见，可以更好地了解什么对团队成员来说是重要的，哪些方面我们可能没有完全达到他们的期望。

从团队成员那里得到的信息是我们加强文化建设的关键所在，我们每天都在富国银行的价值观指引下。在首席行政官霍普·哈迪森（Hope

Hardison）的领导下，我们正努力在公司内部形成一致的文化，我们的目标是更有效地沟通，这样团队成员才会很清楚公司对他们的期望，这在转型时期尤为重要。

我们不断加大对团队建设的投资。2017 年年初，我们提高了美国最低工资标准。入门级团队成员的工作薪酬为每小时 13.50 美元，这为 36000 名团队成员带来了福利。在联邦减税和就业法案于 2017 年 12 月通过之后，我们宣布计划在 2018 年 3 月将最低工资标准再次提高到每小时 15 美元。这将使近 7 万名团队成员受益，包括那些已经达到或几乎达到每小时 15 美元的人。2017 年 11 月，我们做出了一项决定，对符合条件的全职员工授予 50 股带有限制行权的股票，对符合条件的兼职员工授予 30 股，为期两年。大约有 25 万名团队成员将在 2018 年第一季度获得这一福利。在过去的一年里，我们增加了两天带薪的假期，加上两个"个人假期"，团队成员可以利用休假来从事家庭、文化、社区或其他多样性的欢庆活动。

我们继续优化薪酬方案，包括有竞争力的薪酬、培训和发展规划、领导力发展机会和福利计划。这些福利计划包括可负担的医疗保健方案、工作与生活平衡计划、401(k) 福利计划、可自由支配的利润分享计划和家庭休假等。2017 年，富国银行的员工流失率处于 2013 年以来的最低水平。

多样性和包容性是富国银行长期坚持的价值观，我们寻求在许多方面共同培养这一价值观。我们为包括拉丁裔、亚裔、非裔美国人、老兵等提供领导力发展项目，以及其他招聘、培训和发展机会。我们有 10 个强大的团队成员网络，在这个关系网络内团队成员通常具有相同的兴趣或成长背景，能够促进他们之间的相互交流，并培养他们的工作和生活技能。

今年 9 月，我和其他商界领袖共同签署一封公开信，支持儿童移民程序的递延行动，呼吁国会通过两党合作，对外来未成年人教育及其他方面权利保障进行立法，为他们在美国的成长提供一个永久性的解决方案。我很荣幸参与这件事情。

3. 创新

长期以来，富国银行都是金融服务行业的创新引领者，我们的创新步伐在 2017 年进一步提速。今天，在阿维德（Avid Modjtabai）的领导下，富国银行通过技术创新为消费者和企业创造新的持久价值，并提高内部运作的效率。这一年有许多成功的技术推广被写入史册，包括对富国银行 13000 台 ATM 的无卡访问；近场通信（NFC）技术；在富国银行的 ATM 机中，有超过 50% 的人使用移动钱包对账户进行无卡访问；作为一种个人对个人的快捷支付方式，Zelle 嵌入到富国银行的移动和网上银行体验中，以及针对商业客户在移动设备上的交易单据传输。

以上许多产品都是同行业中的首创。我们的客户正在使用它们！例如，自 2017 年 3 月以来，富国银行的客户进行了 500 万次无卡 ATM 交易。自 2017 年 6 月以来，富国银行的客户已经使用 Zelle 办理了 100 亿美元的个人支付结算。

富国银行正在提升网点体验感，允许客户通过近场通信技术，使用手机上的移动应用程序（APP）在服务窗口前进行身份验证。通过了解客户是谁，银行员工可以聚焦客户的需求，进行更有针对性的交流。2017 年 11 月，富国银行推出了"直觉投资者"（Intuitive Investor）服务，这是富国银行为下一代投资者提供的一款数字化咨询服务产品。富国银行将创新投资技术与电话服务结合起来，使客户能够负担个性化的投资组合顾问服务。

与富国银行的在线银行服务相结合，直觉投资者提供了账户自动补差，以及从富国银行投资研究所（Wells Fargo Investment Institute）获得投资建议、投资策略等功能。

我们期望在 2018 年引入更多令人兴奋的创新。今年第一季度，富国银行计划在全国推出在线抵押贷款申请，将富国银行的数据与数字接口结合起来，为存量客户创造一个"了解我"的体验。它使用第三方托管技术，使客户能够以电子方式提交信用申请，并向富国银行追加账户文档。当客户登录到在线抵押贷款应用程序时，他们不会被要求提供银行数据库中已经存在的某些信息。

富国银行正计划推出一款新的低成本手机银行体验——"温室"（GreenhouseSM），这款工具面向那些可能不善于财务规划的人，包括对银行业不太了解（比如学生），或者收入来源比较多元（比如自由职业者）。"温室"是两个相互联通的账户组合：一个捆绑借记卡，用于每周支出；另一个用于储蓄和支付账单。它的特点之一是通过一个人工智能引擎，基于个性化的洞察力把握消费者的消费规律，适时提醒，帮助消费者有效管理开支，以达到他们的财务目标。这个体验是直观、个性化的，根据每个申请人的具体情况进行量身定做。

作为另一个创新的客户体验，"控制塔"（Control Tower）预计将在 2018 年推出，通过这个数字银行产品，客户将能够查看和管理他们的富国银行卡和所有存储的账户信息，包括个人理财网站、数字钱包、零售网站和其他第三方服务。

另一个重要的创新领域是如何提高信息安全以保护客户，包括针对消费者和企业的生物识别，人工智能技术的应用，提升风险管理和欺诈检测能力。

我对我们创造的新价值感到兴奋。创新的真正价值在于技术为客户提供更多的工具和便利，以帮助他们获得财务上的成功。

4. 风险管理

管理风险是具有复杂性和挑战性的，我们在过去一年里极大地充实了风险框架。随着风险监督的强化，我们已经建立更多一致性，并且有了更好的整体视角来管理风险。在完善和加强这项工作的同时，我们将在2018年持续发力，重点关注合规和操作风险管理，这与美联储同意令的要求是相一致的。我们希望拥有一个全面、系统、有机整合的风险管理体系。

富国银行的审计服务职能，由首席审计官大卫·朱利安（David Julian）领导，并向董事会汇报，继续就治理、内部控制和风险管理问题面临的影响和挑战提供独特的解决之道。

行为管理办公室强化了公司监督职能。它确保所有富国银行的团队成员和客户都受到保护，当他们指出公司可能出现问题时，我们会倾听他们的意见。

富国银行正在公司风险管理框架内推进一个强大、行业领先的合规计划，并邀请拥有27年金融服务行业经验的迈克·罗曼尔（Mike Roemer）担任富国银行的新首席合规官。合规计划的强化将对其他领域产生积极影响。我们还欢迎马克·阿尔西（Mark D'Arcy)作为首席运营风险官，和莎拉·达尔格伦（Sarah Dahlgren）担任新设立的监管关系主管。在过去的两年中，超过2000名外部团队成员被聘请来提升我们的风险管理能力。

2017年，我们努力加强"举起您的手"文化。每一名团队成员都被期待成为他们自己工作领域的风险经理，并在他们看到有问题的地方勇敢地举起手或者站出来。比如，来自内布拉斯加利福尼亚州奥马哈市的瓦格纳（Ciarra Wagner）是富国银行的一名出纳员，他看到一位老年人（不是富国银行的客户），想在一个熟人的富国银行账户里存入一大笔现金时，瓦格纳顿生怀疑，马上报告给该部门的服务经理。服务经理与该男子交谈，提醒他可能是"彩票头奖"骗局的受害者。这名男子要求富国银行帮助他与警方联系。几周后，他回来了，感谢我们的员工把他从痛苦的损失中解救出来，并在富国银行开立了账户。我感谢我们的团队工作用心，及时发现可疑的情况并妥善解决问题。我们的"举手"文化也鼓励团队成员在有创意，或者有任何帮助单位改进好点子的时候积极发声。

5. 企业公民

我们希望通过产品和服务、经营方式，对多样性和包容精神的坚持，以及丰富多彩的慈善活动，使我们生活和经营的每一个社区都变得更好。富国银行仍然是美国最大的现金捐赠企业之一。2017 年向超过 14500 个非营利组织提供了 2.865 亿美元的现金捐赠。

在去年联邦减税和就业法案通过后，我们计划在 2018 年将慈善捐款增加 40%。从 2019 年开始，富国银行建立长期计划，将税后利润的 2% 用于慈善事业。

与企业慈善事业相结合，我们改善社区的工作是特别的，因为它由员工自发组织，把他们的时间和资源奉献给他们关心的事业。在富国银行，我们都是企业公民，无论富国银行的名字出现在哪里，我们的团队成员都努力做到"更好"。

在 2017 年，我们的团队成员提供了 200 万小时的志愿服务，创下新纪录，并在富国银行的年度社区支持活动中向 4 万个非营利组织捐献了 8500 万美元，该活动连续第九年被公认为美国最大的企业爱心活动。

有 9.1 万名团队成员，也就是富国银行三分之一的员工参加了志愿者组织，包括志愿者分会、绿色团队和团队成员网络。比如，通过富国银行掌上银行项目（Wells Fargo Hands on Banking® Program），我们的团队成员向社区里的 227000 名儿童、退伍军人、老年人等教授资金管理技能。

在毁灭性的飓风、野火和其他灾害之后，富国银行向美国红十字会和其他地方非营利组织捐赠了超过 1060 万美元。为支持灾后恢复和重建工作，我们向爱心基金提供了 650 万美元的资助，该基金为那些遭灾的内部员工提供帮助。我们的干部员工向爱心基金捐出了 127 万美元。此外，他们还奉献了数百个小时参加其他志愿者活动，比如献血、清理海滩、照顾被遗弃的宠物，以及其他重建工作。

作为一家公司，我们把企业公民活动的重点放在三个方面：促进多样性和社会包容，在金融服务薄弱的社区创造经济机会，加速向低碳经济和更健康的星球进发。

今天全世界面对的最关键的问题之一，就是在经济落后地区缺乏扩大就业和收入增长的机会。2017 年秋季，圣路易市哈里斯－斯托州立大学的学生们开始使用富国银行金融教育中心（Wells Fargo Finance Education Center），这是一个提供银行乃至金融业真实体验的投资实验室和模拟交易平台。我们花了 25 万美元来建造和装备这个实验室，这是与哈里斯－斯托州立大学长期合作关系的一部分，也是一个非常好的创意，打造一个充分体现多样性的工作场所，并为有色族裔学生创造高收入的就业机会。富国银行财务顾问公司的团队成员担任客座讲师，指导哈里斯－斯托州立大学的学生。

为了在更广泛的范围内促进经济复苏和产业振兴，富国银行正在扩大对小型企业和中低收入购房者的支持，比如通过"富国银行小型企业工程（Wells Fargo Works for Small Business®）"和"社区多样性资金项目（Diverse Community Capital Program）"，承诺提供 1 亿美元资金、技术援助、教育和其他资源用于未来三年内多样化的小型企业发展支持计划。富国银行还将加倍投资"邻里提升"项目（NeighborhoodLIFT®），计划 2018 年投资达到 7500 万美元。

2017 年，富国银行宣布了一项长达 10 年的承诺，让至少 25 万非裔美国人拥有自己的房子。其中包括 600 亿美元的住房贷款和 1500 万美元用于购房者教育和咨询活动。2017 年是这项计划的启动之年，我们帮助了超过 23000 名非裔美国人买房，投资了 180 万美元支持购房者教育和咨询。2018 年，我们将再接再厉，通过支持西班牙裔房地产全国联合会推动的西班牙裔财富项目（National Association of Hispanic Real Estate Professionals' Hispanic Wealth Project），提供 1250 亿美元的授信额度，帮助西班牙裔美国人提高住房拥有率。从 2016 年到 2017 年，我们帮助超过 87000 个家庭购房，并向购房者在教育和咨询项目提供了大约 280 万美元的资助。

像富国银行的许多客户、股东和团队成员一样，我们关心气候变化和其他影响地球的环境挑战。我们发起了"绿色每一天"的行动，教育和激励团队成员加入环境保护工作，每天在家里、工作和社区中做出简单的改变。我们的目标是在 2020 年之前，让全行员工完成 25 万项小计划，以推动环境的可持续性发展。

在 2017 年，富国银行完成一件具有里程碑意义的事——全球各地的分支机构电力供给均实现了 100% 使用可再生能源。作为美国最大的可再生能源、能源效率和清洁技术的投资方之一，富国银行通过产品创新、与公共和私营机构的合作来支持该领域的新增长，以帮助专注于环境可持续性的初创公司加快发展。

富国银行千方百计为服役军人、退伍军人和他们的家人提供支持，对此我深感自豪。这些军人有的是富国银行的客户，有的是富国银行的员工。自 2012 年以来，富国银行通过金融教育、职业转型建议和购房援助，向军人和他们的家庭捐赠了 1 亿多美元。2017 年，富国银行连续第四年举办"跨越障碍、勇攀高峰"（No Barriers Warriors to Summits）活动，这个项目汇集了十几名残障老兵，帮助他们克服障碍，通过野外课程和挑战环境释放他们的潜能。

我们的团队成员一直不懈努力改善社区，我为之深深感动，我乐于支持他们去帮助他人。

6. 股东价值

我们的目标是创造长期股东价值，它被列为"六个目标"清单上的最后一个，是因为其他五个目标的达成都有助于实现这一目标。作为富国银行的股东，您已经很信任富国银行，所以我们将专注于管理好银行，通过多元化的商业模式、严明的风险纪律、高效的执行力、稳健的资产负债表和世界级的团队来创造长期股东价值。虽然美联储对富国银行的资产规模制定了上限，但我们能够继续为客户提供服务，这一禁令对富国银行的财务影响将是可控的。

我们在 2017 年的财务表现堪称稳健，其实我们原本可以做得更好。2017 年，富国银行的资产回报率为 1.15%，净资产收益率为 11.35%，资本充足率和流动性保持在很高的水准之上，这对创造长期股东价值至关重要，并为公司的管理提供了灵活性。2017 年，富国银行通过普通股股利和净股票回购向股东返还了 145 亿美元，比 2016 年增长了 16%。富国银行的季度普通股股利增加到每股 39 美分，净股息率达到 72%。连续第四年，富国银行减少了公开发行的普通股稀释后的平均数量，从 2016 年起减少了 9100 万股。

我们将继续推进节流措施，争取在 2019 年年底前实现支出削减 40 亿美元的成本控制目标。我们每天都在努力改进，这是创造长期成功的基础。

我乐观地认为，我们正在进行的投资将使富国银行能够更好地服务于客户，并在长期内实现业务增长。为了股东，我们将全力以赴、竭尽所能。

感谢

我想表达我对几位董事的感激之情。他们在过去的一年里贡献了他们的知识、经验和领导能力。史蒂夫·桑格（Steve Sanger）、辛西娅·米利根（Cynthia Milligan）和苏珊·斯文森（Susan Swenson）于 2017 年年底从董事会退休。多年来，他们的贡献和努力推动富国银行一直向前。

在过去的一年里，经常有人问我："蒂姆，你为什么这么乐观？"我的回答是："我怎么可能不呢？"富国银行是一家实力雄厚、拥有 166 年历史的公司。在历史上，我们已经克服许多困难。我们有一个坚实的基础，我们是一家伟大的公司，并拥有一支杰出的团队。我们有超过 26 万的敬业、有才能、有责任感的员工队伍。毫无疑问，他们是富国银行最宝贵的资源。

我们每天都在和我们的利益相关者努力重建信任，我们将实现六个目标，对此，我信心满怀。

　　谢谢您！谢谢您对富国银行的信任和支持。我们对您的承诺是坚定不移的。我们矢志打造更加优秀、更加强大的富国银行！

首席执行官和总裁　　蒂姆·斯隆

我们的业绩

表 13-1　富国银行 2016 ～ 2017 年的业绩

	2017	2016	百分比变动
年度数据			
富国银行净利润	$22,183	$21,938	1%
富国银行适用于普通股的净利润	20,554	20,373	1
摊薄后每股收益	4.10	3.99	3
盈利能力比率			
富国银行净利润对平均总资产的比率（ROA）[1]	1.15%	1.16%	(1)
富国银行适用于普通股净利润对富国银行普通股股东权益的比率（ROE）	11.35	11.49	(1)
有形普通股权益回报率	13.55	13.85	(2)
效益比率	66.2	59.3	12
总收入	88,389	88,267	—
税前拨备前利润	29,905	35,890	(17)
每股股息	1.540	1.515	2
发行在外的普通股平均数	4,964.6	5,052.8	(2)
发行在外的普通股摊薄后平均数	5,017.3	5,108.3	(2)
日均贷款	956,129	949,960	1
日均资产	1,933,005	1,885,441	3
日均存款总额	1,304,622	1,250,566	4
日均储蓄及小型企业银行存款	758,271	732,620	4
净息差	2.87%	2.86%	—
年末数据			
投资证券	416,420	407,947	2
贷款	956,770	967,604	(1)
贷款损失准备	11,004	11,419	(4)

续表

	2017	2016	百分比变动
商誉	26,587	26,693	—
资产	1,951,757	1,930,115	1
存款	1,335,991	1,306,079	2
普通股东权益	183,134	176,469	4
富国银行股东权益	206,936	199,581	4
总股权	208,079	200,497	4
有形普通股	153,730	146,737	5
资本比率			
总股本对资产比率	10.66%	10.39%	3
风险性资本			
一级普通股比率	12.28	11.13	10
一级资本比率	14.14	12.82	10
总资本比率	17.46	16.04	9
一级杠杆比率	9.35	8.95	4
普通股发行数	4,891.6	5,016.1	(2)
每股账面价值	$37.44	$35.18	6
每股普通股有形账面价值	31.43	29.25	7
职员人数（在岗、全时）	262,700	269,100	(2)

（除了每股账面价值、职员人数和比率外，均为百万美元，括号内数字为负值）

注：

1. 有形普通股权益是一种非公认会计准则，它代表了总股本较少的优先股、非控股权益、商誉和某些可识别的无形资产（包括与我们的非市场权益投资和出售资产相关的商誉和无形资产，但不包括抵押贷款服务权利）、适用的递延税项净值。确定有形普通股权益的方法可能会在公司间产生分歧。管理层认为，计算平均有形普通股权益和每股有形账面价值（即利用有形普通股权益）的回报是有益的，因为它们使投资者和其他人能够评估该公司的股权使用情况。

2. 效益比率是非利息支出除以总收入（净利息收入和非利息收入）。

3. 税前拨备前利润（PTPP）是在较少非息支出条件下的总收入。管理层相信这项指标是一个有用的财务测算工具，因为它可以让投资者和其他评估公司通过一个信贷循环产生资本以覆盖信贷损失的能力。

4. 储蓄存款和小型企业银行存款是指总存款减去批发银行存款和按揭托管资金。

5. 每股账面价值是普通股股权除以发行在外的普通股数量。

注释

① 2月2日，在离卸任美联储主席仅几个小时的时间里，耶伦宣布了她任内的最后一道，也最让人震惊的制裁令：要求富国银行的资产规模控制在 2017 年年末水平。禁令还明令富国银行在 4 月底前替换三名现任董事会成员，在年底之前撤换第四名董事。恰逢美股黑色星期五的"屠杀"，当天富国银行盘后暴跌 9%。（译者注）

② 2017 年 4 月 25 日，富国银行举行年度股东大会。长达三个小时的会议，因为股东频频爆发的怒火和责问而被多次打断，甚至有一位股东被强制请出了会场。富国银行董事再次全数当选，但没有一位长期任职的董事会成员获得超过 80% 的支持率。时任董事长史蒂夫·桑格只获得了 56% 的支持率，而风险委员会主任的支持率只有 53%。桑格表示：收到了"股东发出的明确表达不满的信息"。（译者注）

③对杜克董事长的昵称，下同。（译者注）

2019 年 ▶

"我们继续努力解决过去的问题，重建与利益相关方的信任。我们已经从错误中吸取了教训，并正在进行根本性的变革。我们坚定前行。"

2019 年：我们坚定前行

我相信，富国银行对未来的发展有着科学的定位。2019 年，我们将继续致力打造更以客户为中心、更高效、更创新的富国银行，包括强大的财务基础，在我们服务的市场中处于领先地位，在强大的风险管理框架下专注于增长，卓越的运营和高度敬业的团队成员。

展望未来，我们不会忘记我们的根基和公司的历史。我们正在不断夯基蓄势，将富国银行转变为一家更好的未来银行。

各位亲爱的股东：

刚刚过去的 2018 年是我担任富国银行董事会主席的第一年，我们朝着打造"一个更好的富国银行"的目标进发，这一年来公司在董事会的领导下取得的进展令我深受鼓舞。

在我谈论董事会工作之前，我要感谢管理团队的不懈努力。蒂姆·斯隆（Tim Sloan）两年前成为首席执行官，从那时起，在董事会的全力支持下，他一直在推动公司的转型变革。

作为首席执行官，蒂姆的首要任务是展开广泛的审查，以识别、理解和解决过去的问题：对受损害客户进行适当的补偿，而且补偿的标准和进展都要公开透明。我们发现了各种各样的问题，尽管具体原因不一，但也有一些共性的问题，比如公司长期独立经营的历史和权力过于下放带来失控的问题。我相信这项检讨是有必要的，有利于我们更好地为客户服务。在过去的两年里，我们在组织结构的许多方面做出变革，加强了风险管理，改进了治理实践和监督。展望未来，我们相信对公司整体架构的保持以及卓越运营将带来持续的积极改变。

在组织方面，蒂姆将富国银行的老员工与其他地方经验丰富的人才融合在一起，组建了一支强大的管理团队。他三个直接下级来自行外，另外新技术主管和首席审计师两人将于 4 月加入富国银行。此外，他的其他下属大部分工作职责范围也有所调整。管理层正在协力优化公司的经营结构，更好地界定角色和职责，创新客户服务的方法，加强合规与操作风险管理，把我们的愿景、价值观和目标融入富国银行的文化。同时，管理层还在专门针对零售业务部门与汽车金融部门重新制订经营战略、提升领导力和优化激励机制。一个好的迹象是：2018 年社区银行条线"客户忠诚度"与"总体满意度"得分创 24 个月以来新高，同时，2018 年员工主动流失率创六年来新低。

2018 年年初，就虚假账户事件所面临的责罚，我们与美联储、美国货币监理署与美国金融消费者权益保护署达成了共识。为确保我们满足这些机构的监管要求，董事会、管理层和他们保持日常性的交流是必要的。通过这种坦诚的交流，我们在全行范围内的全面整改得以实施，同时提高了治理能力，强化合规与操作风险管理。鉴于这些举措耗费了一些资源，我们正在实施一项成本控制计划，该计划主要是通过集约化管理和流程优化来保障我们在科技、风险管理等战略领域的投资。

我们继续与美联储保持有建设性的对话，就落实同意令的具体要求、意见反馈、进展情况进行不间断的沟通。我们计划 2019 年在美联储划定的资产上限下经营业务，把满足监管要求与满足客户需求放在同样优先的位置。

我们的董事会 ①

监督

董事会在 2018 年的监督重点是识别、理解和解决公司内部的问题，包括监管机构所关注的问题。我们也在展望未来。蒂姆在他致股东的信中详细介绍了管理层提出的六个公司目标：成为客户服务与咨询、团队建设、创新、风险管理、企业公民和股东价值方面的金融服务领导者。今后，董事会将重点监督这些目标的实现情况。

满足监管要求。我们不仅充分认识到完全满足监管要求的重要性，还特别注重满足当前同意令的要求。此外，我们正在加强风险管理和报告系统，以满足监管机构对系统重要性金融机构的期望和我们在风险管理方面的行业领先目标要求。我们正与监管机构就相关进展进行频繁和公开的沟通。

加强风险管理。富国银行一直是信贷风险、市场风险和流动性风险管理方面的行业领导者。多年来，富国银行已证明有能力在艰难的经济环境（如2008年的金融危机）中进行风险管理，但合规和操作风险的管理需要改进。我们在首席风险官、首席合规官、监管关系主管和首席操作风险官的岗位上有了新的负责人。他们已经制订并正在忙于实施计划，继续构建合规和操作风险管理系统，使其与我们的业务、结构和战略相匹配。这些计划包括充实管理层治理委员会结构，加强监督、管理和控制，优化机制和程序。我们的目标是建立一个行业领先的风险管理项目。

卓越运营。我们过去的许多操作风险问题都源于基础运营薄弱。2018年，管理层启动了一项盘点和审查所有业务流程的项目。通过准确定义风险点，我们将改进控制测试和监控功能，减少业务流程的数量和复杂性，同时提升核心业务的效率和效益。我们希望这项工作能够提升客户和团队成员的体验满意度，降低运营成本，加强风险管理。

文化和人力资本管理的监督。我们继续评估和塑造公司文化，重点放在道德规范、培训开发、多样性和包容性等方面。富国银行的指导价值之一是"将团队成员作为公司的竞争优势"。董事会将大量关注人才管理战略，包括吸引、留住、奖励、使用、照顾好最优秀的人才。我们认识到奖励杰出表现和让团队成员承担责任的重要性。

技术。新一代的客户和团队成员希望熟练地使用新兴技术，可以实现创新和效率的巨大飞跃。与此同时，网络风险正处于历史最高水平。我们希望确保所有的系统都运行在最新的平台上，能够处理和保护好大数据，并为卓越运营愿景和创新领导力做出贡献。

我们已经在每个方面取得了进展，2019 年我们将继续把重点放在这些领域。

利益相关者互动

过去数年，我们的独立董事参与了一个股东工作计划，以更好地了解股东对公司治理和其他议题的看法。股东的坦诚反馈有助于我们确定优先事项、评估进展、加强公司治理实践。2018 年，我会见了占公司普通股 35%以上的股东，讨论了公司的治理状况。

董事会还关注企业公民问题，这是由董事会的企业责任委员会负责。2018 年度股东大会之后，企业责任委员会成员会见了我们的外部利益相关者咨询委员会委员，向他们征求意见和建议，以及对他们来说很重要的新问题。年内，我和蒂姆将继续与市政部门负责人会面，讨论多项议题，包括按揭贷款、为无存款或存款不足的消费者提供服务、协助客户避免或减少透支费用、环保承诺、人权及声誉风险等。

我们对股东意见最重要的反馈是在 2019 年年初在网站上发布的一份商业标准报告（Business Standards Report）。该报告是与众多利益攸关方广泛交流形成的共识。该报告由企业责任跨信仰中心（Interfaith Center on Corporate Responsibility）牵头撰写。报告讨论了我们的业务实践和我们所做过的或正在做的许多根本性的改变。报告还详细说明了我们在努力改善公司管理、重建信任的过程中所了解到的情况以及应对举措。我提请你们关注并审阅。

长期股东价值

在过去几年中，董事会和管理层投入大量的时间和精力去解决已发现的问题。对这些问题的查找、解决和弥补，是我们在坚实的基础上建设未来的必要条件，也是满足监管机构期望，重获客户、团队成员和公众信任的必要条件。在积极整改的同时，我们也保持了较好的财务业绩。2018年富国银行净利润达到224亿美元，摊薄后每股（普通股）收益达到4.28美元，为公司历史上最高的每股收益。面对最近的挑战，财务能够保持稳健的表现，证明了我们的核心业务和多元化经营模式所具有的优势。

我们的资本水平远远超过了监管规定的最低标准。为了实现长期股东价值，作为公司目标的一部分，我们会在适当的时候向股东返还资本。2018年，我们通过支付普通股股息和净股票回购向股东返还了创纪录的258亿美元资本，比2017年增加了78%。2019年1月，我们将季度普通股股息从每股43美分提高到45美分。

我们的优势并不是与生俱来的，所以我们将继续加强风险管理、推进简政放权、推动负责任的创新，以巩固优势。所有这些努力都是为了使富国银行更加以客户为中心，更具创新性和更好地定位未来——为股东创造长期价值。

致谢

　　我代表贵公司的董事们，感谢你们选择投资富国银行，感谢你们对我们公司未来的信心。尽管我们还有许多工作要做，但相信我们走在正确的道路上，正在取得真正的进展。我们有一个具有远见卓识的 CEO 和管理团队，他们正在为实现我们的目标制订战略，解决过去的问题，同时为未来的成功打下坚实的基础。公司正在进行的变革显示出积极的迹象，我们对自己的未来充满信心。

　　我提请你们仔细审查这份报告、2019 年的代理声明以及公司提供给股东的其他资料，以更好地理解富国银行未来的机遇、挑战以及当前的战略举措。我们坚定地继续创造和维护公司的长期价值。

　　整个董事会始终对富国银行充满信心！

董事会主席　　伊丽莎白·杜克

致我们的所有者：

清晰的愿景和坚定的价值观使我们继续创造强劲的财务业绩。此外，我们拥有行业中最好的团队，可以满足 7000 万客户的服务需求。

我们正在拓展一段非凡的历史。富国银行已经繁荣了 166 年，这个悠久的特许经营历史是令人难以置信的。我们的标志——驿站马车，不仅在当时具有变革性，直到今天依然焕发着前进的活力。如今，我们在很多方面既保持着这种势头（如新的品牌战略），又有一些新的创造力。因此，我们推出了一款更现代的驿站马车标识，其灵感来自人们的创造力。

2018 年，我们通过推出新产品和服务，改善客户体验，提高运营效率，深化对社区和团队成员的承诺，进一步夯实了坚定前行的基础。我们继续努力解决过去的问题，重建与利益攸关方的信任。我们已经从错误中吸取了教训，并正在进行根本性的变革。我们永不止步。

特许经营的悠久历史

我相信富国银行已经为未来做好准备，应对不断变化的客户偏好、新兴技术、新风险等。我相信我们的潜在优势为未来持续成功打下了非常坚实的基础。这些优势包括多元化的商业模式，这使我们能够很好地适应各种利率环境和经济周期。

我们还拥有业界领先的分销渠道，包括实体和数字渠道。我们在为客户提供创新服务方面长期处于领先地位，而且创新步伐还在提速。

我们拥有庞大的客户基础，服务于三分之一的美国家庭，我们拥有宝贵的 1.3 万亿美元低成本存款。我们提供规模效应显著、类型多样的产品，所以我们是美国最大的贷款机构。我们优秀的团队致力为客户服务。

我们强大的信贷纪律使富国银行能够在许多信贷周期中表现良好，目前核销额处于历史低位。我们实现了持续的股东回报，并建立了强大的资本实力。当然，我们不会就此止步，而是继续努力向股东返还更多资本。

2019 年 1 月，我们发布了一份商业标准报告，详细介绍了我们为解决过去的问题所采取的行动，并概述了业务政策和未来的重点举措。报告阐述了如何改进公司文化，如何为受到伤害的客户提供补偿，如何加强风险管理和控制。这份题为"承前启后，继往开来"（"Learning from the past, transforming for the future"）的报告，代表了我们对公开透明的承诺，也是我们与所有利益攸关方建立信任的重要一步。

我每天都会见与我们的成功息息相关的人，包括客户、团队成员、社区领导、投资者和政府领导。这是我一天中最美好的时光！我收到的反馈是确认我们在改造富国银行方面取得了多大进展的一种方式。我们还有很多工作要做，坚持不懈地实践六个公司目标，即要在客户服务和顾问咨询、团队建设、创新、风险管理、企业公民以及股东价值六个方面成为金融服务的领导者。

我们正在为未来而改变

金融服务业的未来包括许多方面，我相信富国银行正在采取全面的措

施，不会顾此失彼。

今年，我们在加强风险管理，特别是在操作风险和合规风险方面取得了显著进展。这对富国银行和我个人而言都是首要的任务。为了提高风险管理能力，我们在人员、技术、基础设施和网络安全方面进行了大量投资。

我们也将继续关注公司文化，也就是如何把我们的愿景和价值观——公司的基石付诸实践。这就是我们实现目标的方式。关注公司文化意味着我们作为一个团队要互相负责、互相支持。为了实现富国银行帮助客户在财务上取得成功的愿景，每一位团队成员在每一天里都需要践行我们的价值观。

2018 年，我们进行了几轮领导人调整。例如，我们欢迎新上任的首席风险官曼迪·诺顿（Mandy Norton），她带来了近 30 年的金融业经验。曼迪是一位经验丰富、见解深刻的领导者，她推动了我们整个银行的风险管理工作。

我们宣布，拥有 25 年金融服务经验的索尔·范·伯登（Saul Van Beurden）将出任富国银行技术部门的新主管，这反映了提升这项工作的重要性。朱莉·斯卡马霍恩（Julie Scammahorn）会加入富国银行担任首席审计师。朱莉具有丰富的经验和良好的业绩纪录，曾领导过全球金融服务机构的大型审计部门。索尔和朱莉将加入我们的运营委员会。我也将人力资源主管戴维·加洛里斯（David Galloreese）提拔至运营委员会，向我汇报工作。我们完善了企业慈善事业和社区关系工作与利益相关者关系职能，这项工作的负责人是吉姆·罗（Jim Rowe），他也直接向我报告工作。

我很高兴 2018 年对我们的客户来说又是一个伟大的创新之年。我们优先考虑创新，不是根据我们能做什么，而是根据客户想要什么和需要什么。这意味着服务将继续扩张，比如正在试点的富国支付（Pay With Wells

Fargo™）、网上按揭申请以及控制塔（Control Tower™）。

我们也专注于卓越的运营，正在优化推动业务的每一个环节。这一工作包括减少所有业务的中间环节并持续评估这些流程的效率。我们正在审查业务中存在哪些风险以及如何能够降低这些风险。我们正在评估在工作中使用平台和技术工具的数量，并思考如何优化组合和减少它们。最后，我们确保对每一个过程都有适当的监督和测试。

以下是一些案例：

富国银行汽车金融部门（Wells Fargo Auto）为 300 多万汽车贷款客户和约 1.1 万家汽车经销商提供服务，其后台业务功能集中将带来更大的服务体验一致性和推动更好地管理风险。2018 年，我们将 57 个区域商业中心整合为 4 个区域中心，这是集约化进程的重要步骤。这一改革旨在通过简化交付环节、减少操作风险，使我们能够更好地为客户服务，并提高效率。同时通过将类似的职能放在一起，提供统一的技术标准和操作环境，能够创造规模经济效应，增加团队成员的职业发展机会。

财富管理的信托管理服务（Wealth Management's Fiduciary Management Services）团队 2018 年在客户服务模式上推出了一些系列创新，包括变单线联系为团队支撑服务优质信托客户，新分配的客户关系经理主动联系每个客户，自动化的工作交流工具为一线团队伙伴服务请求提供视频指导，由此客户总体忠诚度和满意度提高了 10% 以上。

我们正在对批发银行部门进行转型，以减少重复流程和冗余平台，并消除业务中存在的"竖井"，以便为客户和员工提供更高效的体验。这将使我们能够更好地服务于客户现有和新出现的需求。我曾经在批发银行业务部门中工作多年，亲身体会到这些业务改进可以为团队成员和客户带来

多么大的影响和改变。

我们将来自 14 个团队的 200 多名成员集中到一起，建立了一个卓越遗产护理中心（Estate Care Center of Excellence），专注于简化人们在亲人去世后的遗产结算流程。当富国银行的所有分支机构都上线后，处理遗产问题将不再需要联系多个业务部门。一个专门的团队成员将在整个过程中提供帮助，减少所需的文书工作，并指导访问新的数字自助服务功能，以简化遗产结算。在加利福尼亚州北部发生的悲剧性森林大火之后，卓越遗产护理中心开发了特殊程序来帮助缺乏传统要求所需文件证明材料的家庭成员。

最后，我们在为客户做正确的事情方面取得了良好的进展。我们创建了一个优秀的客户服务问题补救中心（Customer Remediation Center of Excellence），以建立一个统一的方法来管理和执行补救工作。这包括加强内部治理和优化报告程序，以建立更明晰的责任机制，还包括投资建立从事补救工作的专业队伍，并向他们提供客户优质服务所需要的资源。

这些都是我们 2018 年取得的里程碑业绩。

财务报告

2018 年，我们的财务业绩稳中有进。富国银行 2018 年实现净利润 224 亿美元，摊薄后每股（普通股）收益为 4.28 美元，创富国银行每股（普通股）收益历史新高。我们实现了 2018 年的成本控制目标，并在降低风险损失和减少开支的同时，在业务扩大再投资方面取得了进展。2018 年富国银行收入略微下降是由于净利息收入的增长为非利息收入的下降所抵消。

我们的信用质量仍然很好，核销率接近历史低位。我们的资本水平也保持稳定，2018 年我们向股东返还了创纪录的 258 亿美元，比 2017 年增长 78%，包括 2018 年减少了 6% 的流通股。

对于 2018 年 2 月开始实施的"美联储同意令"，我们将继续与美联储在现有基础上开展建设性对话，明确预期，听取反馈，评估进展。为了有足够的时间将这些反馈以一种深思熟虑的方式纳入计划，采纳并执行美联储接受的最终计划，并完成所需的第三方审查，我们计划在 2019 年年底前在同意令的资产上限下运营，做出必要的业务调整。确保达到监管要求仍然是我们的首要任务，我们将继续为客户努力，帮助他们获得财务上的成功。我相信我们能够在资产上限下运营的同时实现这两项目标。

我们公司的目标

一年多前，我提出了六项公司目标。对此，富国银行的每个人都清楚我们需要做哪些最重要的事情。我们的目标根植于我们的愿景——满足客户的金融需求并帮助他们在财务上取得成功，以及公司的价值观，即为客户做正确的事。

我很高兴 2018 年我们在实现目标方面取得了巨大进展。

客户服务和顾问咨询

我们一直强调团队合作，为所有人提供最好的服务。无论我们的客户从事什么工作，担任什么样的社会职责，我们的工作都会对他们提供帮助。

　　如何满足客户的需求正在演变。我们针对消费者的策略是一个整体方法，旨在通过预测和服务他们金融之旅的每一阶段，满足他们的金融需求，由此我们拓展了金融消费者业务。

　　当客户开始理财之旅时，他们可能会依赖余额提醒（2018年，我们平均每月向客户发送3700万个零余额和客户特定余额的提醒）。通过这种方式，我们可以密切地监控客户的支票账户状态，或依赖透支工具的深度（Overdraft Rewind®）发现问题。2018年，有230多万客户通过这项服务避免了透支费用。最终，客户也因此可能想要汽车贷款、抵押贷款或小型企业贷款、退休储蓄账户，或财富管理团队的服务。拥有一个消费者策略意味着我们在客户财务生活的每一个阶段都与他们在一起。

　　通过将零售银行业务与速度、便捷性和新的数字产品有机结合，我们正在不断提升客户和团队成员的体验感。2018年12月，我行"客户忠诚度"和"最近一次访问总体满意度"调查得分创24个月新高。

　　客户关系视图是我们开发的一个新客户关系平台。通过这个平台，团队成员对每个客户都有一个更全面的看法，从而避免了客户不断重复他们已经进行过的交互。例如，我们在得克萨斯州拉伯克的一位客户经理打电话给他的一位老客户，提醒客户有超过6.4万个未使用的信用卡积分。客户随后被告知，他可以通过远行奖励计划（Go Far® Rewards）兑换积分。这位顾客把积分兑换成现金，用来给家人买机票，这样他的家人就可以来看他和他的妻子。

　　这样的变化有助于我们的团队成员更好地与客户建立联系，并保持他们对客户需求的关注。2018年5月至12月，我们的团队成员接触了330万客户，感谢他们的业务，回答他们提出的问题，并预约提供面对面的咨询服务。

我们还在改革财富和投资管理（WIM, Wealth and Investment Management)业务,以便更好地以客户为中心。通过聚焦WIM客户关注的研究、思想、领导力和投资建议，使WIM业务办理更快捷、更简单、更优惠。如，2018 年引入的模拟场景（Envision Scenario），能够让客户更好了解他们的投资决策改变会如何影响他们的投资目标。

正如我之前所说，把客户放在我们所做一切的中心意味着我们为他们做正确的事情。我们一直致力实施全行范围内统一的客户投诉受理策略，使用科学的数据分析工具，以便更主动地帮助客户解决他们的担忧，并在必要时将他们引向具有专业知识的团队成员。

团队建设

我很荣幸能定期与我们的客户和社区领导人见面，听到他们对我们团队成员的肯定和赞扬。我为富国银行 25.9 万名辛勤工作的员工感到骄傲，他们每天热诚服务，对富国银行的未来充满信心。2018 年，我们的员工主动流失率降至 6 年来的最低水平。团队成员是我们最大的财富。

团队成员也是我们一些最好创意的灵感之源。2018 年，我们继续通过多种渠道收集和反馈他们的想法，包括调查、焦点小组、内部员工网站和座谈会议。我们的团队成员会告诉你，我是广泛调查的最大支持者，因为我坚信与他们交流沟通的重要性。事实上，我不断提醒他们利用每一个机会让别人听到他们的声音，我想他们可能已经厌倦了这一点。

我们的团队成员是富国银行的代言人，他们推动着企业文化。2018 年，我们为所有团队成员引入了一套清晰的行为规范。这些规范描述了团队成员在工作中应该如何表现自己，从而更好地将个人行为与我们的愿景、价值观和目标结合起来。通行的"一个富国银行"文化（"One Wells Fargo" Culture）大有裨益，它确保我们专注于做正确的事情来推动我们的成功。

多样性和包容性是我们五项基本价值观之一，对我们的成功至关重要。为了满足客户的金融需求，帮助他们在财务上取得成功，我们的团队构成需要反映美国客户的多样性，我们的客户每天都在变得更加多样化，遍布世界各地。我还坚信，当你让不同经历的人在一个房间里或在一个团队中一起工作时，你会得到更好的创意和更好的解决问题的能力。我很自豪，我们的努力得到了彭博社性别平等指数、人权运动和国家残疾人组织的认可。

在行动中注重多样性和包容性的一个范例，就是我们对服役军人和退伍军人的承诺。在任何时候，富国银行都有超过250名员工服役。我们通过财务和其他福利来支持这些团队成员。我们评估退伍军人的领导能力和技能，有很多招募项目来帮助我们选聘和雇佣退伍军人。

团队成员是我们的竞争优势，我们将继续在许多方面对他们进行投资。2018年，我们将美国本土范围内的员工最低基本工资提高到每小时15美元，约3.6万名团队成员因此受益。我们还审查了工资高于或略高于新最低工资标准的团队成员的工资，并提高了大约50000名团队成员的基本工资。我们的团队成员获得有竞争力的薪水、培训和发展机会，以及展示领导力的机会。我们对美国本土范围内的员工每人每年支付大约13000美元，用于提供可负担的医疗保健方案、工作与生活平衡计划、401(k)匹配供款计划、可自由支配的利润分享计划和家庭休假福利。2018年，全球范围内大约25万名符合条件的全职员工获得了相当于50股富国银行股票的限制性股权，符合条件的兼职员工获得了相当于30股的限制性股权，并享有两年的行权期。这就将员工的成功与股东的利益联系在一起。如前文所述，我们会定期寻求团队成员的意见反馈，衡量我们所提供的服务的有效性，并且通过广泛听取团队成员的想法和意见来推动团队建设工作。

创新

在富国银行，我们坚持不断创新，因为客户要求创新。他们希望我们跟上他们在日常生活中看到的其他技术进步。便利在过去意味着每个角落都必须有一家银行网点，但现在我们的客户可以利用多种渠道与我们交互，包括银行网点、客户的电话、网上银行等。随着客户参与度的不断提高，我们正利用客户反馈来推动新产品和新服务的开发。比如，富国银行新的 Propel 卡。Propel 为免年费卡提供了最具吸引力的奖励计划之一，我们对此计划取得的成功感到高兴和满意。它的出现缘于客户和团队成员告诉了我们——他们想要什么。

我们的创新项目集中在可以为客户提供附加价值的五个领域。

第一，我们正在为许多产品创新数字开户体验。这种体验既简单又快捷，能帮助客户最大限度地利用他们的新账户。举例讲，在线抵押贷款申请。我们的在线抵押贷款业务全年稳步增长，到了 2018 年 12 月，在线应用占整个零售应用的 30%。

第二，我们正在完善支付功能，让客户可以轻松付款，以及更加直观地管理他们的账户。例如，Zelle 允许客户向朋友和家人进行实时支付（不需要使用银行账户）。过一段时间，我们计划在移动应用程序主屏幕上显示客户最常用的支付功能，使支付、缴款或转账变得更加快捷方便。

第三，我们为每一位客户打造个性化的体验。例如，"温室"（Greenhouse®）是我们为新客户提供现金管理专业知识的移动银行应用程序，它提供个性化指导，帮助客户节省每月的开支并负责任地管理资金。我们预计该应用程序将于 2019 年推出。

第四，我们正在不断努力，通过多个渠道无缝地为客户服务。我们正在为分支机构提升数字体验，以加快认证和开户速度，我们还在非富国银行平台上提供银行和支付服务。

第五，我们正在构建支持创新的能力和技术，如人工智能、身份管理、分布式账本和应用程序编程接口。

2016 年，我们对创新工作进行了科学统筹，加快了创新步伐和新产品开发。我相信我们强大的创新计划将使富国银行能够继续为客户创造持久的价值，并保持和加强市场领导地位。

风险管理

风险管理仍然是富国银行的优先事项，为此，在 2018 年，我们继续在技术、基础设施、网络安全和人力资本方面加大投资。我们已引进并正在实施加强版风险管理架构。通过行内招聘和行外引进，风险管理团队补充了新鲜血液，其中包括过去三年从海外引进的 3200 多名风险管理团队成员。我们现在对整个银行的职责定位有了更清晰的认识，为风险管理规程落地提供了更有力的条件。

我们在风险管理的许多领域，包括信用风险、市场风险和流动性风险等方面有着坚实的基础。我们也知道在合规和操作风险方面我们需要"补课"，在首席合规官迈克·罗梅（Mike Roemer）的领导下，合规团队拥有近 4000 个团队成员，通过集中化管理成为富国银行一个坚强有力的组成部分。迈克努力将合规职能转变为公司的竞争优势，并整合和实施跨部门的最佳政策。操作风险管理团队在首席运营风险官马克·温特劳布（Mark Weintraub）的领导下，全面评估了操作风险敞口和操作风险管理政策的有效性。这包括培训和授权团队成员识别和评估风险，确保我们有适当的控制措施来降低这些风险。

通过优化风险管理机制，我们更有能力全面、长期地了解和管理风险。因此，我们可以更好地推动和支持银行各级管理人员针对有关风险的科学决策。我们将继续努力，多策并举来强化风险管理。我们将永不止步、持续努力。

在优化风险管理机智的同时，我们继续强化"举手"文化，鼓励每个团队成员在需要帮助或看到"感觉不太对劲的问题"时畅所欲言。我们将广开言路和优化流程结合起来，以确保团队成员提出的任何问题都得到彻底和保密的调查，每个团队成员都有管理风险的个人责任。

企业公民

我相信富国银行对企业公民身份的承诺使我们与众不同。我们的目标很明确：希望在我们生活和做生意的所有地方，帮助人们和社区在经济上取得成功。我们千方百计为社区培育经济增长的机会，通过与社区居民的广泛交流，与所有公共和私营部门利益攸关方合作，了解最紧迫的问题，制订可能产生最大影响的解决方案。

这种问题导向体现在富国银行 10 月在华盛顿特区发布的"我们住在哪里（Where We Live）"计划中，这个计划结合了慈善事业的力量和富国银行在市场上的领先地位以及深厚的社区合作伙伴关系优势。我们做出了一项为期五年、专门用于振兴贫困社区、金额高达 16 亿美元的贷款承诺。我们计划与全国社区再投资联盟（National Community Reinvestment

Coalition) 和近 20 个地方社区组织合作，通过企业慈善事业、抵押贷款和小型企业贷款业务，为华都第七区和第八区②金融服务不足的居民增加经济适用房、创业机会和提升就业技能。

我们在应对气候变化和其他环境挑战方面继续取得进展。2018 年 4 月，我们宣布：在 2030 年以前，我们承诺为可持续企业和项目提供 2000 亿美元融资，其中超过 50% 的资金用于清洁技术和可再生能源交易，以加快向低碳经济的转型。这一承诺展示了我们的产品和服务、运营和文化以及公益事业是如何统一到一个目标上来的。例如，富国银行承诺为元一能源（Origis Energy），位于佛罗里达州奥兰治县的新太阳能发电设施提供建设贷款，并配套 3500 万美元的税收权益基金融资支持。这一设施将装配 50 多万块太阳能电池板，生产和传输足够的可再生电力，每年减少 5.7 万吨以上的温室气体排放。

我个人在 2018 年的高光时刻之一就是宣布 4 亿美元的慈善目标，我们超越了这个目标。2018 年富国银行向近 1.1 万家非营利组织捐款 4.44 亿美元，为社区和有需要的人提供帮助。想到可以通过富国银行基金会（Wells Fargo Foundation）在我们的社区和人们的生活中做出积极的改变是令人兴奋的，我们平均每天向我们服务的社区捐款 100 多万美元。从 2019 年开始，我们的目标是将税后利润的 2% 用于企业慈善事业。2018 年，我们被《慈善纪事报》（Chronicle of Philanthropy）评为美国第二大最慷慨的现金捐赠者，同时是整体捐赠方面的顶级金融机构（基于 2017 年的数据）。

我们有许多感人的事迹，"我们关爱基金"（WE Care Fund）就是其中一例。这个基金已经成立 17 年，它为团队成员提供帮助，帮助团队成员从自然灾害、事故和其他改变生活的变故中恢复过来。团队成员对 WE Care

Fund 的捐款得到了富国银行基金会的资助加持。一名员工在她的丈夫被诊断出患有肌萎缩侧索硬化症（ALS）时，得到了支持和帮助。在"我们关爱基金"赠款的帮助下，他们在家门口修建了一个轮椅坡道，减轻了他们的经济和精神负担。"我们关爱基金"只是团队成员奉献爱心的众多方式之一，他们的物质捐赠和志愿者服务使社区和我们的团队变得更好。我被团队成员每天的相互关心深深感动。

股东价值

我们的前五个公司目标都是为了实现我们的最终目标，那就是通过我们多样化的商业模式、严明的风险纪律、高效的执行、坚实的资产负债表，以及一个世界级的优秀团队来满足客户的金融需求，从而实现长期的股东价值。

富国银行有一个坚实的基础来实现这一目标，包括充实的资本和非常好的流动性。从历史上看，我们在不同的经济周期中创造了稳定的财务业绩。我们在信贷方面也保持高度自律。2018 年，我们的净核销率接近历史低点，不良资产总额同比下降 16%。

通过支付普通股股息和净股票回购，2018 年我们向股东返还了 258 亿美元的真金白银，比 2017 年增长 78%。2018 年，我们将流通股减少 6%，这是我们连续第六年减少流通股。2018 年 7 月，我们将季度普通股股息提高到每股 43 美分，2019 年 1 月，我们将季度普通股股息提高到每股 45 美分。

效率提升计划有助于我们提升长期股东价值。它主要集中在三个方面：进一步集中并优化管理架构，打造一个流程更简单，团队更协作的富国银行；重新调整我们的业务方向，以更有效地服务客户；全面整章建制，以降低

成本。2018 年成本控制目标已经完成，2019 年和 2020 年成本控制目标仍将继续实现。

按照计划，2018 年我们完成了 300 家分支机构的整合，并在第四季度卖出了 52 家分支机构。在这些变化之后，我们的网点网络优势在业界仍然是无与伦比的；我们在更多州设有分支机构，两倍于同行在市场上设有的分支机构。我们相信，我们有机会在不显著影响业务的情况下进一步裁撤冗员，同时许多业务仍有增长空间。例如，我们简化了零售抵押贷款营销步骤，消除了中间环节，并重新设计了抵押贷款的发放流程。我们将继续寻找提高效率的方法，专注于创造长期的股东价值。

结束语

我相信，富国银行对未来的发展有着科学的定位。2019 年，我们将继续致力打造更加以客户为中心且更高效、更创新的富国银行，包括强大的财务基础，在我们服务的市场中处于领先地位，在强大的风险管理框架下专注于增长，卓越的运营和高度敬业的团队成员。

展望未来，我们不会忘记我们的根基和公司的历史。我们正在不断夯基蓄势，将富国银行转变为一家更好的未来银行。

我对富国银行的未来信心满怀，也始终饱含感激之情。我感谢董事会主席贝特西·杜克（Betsy Duke），以及其他高度专业、勤奋敬业的董事会成员的指导和支持，特别是今年将从董事会退休的凯伦·佩兹（Karen Peetz）。我们欢迎今年新加入董事会的韦恩·休伊特（Wayne Hewett），他在商业运作和流程方面具有丰富的经验。

我也感谢我们的客户，他们是我们所做一切的中心。我特别感谢我们25.9 万名优秀的团队成员，他们每天辛勤工作，确保我们实现满足客户金融需求的愿景。我很荣幸能领导他们坚定前行。

未来总是机遇与挑战并存，我对富国银行的未来非常乐观。感谢股东们在 2018 年期间以及在我们前进的道路上对富国银行的支持。

首席执行官和总裁　*蒂姆·斯隆*

我们的业绩

表 14-1　富国银行 2017 ～ 2018 年的业绩

	2018	2017	百分比变动
年度数据			
富国银行净利润	$22,393	$22,183	1
富国银行适用于普通股的净利润	20,689	20,554	1
摊薄后每股收益	4.28	4.10	4
盈利能力比率			
富国银行净利润对平均总资产的比率（ROA）	1.19%	1.15%	3
富国银行适用于普通股净利润对富国银行普通股股东权益的比率（ROE）	11.53	11.35	2
有形普通股权益回报率	13.75	13.55	1
效益比率	65.0	66.2	（2）
总收入	86,408	88,389	（2）
税前拨备前利润	30,282	29.905	1
每股股息	1.640	1.540	6
发行在外的普通股平均数	4,799.7	4,964.6	（3）
发行在外的普通股摊薄后平均数	4,838.4	5,017.3	（4）
日均贷款	945,197	956,129	（1）
日均资产	1,888,892	1,933,005	（2）
日均存款总额	1,275,857	1,304,622	（2）
日均储蓄及小型企业银行存款	747,183	758,271	（1）
净息差	2.91%	2.87%	1
年末数据			
债务证券	484,689	473,366	2
贷款	953,110	956,770	－
贷款损失准备	9,775	11,004	（11）
商誉	26,418	26,587	（1）

续表

	2018	2017	百分比变动
股票	55,148	62,497	（12）
资产	1,895,883	1,951,757	（3）
存款	1,286,170	1,335,991	（4）
普通股东权益	174,359	183,134	（5）
富国银行股东权益	196,166	206,936	（5）
总股权	197,066	208,079	（5）
有形普通股	145,980	153,730	（5）
资本比率			
总股本对资产比率	10.39%	10.66%	（3）
风险性资本			
一级普通股比率	11.74	12.28	（4）
一级资本比率	13.46	14.14	（5）
总资本比率	16.60	17.46	（5）
一级杠杆比率	9.07	9.35	（3）
普通股发行数	4,581.3	4,891.6	（6）
每股账面价值	$38.06	37.44	2
每股普通股有形账面价值	31.86	31.43	1
职员人数（在岗、全时）	258,700	262,700	（2）

（除了每股账面价值、职员人数和比率外，均为百万美元，括号内数字为负值）

注：
1. 有形普通股权益是一种非公认会计准则，它代表了总股本较少的优先股、非控股权益、商誉和某些可识别的无形资产（包括与我们的非市场权益投资和出售资产相关的商誉和无形资产，但不包括抵押贷款服务权利）、适用的递延税项净值。确定有形普通股权益的方法可能会在公司间产生分歧。管理层认为，计算平均有形普通股权益和每股有形账面价值（即利用有形普通股权益）的回报是有益的，因为它们使投资者和其他人能够评估该公司的股权使用情况。
2. 效益比率是非利息支出除以总收入（净利息收入和非利息收入）。
3. 税前拨备前利润（PTPP）是在较少非息支出条件下的总收入。管理层相信这项指标是一个有用的财务测算工具，因为它可以让投资者和其他评估公司通过一个信贷循环产生资本以覆盖信贷损失的能力。
4. 储蓄存款和小型企业银行存款是指总存款减去批发银行存款和按揭托管资金。
5. 每股账面价值是普通股股权除以发行在外的普通股数量。

注释

① 以下内容主要涉及董事会和管理层的"大换血"，此处略。（译者注）
② 属于华盛顿特区的老城区。

富国银行的愿景和价值观

　　如今，在美国的公司中，像我们这样的公司手册已经十分罕见。大多数公司都有自己的愿景与价值观，但是很少有像我们这样持续这么久的。即使有少数公司不跟随时下流行的口号，继续保留自己原创的企业文化，其中也只有一小部分能在企业的价值观指引下始终如一地不断前进。富国银行的愿景和价值观，不只是实行了一年两年，而是超过了二十年。

　　光阴荏苒，时代变迁。我们见证了科技和通信工具的飞速发展，这些变化在 20 年前都是不敢想象的事情；我们见证了我们国家的人口多样性发展，全球化也正在影响着人们生活的方方面面；我们经历过经济增长与衰退周期，伴随着大萧条以来最严重的经济不景气；我们目睹了大型金融机构的倒闭，以及行业监管新浪潮的到来。通过这一系列变迁，我们看到富国银行的客户与利益相关者的需求与兴趣的变化，我们适时调整，坚持以客户需求为导向。

　　一路走来，我们并不完美。或者说，我们并没有达到别人的期望值，甚至没有达到我们对自己的期望。但我们知错就改、勤勉学习、吸取教训、不忘初心、与时俱进，坚持只做正确的事。

20 世纪 90 年代首印的《富国银行的愿景和价值观》由富国银行的前身——西北银行发行。从那时开始，我们从一家偏安美国中西部一隅的小型地方银行，发展为一家跻身国际市场的全国性银行。我们的员工继承了原公司的优良传统，现在这些都成了富国银行品牌的一部分。每一次公司的变迁与壮大，都给我们带来新的业务领域、新的专业能力和新的鼓舞人心的故事，这些都在不停地丰富着富国银行的愿景和价值观。

我们相信，富国银行的愿景和价值观就如当初首印时描述的那般强大。数十年来，这本小册子一如既往地引导我们不断成长，走向成功。阅读我们的愿景和价值观的次数越多，就越了解公司的定位、目标，了解每一个富国银行员工是如何努力达成公司目标的。

富国银行已经成为美国最大的金融机构之一，服务美国 1/3 的家庭，雇用着全美 1/500 的劳动力。我们的员工遍及全球 35 个国家，服务着全球 130 多个国家和地区的 7000 万客户。2012 年，《福布斯》的封面故事讲述了我们的故事：《富国银行是怎样炼成的》。在这期文章中，《福布斯》基于销售、资产、利润和市场价值等指标，把富国银行排在全球前十的公司之中。

我们的利润跃居全美第十，市值居第十五位。我们成功的诀窍非常简单——始终秉承客户至上的理念，帮助客户实现财务成功。

无论我们的经营规模、业务范围和辐射地域有多大，不管我们在哪里上班，不管我们具体从事什么工作，共同的愿景和独特的价值观始终把我们凝聚在一起。作为同一个团队的成员，尽管我们职务有大小，层级有高低，业务归属有区别，生活和工作的地点有差异，但这些都不足以影响我们履行相关职责。

共同的愿景和价值观，把我们凝聚在"同一个富国"的大家庭。

我们的愿景

"我们要满足客户的所有金融需求，并帮助他们获得财务上的成功。（We want to satisfy all our customers' financial needs and help them succeed financially.）"正如20年前描述的一样，我们的愿景一以贯之。事实上，我们也不曾想，这简单明了的88个英文字母，能够一直传承至今。

富国银行"客户满意，财务成功"的愿景基于一个简单的前提：如果客户愿意将所有的金融服务交托给一家值得信赖、更加了解他们、能够提供可信赖的指导及建议，并能通过广泛的产品和服务，给人们提供全方位服务选择的银行。我们相信，通过整合所有业务单元，富国银行可以做到这一点。我们可以让客户获得更好的服务，帮助其节约时间和成本。

一直以来，"以客户为中心"的理念鞭策着我们勤奋工作、不懈坚持、坚定信心。我们已经朝着这一目标取得了不俗的成绩，但要想更好地满足客户的金融需求，仍有很多东西需要去学习、去传授、去分享。例如，我们的老客户仍然会把一半的金融业务放在其他银行。而我们的核心愿景，就是要使客户乐意为我们带来更多的业务。这样，我们才有机会去满足他们所有的金融需求。

我们的愿景与客户建立终生合作关系息息相关，而与促成交易、卖出产品和扩大规模没有多大关系。

每一位客户对"财务成功"的定义各有不同。"财务成功"包括对财务安全和生活丰裕的渴求、对财务知识的精通，还包括想要约束自己，专注消费和储蓄的平衡，以便合理分配家庭开支、投资创业、筹集教育经费或退休金。了解什么是客户理想的"财务成功"，是我们更好地服务客户的起点。

驱使我们每天清晨醒来的动力，是帮助客户实现财务成功，并满足他们所有的金融需求。富国银行之所以能维持盈利，是我们能专注于服务客户，而不是别的什么原因。对富国银行来说，这个久经考验的愿景高于一切。我们不会本末倒置，也不会"把马车放在马的前面"。

我们的价值观

我们的价值观应该指导我们的每一次沟通、每一项决定，指导我们在与同事和客户沟通时，采取正确的沟通方式和态度。我们的价值观应作为我们每一款产品、每一项服务和每一种渠道提升的依据和评价的标准。如果我们不能把自己的行为和富国银行的价值观联系起来，就应该扪心自问，自己做这件事的意义究竟是什么。我们所说的价值观就是这么简单。

我们的员工应该真正地领会我们的价值观，即使手册不在身边，仍然要基于共同的文化理念和主张去做每一项决定。大多数美国公司崇尚的伟大价值观都是纸上谈兵，落不了地。但我们相信我们的价值观是活生生的，并不是僵化的文字。如果让我们选择，我们宁肯选择真正以价值观为行为准则的员工，而不是死记硬背价值观的员工。

在企业愿景的大背景下，我们有五大基本价值观，为我们提供基本的行为准则：

- 人才是竞争优势；

- 高道德标准；

- 关切客户的利益；

- 多样性和包容精神；

- 领导力。

1. 人才是竞争优势

我们非常重视和支持人才的培养，视人才为企业竞争优势所在。

我们一直努力去吸引、培养、留住和激励那些富有团队精神的杰出人才。我们会提供能帮助他们走向事业成功的工具及培训，我们希望能让员工的责任感和使命感贯彻在每天的工作中，我们希望员工能有最好的业绩，并代表公司感谢他们的出色表现。

我们乐于把我们的员工说成"团队成员"，而非"雇员"。这是因为在富国银行员工是一种值得投资的资源，而不是要被控制的成本。不管这些员工是谁，在什么岗位上为公司做贡献，我们相信每一位员工都是重要的，都应该得到尊重。

只靠产品和技术，是不能完成富国银行的品牌承诺的，我们还需要才华横溢、工作积极、富有活力的人才队伍。我们相信，在优秀员工的帮助下，我们才能够战胜竞争对手，因为富国银行的员工都是富有天赋、极具动力和积极向上的。

当我们的员工在合适的岗位上做正确的事情，得到积极的引导，对自己的工作感觉良好，并能充分展示自己的才能，不断地学到新东西，感受到工作的乐趣时，他们就会为客户做正确的事情。当员工获得支持、鼓舞、奖励和认可时，他们才会更加满意自己的工作，从而为客户提供更加优质的服务。这样，公司才会产生更多的收入，获得更大的利润，才有更高的价值。

我们希望成为优秀的雇主，成为一家真正关心员工的企业。实践证明，如果一家公司能重视和奖励团队合作，他们就能取得符合预期甚至超出预期的工作效果。我们是一家重感情的公司，我们与客户之间的感情有如我们团队成员间的感情一样强大。

每年，我们都要进行员工调查，听取他们的心声，了解他们对公司的满意度，并评估他们的敬业度。根据调查结果，公司的管理者能对症下药，带领团队制订具体的行动方案，帮助员工提高敬业度。

为适应不断变化的客户需求，富国银行的工作岗位时刻都在发生变化。为了对股东和客户负责，我们不仅要提高工作效率，避免重复的工作，还要维持卓越的客户服务。但这并不意味着我们一定要放弃杰出的员工和他们宝贵的经验、忠诚和承诺。富国银行每天都在增加新的工作岗位，我们希望帮助那些失去工作的员工在公司其他部门找到新的工作机会。

每一位员工都是富国银行最宝贵的资产，因为他们直接影响客户。我们也希望所有的员工都能成为公司的客户。有人说过，强调员工对公司保持忠诚的做法已经过时，但我们不这样认为。每个人都渴望达到目标，他们信任公司，并以公司为自豪。难道我们不都是这样吗？

我们希望，富国银行的每一个员工都会说："我找到了最合适的公司，实现了自我价值，获得了回报，得到了认可。在公司，我能快乐地工作，努力提高职业技能，完成自己的职业规划。我爱我的工作。"

2. 高道德标准

我们力求让员工、客户、团队和股东都以高道德标准来约束自己。

对于高水准的公司管理者来说，诚实、守信和正直的品质，都是必不可少的。不光是针对我们的高层领导或董事，所有的员工都应该具有使命感和责任感。

我们的道德标准存在我们每天做的每一项决议中。如果你想了解一家公司的道德标准有多高，不要只听员工嘴里讲什么，更要观察员工是怎样做的。道德对于我们这个行业尤为重要，因为我们的每一项工作都建立在信任的基础上。道德并不只是体现在某一个时间、地点的某一项交易中，我们必须依靠道德的力量，从已有的客户关系中开发新的关系。

客户信任我们，让我们为其保管资金，相信我们会保护好他们的个人信息；相信柜员为他们准确而迅速地进行交易处理；相信客户经理会向他们推荐合适的产品和解决他们的需求；相信财务经理会提供正确的财务建议；相信信贷经理能够完整、准确、快速地处理他们的抵押请求；相信投资银行家能够建立正确的金融模型，分析公司的趋势，分享投资心得，募集资金，适应他们的战略目标，满足他们所有的金融需求。所以，我们每天都必须遵循高道德标准来做事，并以此赢得客户的信任。我们必须坚持公开、诚实、双向的沟通方式，同时对自己做出的决定、采取的行动承担责任。

3. 关切客户的利益

在客户看来，我们所做的每件事都得是最正确的事情。

金融是一个地区、一个国家乃至全球经济的核心，我们以身处这个行业为荣。在这个行业中，我们需要做对客户和社区有利的事，确保我们在赚取合理利润的同时，能与客户结为朋友与伙伴关系。我们代表客户的最大利益，我们要让客户感到自己就是富国银行的一部分，我们要让客户觉得富国银行就是他们自己的银行，我们要细致入微、关怀备至，超出客户的期望，致力维系客户的终生关系。

客户相信我们能保守他们的机密信息，他们委托我们使用这些信息向他们提供适合的产品和服务，从而帮助他们节省时间和费用。我们不会将客户信息出售给局外人和那些希望兜售自己产品的第三方。我们承诺保护好客户的信息，在这一点上，我们已经坚持了160多年。

4. 多样性和包容精神

我们要为所有的富国银行员工构建一个弘扬多样性和包容精神的企业文化。在富国银行，那些给公司贡献专业技能和实践经验的员工，必然会感到他们的工作有价值、受尊重。我们要营造出一个让员工感到舒服的环境，让他们充分享受作为公司一分子的状态，让他们明白每一位员工都能在富国银行构建自己的职业平台，促进公司发展。

对多样性和包容性的承诺，是富国银行成为全球性大公司的关键。它有利于公司基于多元化视角，充分发挥每一位员工的创造力和创新精神，也是迅速有效地应对客户日常生活或全球化金融需求的必经之路；它能帮助我们更好地理解客户，挖掘更多的业务机会，成功地向不断扩大的客户群体提供服务。

我们重视和推动各个业务条线及各个组织层级贯彻企业的多样性与包容精神。唯有这样，才能了解客户，提供优质服务。我们各个层级的员工多样性应当反映出不同地区富国网点所扎根服务的社区的多样性。我们需要加倍努力，去吸引、开发和留住我们能够找到的最优秀、最具多样性的员工。每一位富国银行的负责人都应对可量化的、可持续的多样性效果负责。

多样性和包容性的精神扎根于我们的心灵和思想，更重要的是，引导我们的行为、相处方式和业务实践，这包括：

• 多样性分支外拓。我们的多样性部门团队深入美国各地多样性的社区，帮助我们为拉丁裔、亚裔、非裔美国人，残疾人和其他重要的社区群体提供更好的服务，获取更多的合作机会。今天，各个地区分支的客户群特征，正反映出普通人群在某些情况下变得更具多样性，我们预计这一趋势在未来几年将持续下去。

• 多样性供应商。我们将供应商的多样性程度纳入整体供应商采购流程，以支持富国银行服务的多样性社区经济发展，创造就业机会。我们的目标是将至少10%的年度可控预算花在经过资格认证的具有多样性的供应商身上。

• 多样性委员会。由首席执行官执掌，成员是公司的高管。这些管理者代表公司各个职能部门和业务条线的利益，负责根据公司的目标，综合考虑各方面的影响因素并做出决策。我们还成立了不同区域或不同业务条线的多样性委员会，推动多样性和包容精神在公司内开花结果。

• 员工组织。我们鼓励员工自发成立各种组织，这些组织提供专业能力和领导能力发展、指导以及社区参与的机会。它们也可以作为富国银行业务发展和客户挖掘的能力之源，帮助公司为客户提供更好的服务，招聘更多的新员工，并提升品牌价值。

5. 领导力

　　每一位富国银行的员工都被称为领导者。我们相信，每一个人都能成为领导者。这是因为领导力不是高级管理者的专有权利，所以，每一位员工都有领导、团结身边的同事，去践行富国银行的愿景、服务客户的权利和义务。

　　我们把领导力定义为建立、分享、交流富国银行愿景的行为，和动员、影响其他人理解和拥抱富国银行愿景的艺术。领导者必须肩负自己的责任，他们分享信任、肩负责任，他们为别人提供成功的机会。优秀的领导者能激励自己的团队，让团队的成员对自己的领导力充满信心；伟大的领导者，则能激励自己的团队成员，让每一位团队成员对他们自己充满信心。

　　当客户在等待我们给出答案时，我们必须做到当场、迅速回答，这是富国银行的竞争优势之一。领导者往往不需要等待总行的答案，他们不需要依赖政策手册里的"金科玉律"。当领导者面对客户时，他们视自己为团队中不懈努力、追逐愿景的平等一员。当团队需要帮助时，他们像其他人一样竭力完成，他们是值得信赖，愿意给团队提供支持的。他们尽自己的能力解决客户的困难，而不是眼巴巴地坐等问题被解决。没人告诉他们该做什么，很多工作的推动完全依靠他们自己的选择。

　　最好的领导者一定也是最好的教练。他们不依赖权威和个人力量。他们相信每一位员工潜藏的知识和能力，更相信员工对每个问题和每一次机会都有应对的办法。他们鼓励员工提出创意、检验创意、评估效果，然后和公司其他机构、职能部门分享自己的成功经验。

　　领导者的成功与否，关系着富国银行的愿景是否能实现。他们分享自己践行愿景的热情与方法，每一位员工只有了解自己身边的领导者有多重视他们，才会心甘情愿地接受领导者的领导。作为领导者，每一次行动的过程和结果同样重要。

领导者能相互学习，分享创意。作为一家大型企业，我们要努力避免公司内部的优秀创意被淹没。我们不会因为一个创意的灵感出自与公司无关的领域，就去抵触它。我们常常在公司内寻找执行某项工作的最优途径，然后把它推广到所有能够应用的团队中，以此来提升客户体验感，留住老客户，吸引新客户，最终帮助公司增加收入，控制成本。在我们行业中，最强大、聪明的企业，从来都是那些能够最好地适应变化的公司，而不是苟活下来的公司。我们之所以能充分发挥富国银行的优势，是我们能把公司旗下所有机构的知识、经验和员工的创造力激发出来，凝结为一体。

我们的文化

我们这样定义富国银行的企业文化：当你早上去上班时，不用读一遍员工手册，也不用等待别人来提醒你，你就懂得需要做什么。

我们的企业文化是我们每天带入工作的态度，是我们和客户打交道的思维方式和行为模式，是我们做正确的事、把事做正确的习惯，是员工表现出来的成千上万个下意识行为，是体现我们使命的行为和态度：尊重差异、按期履约、相互倾听、信守承诺、尽可能及时回复电话和邮件……

我们的成功依赖于员工如何相互关心，如何关心客户、社区和利益相关者。

激情和用心的工作态度能让寻常的人做出不寻常的事。我们要用文化去带动每一位员工都贯彻这样的工作态度。我们要让员工感到快乐，因为没有快乐的成功不会持久，没有成功的快乐更是不充分的快乐。对我们来说，快乐意味着享受：享受我们的工作，享受我们一起工作的氛围，享受和庆祝我们团队共同获得的成就，等等。

1. "同一个富国"

在每一次为客户提供服务的过程中，我们都应该扪心自问："如果我站在客户的角度，我会怎样评价这次体验的感受？这次交易是否简易快捷？我的问题是否得到了迅速解决？我联系的第一名员工是否切实履责，确保我得到了我想要的结果？"这就是我们倡导"同一个富国"的意义，把自己当作客户，然后才能让客户满意。

客户愿意和我们这样的公司做生意，是因为我们在与客户的交往中充满感情，能使用客户的语言，了解客户的文化，珍视客户的价值，最终帮助客户取得财务成功。为了真正做到把感情融入与客户的每一次互动过程之中，我们必须把客户置于中心。

我们是一个圆圈，而不是金字塔。圆圈的中心是客户，贴近他们的是我们的员工，离圆心远一点的是基层管理者，在圈外的是高管。我们所有人聚在一起的目的是尽己所能、各司其职，为客户提供最好的服务。我们努力创造条件，让那些直接接触客户的员工充分了解客户的信息，以便更好地提供服务，这些信息包括客户可能开设的账号类型、需要提供的服务细节、希望获得的产品推荐等。

客户希望我们是一个整体——"同一个富国"。我们有上千种产品和80多家企业，即便是我们自己，也很难弄明白所有富国银行的产品和服务。

但客户不希望得到这样的体验，他们希望的是后台统一、所有单位之间无缝衔接，希望任何富国银行的员工都能轻而易举地给他们的问题找到对应的解决方案。

换而言之，尽管我们所在的地域、所供职的部门、所负责的业务各有不同，但每一个富国银行员工都必须明白，我们有一个共同点：我们都在为客户服务。

客户每天都在告诉我们："接触我，了解我，知道我需要什么。当我来到你的网点、打开你的网站，抑或使用你的客服热线、使用你的 ATM 时，你们能很快知道我是谁，知道我想干什么，而不要一遍又一遍地问我同样的问题。你们已经有了我的个人信息，我希望第一次接触就帮我解决问题，不要把我推给另一个一头雾水的员工。"

客户经常会说："我需要银行更懂我，懂我要实现什么，懂我的目标在哪里。只有银行能把我当朋友，感谢我的贡献，激励我的忠诚，我才会认可与银行的合作。更进一步来说，如果我能给银行更多的生意机会，那银行必须为我做好交易管理，并保持银行所承诺的优质服务。"

客户的这些心声，都在告诉我们需要了解的客户信息，并把银行的流程与产品设计得尽可能容易、精确和可靠。最重要的是，我们要能给客户提供即时的反馈，就像最好的搜索引擎那样迅速而准确。

当我们与客户交流时，我们应带着感情，以关心、认同、尊重、理解的态度去做。整个交易过程、业务条线和公司的信息我们都要保持口径一致。对客户来说，银行业务应该是简单易懂、容易沟通的。所以，我们应该展现同理心，考虑到客户可能的反应方式，用客户能够理解的语言去交流，而非丢给他们一堆难懂的行业术语。

2. "哇"

在富国银行的银行网点、投资公司、抵押贷款公司和保险公司等其他分支机构中，最重要文化之一，就是希望听到来自客户的惊叹："哇"。

在富国的社区银行，有一个获得惊叹的特殊规则，被称为引发客户惊叹的 11 步。

- 迎接客户

（1）富国银行让我感受到了家的感觉；

（2）富国银行足够关心我；

（3）富国银行的体验让我感觉与众不同。

- 传递价值

（4）富国银行给我正确的建议；

（5）富国银行为我创造价值；

（6）富国银行信守承诺。

- 巩固关系

（7）当我需要帮助时，富国银行能帮助我；

（8）富国银行非常了解我；

（9）富国银行偶尔也会犯错，但接下来会做得更好；

（10）富国银行感谢我；

（11）富国银行经常和我联系。

我们知道"哇"的惊叹是什么感觉，因为我们自己本身也都是客户。

3．贷款原则和责任

要想在金融业中做到最好，就必须在信用和风险管理上做得最好，这是奠定我们的声誉和行业领导地位的关键之一。富国银行久经考验的贷款原则确保我们在经历了许多经济周期的起伏之后，还能持续成长和繁荣，帮助我们避免遭受其他银行面临的信贷损失。因为我们能严格执行自己的信贷纪律，不管外部形势是好是坏，我们都能一直屹立不倒，为需要和信赖我们的客户提供帮助。

优质信贷的前提是我们足够了解客户，知道客户的需求是什么。这帮助我们能对客户的需求迅速做出反应，因地制宜地做出决定，发放贷款。我们希望，富国银行的信用和贷款负责人能受到良好训练，他们应当是知识丰富、热衷学习、谨记常识和处世稳健的。我们应经常反省自己："这个信贷决定对我们的客户和富国银行是有利的吗？"我们不能为了短期财务利益牺牲信贷质量。

贷款能帮助我们稳固客户关系，但我们不认为贷款仅仅是一笔交易，它必须是与富国银行的零售或企业客户更深入、更广泛关系的一部分。因为，贷款仅是客户整个金融需求的一个层面。那些从事交易性贷款或仅仅关注贷款费率高低的银行注定要失败。成功的银行家会尝试与客户构建长期关系，根据实际情况向客户提供每一个产品和服务，并不会把贷款的发放视为服务的终点，而是把它当作赢得所有客户生意的重要手段。

在信贷领域，有5条原则指引我们的实践：

（1）对所有贷款的定义必须充分覆盖风险，必须有竞争力，综合考虑客户财务状况、信贷历史、交易特性和抵押价值等情况；

（2）向客户提供完整的产品信息，帮助他们在信息充分的情况下进行决策；

（3）根据客户财务状况和信贷记录进行统筹考虑，保证贷款定价的竞争力；

（4）确保我们发放的每一笔贷款都能给客户带来明显的好处；

（5）谨慎决策，在我们发放贷款前，必须对贷款偿还有较大的把握。

我们认为，向客户兜售不符合他们切身利益和长远发展的任何产品和服务，都有悖于富国银行的愿景和价值观。

4. 管理风险

富国银行从事风险管理超过 160 年，这是我们工作的重心。当前，风险管理的作用更是前所未有的关键。

这些年来，我们虽然看到行业发生了一系列的变化，但我们对风险管理的原则始终如一。富国银行一直秉承风险偏好纲领的指引，它明确定义了通过安全和审慎的方式来承担我们认可的风险属性和风险级别，也为业务专家和风险专家管理日常的业务风险提供了基础的指导思想。这一纲领的生成，基于以下六大核心原则：

（1）关系导向。我们只会在一种情况下承担风险，那就是这样做能提高我们对普通客户、小型企业客户、公司客户和财富管理客户的服务效率和经营效益，并且我们所提供的产品也确实是客户所需要的。如果这些产品不能让客户获得最大利益，或者不能满足他们的需要、不能适应他们所在的环境，我们一定不会把它们提供给客户。

（2）竞争优势。当我们充分了解风险，我们就愿意去承担风险。当我们无法明确自己的竞争优势时，就会选择收缩业务，以避免风险或让风险最小化。

（3）声誉。我们不会涉足那些可能给富国银行的声誉带来永久的或不可挽回的损害的活动和业务。

（4）风险定价。我们的产品定价必须能够弥补风险引发的资本损失，同时，我们只有在定价全面覆盖风险的情况下，才会去从事某项具体的风险业务。

（5）稳健。我们明显偏好于稳健的经营风格。我们企业发展壮大的前提，是在实现长远目标的同时，所有业务的开展都不能超出我们风险管控能力。

（6）双重监督。我们的一线业务人员对风控负首要责任，他们直接面对风险，有专属的风控人员来充当风险控制的第一道防线。企业风控团队则是风控的第二道防线，他们站在全公司的高度去审视风险，确保我们在现有的法律法规指引下，在全面加强风险管理的前提下，向客户提供他们所需要的产品和服务。企业风控团队同时也为一线业务人员提供信用审查。我们相信这种双重监督是一种竞争优势。除此之外，我们还有内部审计团队充当风险的第三道防线。

我们依靠风控专家对风险管理和风险升级负首要责任，同时，我们坚信风控是每个人的事情。我们要使合规经营和风险管理成为富国银行企业文化的一部分，成为每位员工道德准则的延伸。我们分享公司的风险文化，我们鼓励所有员工去发现和提示风险，公司也感谢员工在这方面的努力。

具体来说，我们应该重点关注以下风险类别：

（1）信用风险。这种风险和贷款业务密切相关，我们很难通过简单的几次会面就把客户的信用风险了解清楚。

（2）市场风险。这通常与整个市场的利率调整、资产组合价值改变和不能按期偿付的债务联系在一起。

（3）操作风险。由内部流程不合理、人员操作错误或失误、外部事件等触发。

（4）声誉风险。负面的公众舆论会带来声誉风险，它可能将企业卷入诉讼，从而削减我们的竞争力，并产生各类诉讼和赔偿费用，造成财务损失。

当然，作为一家金融企业，除非我们愿意承担风险，否则我们是赚不到钱的。所以，我们必须识别风险、了解风险、量化风险、控制风险，并对风险合理计价。这能帮助我们确保每一笔业务的合理性，并帮助每位客户都能如期归还贷款。我们团队中的每一个人，包括客户经理、风险经理和高管人员，都要一起努力去降低富国银行的风险水平，使得我们能够满足客户的金融需求，获得更多的市场份额，保护富国银行的长远安全、稳健发展和良好声誉。

5．管理我们的资源

身为家庭的一分子，我们都知道家庭预算的重要性。每个家庭都需要支付各种各样的账单，需要密切关注每一笔支出，要使家庭成员赚来的每一分辛苦钱都发挥最大效用。没有人希望去买一件同样的东西，却要花费比别人更多的冤枉钱。

富国银行同样如此。当然，与普通家庭不一样的是，我们花的钱属于股东。所以，在不影响我们获取更多业务机会和收入的前提下，在控制公司成本方面，我们应该更加坚持原则。

精打细算和贪图便宜有很大的区别。精打细算意味着我们知道怎样去节省成本，怎样才算聪明的消费。我们正在提升富国银行的竞争优势上花费巨资，如员工培训、交叉销售、资本储备、资产负债表和信贷技术等。当许多竞争对手还在困境中纠结时，这些投资能帮助我们进一步扩大市场份额。

保持竞争优势也意味着聪明地投资。比如，多年来，富国银行一直在国际化运营方面加大投入，以满足企业客户日益增长的国际业务需求。明智地管理企业的资源对我们有利，对客户有利，对社区有利，同时对那些把自己的钱委托给我们管理的股东有利。

6. 文化第一，规模第二

通过合理的价格完成对其他企业兼并，是我们跨上新平台，赢得更多客户和更多业务的重点方式。我们不会仅仅为了做大规模而去兼并其他银行，我们从来都不会把规模放在文化的前面。相反，我们是通过做优而做大。所谓"做优"意味着当客户需要我们提供下一个金融产品时，我们能在最佳时刻出现在客户面前。

在合理扩大型企业规模前，我们会和潜在的兼并对象建立联系，这通常要花上几年的时间来等待时机成熟。我们追求技术上的合成效应，而不仅仅是规模经济。我们只会去购买自己非常了解的公司资产。换言之，在并购其他企业这件事情上，我们非常保守，仅会收购对股东有利的公司。每一次收购都必须在工作完成后三年内，达到增加每股收益、内部收益率增长不低于 15% 的目标。我们希望所有的并购公司及其员工都能迅速、平稳地融入富国银行的文化。对于新并购的公司的管理，它们所要优先达成的事项与富国银行旗下的其他企业是一致的：首先，确保安全和稳健的管理思路；其次，在安全和稳健的前提下，获取可观的利润；最后，加快企业发展，使富国银行获得成功。

我们的战略

　　光有愿景是不够的，企业需要确立一个战略和一个能经受各个经济周期考验的商业模式来达成愿景。除此之外，企业还需要杰出的执行能力。实际上，执行能力决定了一切，一个好战略与完美执行力的组合，完胜一个伟大战略与弱执行力的组合。

1．交叉销售的意义

　　富国银行的战略核心就是交叉销售，其中包括向客户提供各种所需产品，以及达成产品推荐的所有服务过程。毫无疑问，客户之所以需要银行，就是希望银行能提供足够多的产品和服务帮助他们实现财务的成功。银行给客户提供的产品和服务越多，就越能理解客户真正的金融需求是什么，从而真正与客户站在一起，帮助他们成长，赢得更多的合作机会。

　　交叉销售的结果是，客户和银行做的生意越多，获得的支持与帮助也越多，关系也会因此更亲密，最终，客户的忠诚度随之提升。他们和我们合作的时间越长，我们满足他们金融需求的机会就越多，这就是交叉销售的共赢效果。

　　相比那些只能够提供一部分金融产品的，或者只能够通过单一渠道提供产品的同业对手，作为一个大型的多元化金融服务企业，我们具有明显的竞争优势。但是对于一家大型企业来说，在各个业务条线间做到无缝连接，并理解和充分满足客户金融需求是不容易的，需要经年累月的艰苦工作和无私奉献。但只要我们做到了这一点，如已有的成功实践，就会帮助企业拥有最真实的竞争优势。

　　举例来说，在公司银行领域，我们用系统工具来衡量客户关系，充分调动客户关系的各个要素。

　　为了向公司客户提供优质服务，我们要成为金融服务提供者的首选，同时在零售银行、公司信贷、投资银行、养老金管理、抵押贷款等我们从事的每一项细分业务领域中都做到最好。当客户需要下一个金融产品时，我们要成为他们的第一个供应商。

　　在那些富国银行拥有长期优势的州，我们已经占据绝大部分市场份额。但在我们较少涉足的州，富国银行的相关业务份额还小得可怜。所以，我们的交叉销售还有充足的发展空间。

　　在富国银行，销售和服务是密不可分的。更多的销售不一定带来更好的服务，但更好的服务往往能带来更多的销售。简单地说，我们的产品就是服务，我们的财务建议就是给客户提供附加价值。

　　服务质量是确保客户重复购买更多银行产品的关键，也是银行收入增长的最大驱动因素。我们要让客户在网点看到友好的面孔，在电话里听到温暖的问候，让他们发现在线上和我们打交道是一件非常容易的事。我们要让客户感到，是在和富国银行的某个了解他们的员工做有趣的交流，帮助他们实现财务成功，而不是同一台冰冷的机器或一个死板的行员打交道。

2．用科技加强个性服务

　　我们使用科技来加强客户服务的个性化，而非去个性化。各种类型科技的引入，让我们每天都能用新的方法与客户打交道，让我们的客户自主决定什么时间、什么地点、以什么方式和我们做生意，帮助我们的员工快速而直接地获取客户的信息与需求，这对于想赢得客户100%业务的我们来说，是必不可少的。

　　多亏了科技的进步，我们才能知道每个客户持有多少富国银行的产品，具体都是哪些产品。我们也可以根据客户的账户金额、生活习惯、交易历史以及他们与富国银行的常用联系方式，预测他们下一个最有可能需要的产品。科技极大地促进了我们的交叉销售、精准营销和客户信息保密工作。我们每天都用科技手段分析客户的资产状况，根据现有的客户关系来创新产品和服务，并对各种新产品、新服务进行科学定价。

当我们集中所有的技术资源来服务客户，就可以为富国银行打造出真正的竞争优势。但是，技术本身并不能保证我们获得这样的优势，重要的是技术如何应用于提升我们的创新能力和工作效率。

3．以客户为中心，而不是以产品为中心

我们不会孤立地看待产品，而是把产品视为与客户以及客户整体金融需求进行全面、长期合作的一部分。我们的出发点是客户需要什么，而不是我们要卖给客户什么。我们希望用客户最便利的方式向他们提供产品，这意味着我们所有的分销渠道——网点、电话银行、ATM、网络和移动银行要通力协作，把所有的产品有机融合起来，给我们的客户带来利益。

我们知道，客户有各种各样的金融需求，所以我们从来不向客户，尤其是新客户做"一锤子买卖"。我们为客户提供种类丰富的产品包，帮助他们节约时间和费用。

为了给客户提供优质服务，每一位富国银行的员工都是客户经理，我们也以此为荣。优秀的客户经理知道服务的重要性，在富国银行，我们给客户提供的产品就是人性化服务和专业的财务顾问。如果没有整个团队——从前台的客户经理到后台的运营中心每一名员工的努力，我们就很难销售出任何东西。

我们的品牌

我们的品牌取决于客户和他们的家人、朋友心目中的富国银行是什么样子，它是客户在与富国银行进行交易时的感受，以及客户会如何描述这种感受。我们的品牌已经具备极高的经济价值。据权威机构评估，富国银行的品牌价值已达 4000 亿美元，在美国银行业中位居第一，在全世界银行业中排名第二。

我们有专门的战略去维护富国银行的品牌价值，这个战略的核心就是品牌承诺，它意味着我们代表着谁，意味着如何将我们与其他同行区分开来，意味着客户为什么要关注我们。我们对客户承诺：将花时间去了解他们的整体财务状况。不论是现在还是将来，我们会和客户一起合作，为帮助客户达成自己的财务目标，提供所需要的所有产品和服务，并给予最好的专业信息和全程指导。这一承诺可以归结为我们的口号："和你在一起，我们可以走得更远。"

我们的品牌承诺可以归结为两大服务特性，或者说两大品牌支柱，在这两大支柱的帮助下，富国银行与竞争对手间的差异性得以凸显：

（1）客户关系。我们要和客户发展有意义的长期合作关系，这体现为我们对客户生意的认可，并承诺支持客户实现财务成功。

（2）专业指导。我们希望客户把我们当作知识渊博的专家。不管是现在还是将来，我们都能随时帮助客户选择正确的产品与服务，满足客户的金融需求。

客户需要我们的员工去帮助他们在财务经营中取得成功。我们的员工是富国银行品牌得以树立、富国银行的事业得以成功的基础。为此，我们承诺：

　　（1）为客户做正确的事；

　　（2）提供最佳的安全保证；

　　（3）密切关注客户的需求，即时提供服务；

　　（4）支持社区发展；

　　（5）不断创新，提升客户体验。

　　正如大家所熟知的那样，富国银行的马车图标已经成为实力和稳定的象征。我们已经成立 160 多年，未来，我们仍将与客户共同发展下去。时至今日，富国银行的业务仍和初创时一致，富国银行的名称一直屹立不倒，像我们这样的大型企业在全美也不过 12 家。

我们的机遇

　　我们已经认识到如下几个必须把握的关键机遇，通过对这些机遇的把握，我们能为客户提供更全面的服务。

　　（1）投资、中介、信托和保险。我们要成为全国最受尊敬的财务管理、中介服务、养老金服务的提供者。目前，仅有 7% 的零售客户购买了富国银行的个人养老金服务，仅有 8% 的零售客户购买了我们的保险产品。我们希望能同所有的财富管理、中介和养老金客户建立合作关系，我们的目标是要让所有的客户在办理银行业务时，首先想到的就是我们。

　　（2）完成"8"的目标。目前，每位普通零售客户平均持有 6 个富国银行产品。在未来，我们希望把这一数据提高到"8"，或者更多。我们现在的成绩是：每 4 位客户中有 1 位持有 8 个或 8 个以上的富国银行产品，每 10 位客户中有 4 位持有 6 个或更多的富国银行产品；平均每个家庭持有 16 个富国银行产品，平均每位公司银行客户持有 6 个富国银行产品，平均每位投资银行客户持有 8 个富国银行产品。我们的财富管理、中介和退休金业务领先一步，平均每位客户持有 10 个富国银行产品。

（3）公司业务的机遇。不论企业客户的资产有多少，我们都要去满足他们的金融需求（包括流动资金、保险、商业地产融资、设备租赁、贸易融资、投资银行和国际业务），以帮助我们在服务的每个市场中都能领先其他银行。

（4）抵押贷款业务。我们希望每位按揭客户都能和我们建立全面的银行业务往来，也希望每一位需要办理按揭贷款的客户，都来找我们办理。在这块已经取得优势的市场上，我们还有很多机会。截至目前，仅有 1/5 的富国银行客户在我们这里办理了按揭贷款，仅有 1/3 的按揭客户和我们建立了全面的银行业务往来。

（5）每一位富国银行的客户，钱包里都应有一张富国银行卡。我们认为，每一位可信赖的客户，都应该办一张富国银行的信用卡或借记卡，然而，目前我们仅有 1/3 的客户办理了富国银行的信用卡，9/10 的客户办理了富国银行的借记卡。

（6）发展支付业务，丰富支付工具。我们必须让富国银行成为客户办理支付业务的第一选择。

我们的目标

1．我们的收入目标

富国银行是一家成长型企业，我们坚持认为，提升企业净利润的关键在于增加收入。盈利能力的持续提升建立在收入持续增长的基础上，通过建设满足所有客户金融需求的能力，来推动公司的收入迈上新台阶。

对于富国银行来说，如果只能选择一个目标，那这个目标必然是收入增长。它是客户服务、产品销售和客户满意度的直接衡量指标，它是客户每天通过自己的钱包做出的直接决定。当我们以匠人精神来对待、改进自己的服务时，客户也将回报给我们更多业务和更多回报。他们会把新客户转介给我们，只要我们愿意，客户可以在富国银行获得从摇篮到坟墓的终生服务。

我们不能控制外部经济、利率走向、市场环境和世界格局。我们只能专注于我们能控制的，专注于我们能坚持的。不管前路是否平坦，不管利率和失业率是高是低，不管实体经济的发展曲线是曲还是直，不管国家经济是增长还是停滞，我们的目标是富国银行的核心业绩和收入增长。我们能够影响的只有客户，只有帮助客户做出明智的决定，提升他们实现财务目标的意愿和能力，才是推动我们收入增长的真正力量。

2．我们的财务目标

富国银行是一家坚持稳健经营、让客户和股东放心的企业。我们通过维持高标准的资产质量和资本水平、减少业务的复杂性、拓展更多的收入来源和保持明智的会计政策，来确保富国银行稳健经营的立场不被动摇。我们通过多地域分散风险、严控贷款类型、调整产业结构，以及把风险文化嵌入企业文化的各个层面来稀释风险。我们必须获得比其他同行更多的核心存款，并以此建立强大的资产负债表。

我们达成财务目标的前提是帮助客户实现他们的财务成功。我们要求所有客户和员工都接受专业的金融教育，做出明智的财务选择。金融教育是实现经济自足的门槛，所以，我们向社会提供多种工具和培训项目来推动金融教育的普及，富国银行许多员工也担任志愿者，在各个社区的教室或论坛上讲授财务知识。仅在 2011 年，我们就有超过 1500 名员工为 111975 名学生和家庭开设了 2282 堂金融课程，教育孩子们如何节约，了解信贷流程。

我们希望员工更好地了解我们的公司，知道公司是怎么赚钱的。

我们通过两个渠道实现收入增长——利息收入和非利息收入。

表 15-1 增长收入的渠道

发放贷款、投资	+ 利息收入
谨慎地承担风险	- 贷款损失拨备／核销
吸收存款或者主动负债	- 利息支出
提供产品或者服务	+ 非利息收入或者手续费收入
人力资源投资	- 工资／福利支出
员工需要的系统、空间和电脑	- 非利息支出
山姆大叔（美国政府）拿走他的一份	- 税费支出
	= 净利润

我们会为每位客户的目标设立一个计划。

我们希望所有客户都能把富国银行看作能为他们提供优质服务和专业指导的可靠对象。这一目标既适用于零售客户，也适用于公司客户。

出于信任，我们的公司客户给予我们商业地产、财务管理、投资银行及国际业务的服务机会。

零售银行客户寄望于我们帮助他们增加储蓄、减少债务，提醒他们注意理性消费、保障经济安全，确保他们在退休前能有完备的财务规划。在经济不确定的时期，我们许多客户会感到恐惧和焦虑，这让他们更加厌恶风险，不确定该把他们的资产托付给谁。通常来说，他们寻找一个会把客户的需求和利益放在第一位、值得信赖、可靠的财务顾问。

我们应当和所有的零售银行客户一起努力，帮助他们对自己的财务状况担负起责任。对应不同客户的不同需求，每位客户的财务计划应当是量身定做的，这样才能帮助他们做出明智的财务决策，知道在何时、通过什么方式把他们的现金拿去做正确的投资。有的客户需要详细的财务计划，有的只需要简单的计划。我们所做的一切，都应当与客户个人的财务计划密切相关。

我们的建议和指导能对客户的生活产生重要作用。当我们为他们设计财务规划时，需要彼此有公开而坦诚的讨论。根据客户的要求，我们能帮助他们对财务目标进行排序，测验这些目标与相关变量之间的关系，同时指导他们依照哪些步骤达成目标。客户希望我们能够提供优化的组合产品和服务来帮助他们满足自己的需要。

客户冲着我们有特色、如家庭般温馨、负责任、友好而人性的服务而来，无论是客户的个人金融需求还是公司金融需求，我们都必须做好准备，成为客户的最佳金融伙伴。我们为客户调整投资组合，帮助他们使用和转移资金，以满足他们的财务需要。对于公司客户，我们将帮助他们在利率风险管理、薪资规划、财务安排、国际业务、投资、保险、设备租赁等问题上解决难题。

3．我们的股市目标

我们使富国银行的财务表现在整个金融行业和《财富》500强企业中都是最优异的。我们要成为行业中股权回报、资产回报、收入增长和赢利能力的领军者，我们的股票估值在所有行业中都应首屈一指。但我们不想依靠非正常手段来达成这一目标。我们必须坚持为员工、客户和社区做正确的事，也只有这样，我们才能持续盈利。所有股东，才会把富国银行当作伟大的投资对象。

4．我们的声誉目标

我们要成为世界知名的伟大型企业。在这方面，我们已经得到一些认可。《巴伦周刊》把我们列为世界上最值得尊敬的25家企业之一。在《财富》美国最值得尊敬企业排行榜中，我们排第14名。

我们知道，卓著的企业声誉不能够呼之即来，也不能人为操纵，它需要几十年如一日地坚守职业操守，并始终坚持以客户为中心的价值观。富国银行的愿景和价值观是永远排在第一位的。

我们的声誉源于我们的个性，而非平庸。我们应该做什么，不该做什么，都取决于这些行为是否有利于我们的客户、员工、社区和股东，而不是它将如何影响我们的声誉。只要我们做好正确的事情，良好的声誉也将自然获得。

5．我们的社会责任目标

作为一家公众企业，我们的责任远不止保护客户的资产，帮助他们获得财务成功。我们还负责推动国家经济的长期繁荣，提升社区居民的生活质量。破败的社区不会产生兴旺的银行，只有他们成功了，我们才会成功。

我们也考虑企业经营可能带来的环境影响，并努力保护、节约自然资源，确保能给我们的下一代留下一个美好的家园。

在社会责任方面，我们有五大努力方向。我们希望通过这五个方面的努力，成为公认的美国最佳企业。

（1）道德。道德是践行企业社会责任的基础。我们的行为要严格遵照法律和行业的标准，我们要监控和改进业务的经营环节，确保所有的员工遵守道德，表里如一。

（2）产品和服务。只有当我们为客户提供正确的金融方案、良好的产品、细心的服务、放心的贷款，以及可信赖的财务建议和金融教育，我们才能帮客户实现财务成功。

（3）社区投资。我们是美国最慷慨的投身于社区建设与公益慈善的公司之一。富国银行的企业规模在《财富》500强中排名第25位，却在《慈善》杂志企业的捐赠排名中名列第三。每年，富国银行都要向所服务社区的非营利机构捐赠超过2亿美元。在我们看来，这不仅是对慈善事业的支持，这也是对我们生活和工作的社区进行长远投资。联邦货币监理署根据我们对社区投资的成果，将富国银行的评级定为"卓越"，这是所有机构可以获得的最高评级，在所有全国性银行中，仅有不到1/5的机构能够获此殊荣。

（4）员工敬业度。不论职级高低、头衔大小，我们希望所有员工都成为社区的领导者。我们需要员工成为富国银行的眼睛和耳朵，帮助我们识别和决定富国银行怎样应对社区需求。如今，无论您走到美国的哪个角落，都能看到富国银行的员工扎根于社区，为居民们传授资金管理技能、帮助居民修建房子、推动社区环保项目、指导青年一代成长、为非营利组织募集资金和充当义工等。富国银行的志愿者人数不断刷新纪录，我们的志愿

服务成绩，被联合劝募协会多次评为全国最佳。

（5）环保承诺。我们的成功依托于健康、清洁、可持续发展的社区。在所有的商业决策中，我们都致力负责任地进行环境管理。到 2020 年，我们将提高 40% 的能源利用效率，增加 65% 的废物再利用效率，减少 35% 的温室气体排放。相较于 2008 年的数据，在接下来的 8 年里，我们将向环保型企业投资 300 亿美元，并将向非营利环保组织捐助 1 亿美元，支持它们创造更健康的社区环境，促进环保创新。在我们向客户提供产品、服务和建议的时候，我们也主动引导客户选择更环保的方式来接受我们的服务，比如选择无纸化金融交易等。

我们的定位

通过对美联的并购，富国银行的规模翻了一番。我们不再被定义为一家地区性银行，而成为一家全国性的银行，业务辐射全球。

伴随着企业规模和经营范围的扩大，我们应当做些什么，让富国银行区别于其他大型银行？我们该如何定义自己？

对此，我们有清醒的认识。富国银行是一家以社区为基础的多元化金融服务公司。

1．以社区为基础

以社区为基础的传统，让我们有别于其他任何一家大型银行。"以社区为基础"的意思是：富国银行是一家扎根于社区的银行，而不仅仅是一家在社区开设网点的银行。我们的银行不仅开设在每一个社区，更直接参与社区的经营与生活，我们的银行属于我们扎根的每一个社区。不管是在北卡罗来纳州的教堂山，还是在爱荷华州的梅森市，或者是在加利福尼亚州的罗斯维尔，我们的网点广泛地分布在全美的各个社区。

我们以鲜明的社区认同感为荣。我们知道每一家网点所在社区的历史和来源。我们的网点与它所在的社区有着千丝万缕的关系往来。所以，我们的每一次沟通都围绕着怎样工作才能对客户和他们所在的社区最有利。因为每位客户（和我们每一名员工）都生活在一个地方，都属于社区的一部分。他们在社区工作、玩耍、纳税、组建家庭、教育孩子、购买日用商品、实践信仰、照顾邻居和支持当地的非营利组织。

富国银行首先是本地的，然后才是全国性的。我们不是生来就是一家全国性的银行，这就决定了我们的地方性。首先，我们的出身是一家扎根于社区的小型地方银行，在社区的街头巷尾与客户打成一片。其次，才凭借自己的努力，成长为在社区银行业务上颇有心得的区域性银行。最后，通过不断并购与扩张，富国银行才成长为一家全国性银行。回望历史，富国银行业务的每一个细节，比如银行业务、抵押贷款、投资、保险，都是从一个村、一个镇、一个州，最后才扩展到整个国家的。我们来自民间，而非与此相反。

既然我们是地方性的，同时又是全国性的，我们要做到"超越本地性的全国化和超越全国性的本地化"。

2. "超越本地性的全国化和超越全国性的本地化"

这句略显拗口的话意味着富国银行按照规模确实是一家全国性的银行，但行为像一家更小的银行。这意味着从客户的角度来看，他能够知道当地

富国银行网点柜员的姓名，但富国银行给他提供的服务和产品是可以延展到全球的。

"超越全国性的本地化"意味着我们必须比本地的小型银行提供更好的产品、更多的渠道、更先进的技术和更丰富的产品线；"超越本地性的全国化"意味着同其他全国性银行相比，我们在社区的产品与服务更贴近客户，更符合客户的需求。我们不仅要让员工与客户成为社区中的伙伴，也要能给客户提供专业、个性化、即时的服务。

我们向所有零售银行客户提供全行业最广泛、最便利的分销渠道系统。我们拥有超过9000个网点和1.2万台ATM，我们甚至将银行网点开进了超市。客户每年使用我们的电话银行上百万次。我们是美国最早、最资深，也是最佳的互联网在线金融服务提供商。相比竞争对手，我们能向更广泛的客户群体提供更多产品和服务。我们能向每一位客户，包括普通消费者、投资者、小型企业、中型企业、大型企业提供适合的线上产品，满足他们所有的金融需求。我们有2100万活跃的在线客户，我们要让富国银行的官网成为客户所有金融服务的首选通道。

我们有三个主要的客户结构：个人、小型企业和大型企业。我们有四个主要的客户群体：社区银行（个人和小型企业）；财富管理、经纪业务和养老金服务；消费信贷（住房抵押贷款、房屋净值贷款、信用卡、学生贷款、汽车贷款）；公司银行（大中型企业）。

我们的企业总部位于旧金山（圣弗朗西斯科），但我们相信，富国银行的真正中枢并不在任何特定的地方，而是伴随于每一位客户身边。同样，我们的人才和资源广泛分散，但也有许多交通枢纽城市成为富国银行的人才中心和专家中心，如夏洛特、波士顿、纽约、亚特兰大、费城、迈阿密、芝加哥、得梅因、圣路易斯、明尼阿波利斯、圣保罗、凤凰城、丹佛和洛杉矶。

我们大部分产品在美国排名前三。举例来说，富国银行零售银行网点数量、房屋抵押贷款业务和机构、小型企业信贷、与中型企业关系等方面位居美国第一；学生贷款、借记卡和整体汽车贷款等方面排名第二；ATM 网络排名第三。要想完整地了解我们的业务、渠道、产品排名列表，请参阅最新一期《富国银行的今天》简报或登录富国银行网站。

各种排名是衡量我们成功与否的重要标准，但排名的意义不在于它能表明我们的规模有多大，而在于它能反映我们在满足所有客户金融需求这一点上做得有多好。

我们的战略重点

我们的战略重点是指在今天的市场环境中，如何把富国银行的愿景和价值观落到实处。通过在不同领域的诸多进展，以及对愿景和价值观的遵循，我们能够继续赢得客户的信任，帮助他们获得财务成功，成为全球公认的最佳企业。

1. 客户至上

我们的首要工作是了解客户的财务目标，然后向他们提供产品和解决方案，满足他们的金融需求，帮助他们实现财务成功。只要我们做好正确的事，对我们的客户、员工、社区和股东来说，所有好事情就会接踵而至。

我们聚焦于客户，以他们为中心，为他们提供专业的服务和建议。客

户则将所有业务托付给我们，把重复购买富国银行的产品作为对我们辛勤工作的最好奖赏，并把我们推荐给他们的家人、朋友和商业伙伴。

通过富国银行的网点、ATM、电话银行、网站和移动银行渠道，我们为客户提供随时、随地、随心的服务。如今，客户只使用我们一种渠道的情况少之又少，这就是我们需要整合所有渠道的原因。在客户需要我们的任何时候、任何地方，我们都应当以最便捷的方式向他们提供服务。

服务客户的前提是了解客户。我们了解客户的需求越多，就能给他们提供更多的选择，因此使他们得到的便利和价格优惠也会更多。客户和我们做生意时，不仅希望我们提供一个账号，更需要我们去了解他们、尊重他们、认可他们，并鼓励他们选择和我们有更多的业务合作。所有金融服务业的赢家，都是那些最了解客户的公司，它们安全高效地获得客户信息，谨慎地使用这些信息。

2. 增加收入

富国银行是一家成长型企业，衡量成长的最重要指标是收入，这一指标反映了我们对客户的服务做得有多好，是否赢得了客户的信任，市场份额是否有所提高。

在我们看来，只有三种方式可以推动企业成长。第一，从老客户那儿开发更多业务；第二，从竞争对手那儿挖到更多新客户；第三，并购一家公司。

但实际上，如果你做不到第一点，也就是从老客户那里获得更多的业务，你怎么可能从你的竞争对手那里挖到新客户，或者仅仅通过并购去发展壮大呢？你首先要展示企业提高内部收益的能力，这才叫有机增长。伟大的企业是买不到的，必须从客户那里去实现自己的伟大。

3. 减少支出

我们经常这样问自己："如果我们的客户或者我们的股东知道我们这样花钱，他们会批准吗？"退一万步说，即便客户和股东对我们的开支没有意见，也并不意味着我们可以大手大脚花钱。事实很简单，只有当我们学会了怎么样有效地减少支出，才能节约出钱惠及客户、回报投资我们未来的股东。

我们应该想方设法简化操作，让客户在和我们的员工做生意时感到轻松自如。我们应确保成为一家健康而灵活的机构，一切有损于这一目标的流程都应该精简，一切不必要的层级都可以减少。

有时，我们会为了实现财务业绩目标设定减少支出的任务，但自始至终的底线是，我们不能因为成本控制而影响企业的正常运行。我们的确需要缩减成本，但不能在客户服务和风险管理上偷工减料。毕竟，最重要的是我们要对那些把资产托付给我们的客户负责。

4. 践行我们的愿景和价值观

每天，当我们投身工作时，都有机会把富国银行的愿景和价值观带入。这就是我们每天帮助客户、支持同事时在做的事情。我们的日常行为，就是富国银行的愿景和价值观落地生根的地方。

有句老话说得好：行胜于言。我们需要去证明富国银行的信念到底是什么。客户需要看到我们的愿景和价值观真实地体现在日常行动中，而不是墙上挂着的海报。客户需要看到我们在做正确的事，帮助他们实现财务成功。员工需要看到我们都能彼此尊重、彼此致敬、彼此欣赏。社区需要看到我们积极参与和踊跃投资他们的重要项目，这就是我们要把愿景和价值观带入生活的原因。

5. 联结社区和利益相关者

眼下，我们国家正处在艰难岁月。有时我们会觉得，好像所有发生的事情都希望把我们拆散，而不是把我们凝聚在一起。但实际上，富国银行一直希望能代表人们最广泛的利益诉求。我们不是红州（共和党主导）或蓝州（民主党主导）的企业，也不止代表 1% 或者 99% 的民众。我们在美国服务于所有民众，希望能帮助他们取得财务成功，希望通过对于社区的投资，能使我们的国家变得更强大。

当前，美国的经济复苏太过缓慢，失业率仍然居高不下，房地产市场仍是一片哀鸿。成千上万的美国民众正在受煎熬，他们中很多人就是我们的客户——既有零售客户也有企业客户。我们每天在自己的网点、电话和网络上倾听民众的意见。我们也愈发频繁地听到公民团队、民选官员和监管机构发出的，希望我们能承担更多的责任来帮助解决经济问题的要求和呼声。

所以，现在不是撤退的时候，我们应该伸出手去，联结我们的利益相关者和社区，去倾听他们的心声，去了解他们需要我们去做哪些正确的事，勇敢地承认错误并从中学习。最重要的是，我们需要给民众讲述富国银行的故事，告诉他们富国银行能发挥什么样的作用。

一直以来，我们对社区非营利机构的资助屡屡创下新纪录，我们的员工贡献出比以往更多的社区志愿服务的时间，我们在人民权利、社会服务和环境保护等方面与国家建立了更为稳固的合作，相比公司任何一个历史时期，如今的富国银行服务的客户更多，享有的客户满意度更高。我们的财务表现被来自全国乃至全世界的个人投资者和机构投资者广泛认可，在他们的帮助下，富国银行已成为美国最有价值的银行。